W0039912

Konzepte sozialpädagogischen Handelns

Ein Leitfaden für soziale Berufe

Karlheinz A. Geißler
Marianne Hege

7. Auflage

Beltz Verlag · Weinheim und Basel

Karlheinz A. Geißler, Prof., Dr. rer. pol., Jahrgang 1944, ist Professor für Wirtschafts- und Sozialpädagogik an der Universität der Bundeswehr München.

Marianne Hege, Prof., Dr. phil., Jahrgang 1931, ist Professorin an der Fachhochschule München, Fachbereich Sozialwesen.

Die Deutsche Bibliothek – CIP-Einheitsaufnahme
Geissler, Karlheinz A.:
Konzepte sozialpädagogischen Handelns : ein Leitfaden für
soziale Berufe / Karlheinz A. Geissler ; Marianne Hege. – 7.,
unveränd. Aufl., (20. – 22. Tsd.). – Weinheim ; Basel : Beltz,
1995
   (Edition sozial)
   ISBN 3-407-55715-9
NE: Hege, Marianne:

6., aktualisierte Auflage 1992 (16. – 19. Tsd.)
7., unveränderte Auflage 1995 (20. – 22. Tsd.)

Lektorat: Richard Grübling

© 1988 Beltz Verlag · Weinheim und Basel
(Früher erschienen im Verlag Urban & Schwarzenberg. ISBN 3-541-40762-X)
Satz: Filmsatz Unger & Sommer GmbH, Weinheim
Druck und Bindung: Druckhaus Beltz, Hemsbach
Printed in Germany

ISBN 3-407-55715-9

Inhalt

Vorwort zur vierten Auflage

Wenn ein Fachbuch in die vierte Auflage geht, hat man den Beleg, daß es von der Fachöffentlichkeit angenommen wurde. Dies macht zwar zufrieden, regt aber auch zum Nachdenken über die Frage an, worauf denn dieser Erfolg letztlich basiert. Vielleicht liegt er darin, daß wir uns beim Schreiben selbst über unser sozialpädagogisches Handeln klar werden wollten und weniger die potentiellen Leser zu belehren beabsichtigten. Vielleicht? Es wäre eine schöne Erklärung.

Die „Konzepte sozialpädagogischen Handelns" wurden von uns anläßlich der jetzt vorliegenden vierten Auflage zwar überarbeitet – aber nicht grundsätzlich.

Die uns notwendig erscheinende Ergänzung um das Kapital „Supervision" ist seit der zweiten Auflage Bestandteil des Buches. Hierzu wurden jetzt kommentierte Literaturhinweise angefügt, wie überhaupt die Hinweise auf weiterführende Literatur eine Aktualisierung erfuhren. Präzisiert und stilistisch korrigiert wurden das Einleitungskapitel und der Abschnitt „Zur Situation sozialpädagogischen Handelns".

Die von uns ausgewählten Konzepte waren bei der Erstfassung die unseres Erachtens anerkanntesten und einflußreichsten, und sie sind es geblieben. Wer sich die Mühe macht, sie detailliert zur Kenntnis zu nehmen, wird auch bemerken, daß Anerkennung und Einfluß nicht unbedingt den ganzen Wert eines Konzeptes ausmachen. Was sozialpädagogisch wertvoll ist, ist nicht notwendigerweise anerkannt und was anerkannt ist, ist nicht selbstverständlich deshalb auch wertvoll. Hier sind wir in unserer Auswahl einen Kompromiß eingegangen zwischen dem, was uns substantiell bedeutungsvoll erscheint und dem, was von großem Einfluß auf die Praxis der Sozialpädagogik ist.

Wir beanspruchen nicht, von allen hier dargestellten Konzepten ein vollständiges und adäquates Bild zu geben. Vereinfachungen und Auslassungen sind in der Darstellung unvermeidlich.

Will sich eine Leserin oder ein Leser wirklich grundsätzlich über ein Konzept informieren, dann ist dazu eine erheblich breitere Lektüre erforderlich, als sie von uns angeboten wird.

Es geht uns um eine erste Orientierung, die nicht das Denken über Konzepte ersetzt, sondern es erst interessant und attraktiv macht.

Wir erhoffen uns, daß wir durch die Darstellung unterschiedlicher Konzepte dem zu beobachtenden Trend zur allzu frühzeitigen Entscheidung für nur ein einziges Handlungskonzept etwas Einhalt gebieten können. Nicht *das* Konzept ist das beste, das man als erstes kennenlernt oder das von einem seiner Vertreter besonders eindringlich dargestellt wird, sondern das, was dem zu bearbeitenden Problem, der aktuellen Situation und den zum Handeln aufgerufenen Personen am besten entspricht. Diese Entscheidung macht auch eine Information über verschiedene Konzepte und deren Differenzierungen notwendig. Dazu hoffen wir beitragen zu können.

München, April 1987

P. S. Leserinnen (eher wohl als Lesern) wird auffallen, daß wir im Text fast immer von dem (oder den) „Sozialpädagogen" sprechen. Bei der Erstfassung des Buches hatten wir dies nicht als Einschränkung oder Diskriminierung wahrgenommen. Inzwischen halten wir dieses nicht mehr für unproblematisch. Eine nur formale und äußerliche Veränderung – z. B. immer dort, wo „Sozialpädagoge" steht nach dem obligaten Schrägstrich auch „Sozialpädagogin" zu schreiben – ist uns zu kosmetisch. Eine konsequente inhaltliche Berücksichtigung, die allein der dahinter stehenden Problematik angemessen wäre, hätte nur im Rahmen einer grundsätzlichen Neufassung des Buches sinnvoll geschehen können.

Vorwort zur zweiten Auflage

Der Sachverhalt, daß die erste Auflage dieses Buches zweieinhalb Jahre nach Erscheinen vergriffen ist, zeigt, daß das von uns Geschriebene auf Interesse gestoßen ist. Dies freut uns; es fordert uns aber auch auf, sorgfältig mit diesem Interesse umzugehen. Wir haben daher für die zweite Auflage Veränderungen vorgenommen, die uns für die Leser dieses (Lehr-)Buches wichtig erschienen. (Ebenso wie sie auch für uns selbst wichtig sind.)

Im einzelnen sind dies
— die Überarbeitung der dargelegten Konzepte, speziell im Hinblick auf Ergänzungen;
— die Präzisierung des Systematisierungskapitels über Konzepte — Methoden — Verfahren;
— die Neuformulierung des letzten Kapitels „Zur beruflichen Identität des Sozialpädagogen" und dessen Ergänzung, besonders um den Abschnitt über Supervision;
— Ergänzungen von Literaturhinweisen, insbesondere neuerer Art;
— die Berichtigung von Druckfehlern.

Es würde uns freuen, wenn die Überarbeitungen und Ergänzungen auch vom Leser für wichtig gehalten würden.

München, April 1987

Vorwort zur ersten Auflage

Dieses Vorwort ist, was den Zeitpunkt seiner Formulierung betrifft, ein Nachwort. Wir empfinden die Situation, das fertige Manuskript vor uns zu haben, nicht nur als erleichternd. Einerseits meinen wir, für den Leser und auch für uns einiges verdeutlicht und systematisiert zu haben, andererseits wurden Fragen nur angedeutet, auf die wir eine fundierte Antwort schuldig geblieben sind. Dabei haben wir, die Autoren, aus der Sichtweise unserer alltäglichen Praxis durchaus unterschiedliche Vorstellungen von dem, was von uns nicht oder in zu geringem Umfang geleistet wurde. Aus der Perspektive des Fachhochschullehrers und von der subjektiven Intention eines der Autoren (M. Hege) ist der Bezug zur praktischen Ausbildung der Studenten, zur Supervision und zur Form der Vermittlung der dargelegten Inhalte an der Fachhochschule in zu geringem Maße ausgeführt. Andererseits sieht der zweite Autor (aus der universitären Perspektive: Kh. A. Geißler) weitere Möglichkeiten und Notwendigkeiten der theoretischen (z. B. erkenntnistheoretischen) Vertiefung manchen Problemzusammenhanges.

Insofern ist das vorliegende Buch der Kompromiß einer Zusammenarbeit zwischen zwei Autoren, die von ihrer beruflichen Sozialisation her sich einerseits der Sozialarbeit/Sozialtherapie (M. Hege), andererseits der Pädagogik, speziell der Berufs- und Sozialpädagogik (Kh. A. Geißler) verpflichtet fühlen. Wir hoffen, mit dem Resultat dieser Kooperation Schranken zwischen den Institutionen Universität und Fachhochschule, zwischen traditioneller Sozialarbeit und traditioneller Sozialpädagogik und zwischen theoriegeleiteter und praxisorientierter Ausbildung weiter verflüssigt zu haben.

Daher richtet sich dieses Buch grundsätzlich an Studenten und Dozenten der Sozialpädagogik, unabhängig von der Institution, in der sie ausgebildet werden. Zusätzlich meinen wir, für die bereits in der sozialpädagogischen Praxis Tätigen, ein sinnvolles Angebot für die Reflexion ihrer Praxiserfahrungen innerhalb von Fort- und Weiterbildung zu machen. Diesen genannten Zielgruppen verdanken wir auch die wichtigsten Anregungen zu den Fragestellungen und deren Ausformulierungen.

Freunde und Kollegen, die in einem gleichen oder ähnlichen Arbeitszusammenhang tätig sind, gaben uns zentrale Impulse und praktische Hilfen. Besonders wertvoll waren uns die Hinweise von Gotthart Schwarz, Peter Mrozynski, Kurt R. Müller und Traute Langner-Geißler.

Für technische Hilfe, Geduld und Kritik beim Schreiben des Manuskriptes danken wir Ursula Schirmer und Liselotte Huber.

1 Einleitung

Unsere Ausführungen stellen ein Angebot zur Systematisierung und Konkretisierung sozialpädagogischen Handelns dar. Dazu benutzen wir die Klassifikation:

Konzepte — Methoden — Verfahren — Interventionen

Der Konzeptbegriff, der in der Darstellung einen zentralen Stellenwert einnimmt, ist in der Sozialpädagogik bereits in einem anderen Sinne (z. B. im Konzept der Heimerziehung) eingeführt. Dabei ist der Arbeitsbereich, das Feld, in dem sozialpädagogisch gehandelt wird, meist das Abgrenzungskriterium. Solche feldtypischen Unterscheidungen haben zweifelsohne Vorteile, speziell dort, wo über sie situationstypische Momente präzise erfaßt werden können. Sind andererseits die Institutionen und deren Entwicklungen selbst die Ursachen für die zu bearbeitenden Probleme, so erschwert diese Form konzeptioneller Abgrenzung die Problembearbeitung eher.

Eine Differenzierung, die an den Zielen und Problemen orientiert ist, vermag unseres Erachtens institutionelle Ursachen der Problemkonstitution besser zu berücksichtigen. Der von uns in diesem Lehrbuch verwendete Begriff des Konzeptes orientiert sich daher an der Systematik des zielgerichteten sozialpädagogischen Handelns.

Dabei mußte von uns eine Auswahl getroffen werden. Diese erfolgte nach zwei Gesichtspunkten[1]:
— nach der Bedeutung und der Aktualität ihrer Anwendung,
— nach der (begrenzten) subjektiven Kompetenz der Autoren.
In diesem Zusammenhang müssen unsere leitenden Interessen deutlich gemacht werden:
Soziales Handeln ist ein Handeln im Rahmen des spätkapitalistischen Systems und unterliegt den Bedingungen, die dieses System konstituieren. In diesem sozio-ökonomischen Kontext orientiert sich sozialpädagogisches Handeln an Aufgaben, die ihm aus den Problemen des

---

[1] Konzepte, die in anderem Zusammenhang publiziert wurden, werden hier nicht mehr ausgeführt. Vgl. *Geißler* 1974, *Hege* 1974.

Produktions- und des Reproduktionsprozesses unserer Gesellschaft zufallen. Es setzt insbesondere dort an, wo gesellschaftspolitischer Anspruch und soziale Realität miteinander in Konflikt geraten, widersprüchlich erscheinen oder wo es darum geht, die Aktualisierung von Konflikten zu verhindern. In diesem Zusammenhang hat die praktische Sozialpädagogik zwar kompensatorische Wirkung, aber auch die Chance, diese Konflikte auf der intersubjektiven Ebene für Lernprozesse der Bewußtseinsbildung und zur innovativen Handlungsorientierung zu nutzen. Sozialpädagogisches Handeln vollzieht sich in Institutionen und Organisationen. Es ist damit institutionell eingebunden. Dies wiederum hat eine mehr oder weniger starke formale und inhaltliche Strukturierung professionellen Handelns zur Folge und damit eine Beschränkung von Veränderungsmöglichkeiten.

Sozialpädagogische Interventionen, wie wir sie darstellen, sind auf Strukturen und Prozesse im *mikrosozialen* Bereich ausgerichtet. Sie unterscheiden sich zwar grundsätzlich von solchen Interventionen, die auf die Bedingungen des Handelns selbst gerichtet sind (z. B. sozialpolitische), können aber nicht unabhängig von ihnen gesehen werden. Die makrosozialen Strukturen und Prozesse sind mit den mikrosozialen vermittelt. Dies, indem hierdurch Rahmenbedingungen (z. B. ökonomische) gesetzt werden, die dann sozialpädagogische Handlungsspielräume einschränken, aber auch ermöglichen. Andererseits erhalten makrosoziale Bedingungen erst dann einen Sinn und werden dort auch erst konkret, wo sie durch kompetentes sozialpädagogisches Handeln im Mikrobereich ausgefüllt werden.

Jedoch wird in diesem Buch wenig über das Verhältnis von politischem und sozialpädagogischem Handeln ausgesagt (dazu haben wir an anderer Stelle einiges geschrieben: vgl. *Geißler/Hege* 1985).

Ebensowenig sind die für die Konzeptrealisation notwendigen politischen, institutionellen und organisatorischen Rahmenbedingungen Thema des hier Ausgeführten. Dieses ist nicht etwa unwichtig oder zweitrangig. Will man sich jedoch sinnvoll damit auseinandersetzen, ist die detaillierte Kenntnis der Konzepte notwendig. Daher ist dieses Buch u. E. eine wichtige Voraussetzung, um politische und sozialpädagogische Fragestellungen gemeinsam zu behandeln und dabei sinnvolle Antworten zu finden.

Wir beschränken uns demnach auf die systematische Darstellung eines Teiles zweier miteinander vermittelter Momente; dies mit der Hoffnung, daß solches dazu beiträgt, deutlicher zu machen, was da vermittelt ist.

Entgegentreten müssen wir der hierdurch evtl. provozierten Illusion, daß sozialpädagogisches Handeln maßgeblich auf einer freien Wahl zwischen einzelnen Konzepten basiere (bzw. daß eine solche freie Wahl möglich sei). Widerlegt wird solche Illusion bereits durch den Sachverhalt, daß alle hier dargelegten Konzepte über ihre Verschiedenheit hinweg eine Einheitlichkeit besitzen: Sie sind in ganz bestimmten, historisch-konkreten sozialen und ökonomischen (spätkapitalistischen) Verhältnissen entstanden.

Wir gehen in den vorliegenden Ausführungen der Frage nach, wie sozialpädagogisches Handeln systematisch auf bestimmte Ziele hin (z. B. Zunahme an Eigenaktivität, Eigenverantwortlichkeit usw.) aussehen kann und soll, nicht aber z. B. jener drängenden Fragestellung der Praxis, wie die finanziellen Mittel für eine einschlägige Maßnahme mit diesen Zielen aufgebracht werden können. Unsere normative Ausrichtung ist diejenige der zunehmenden individuellen und gesellschaftlichen Emanzipation[2]. Beide sehen wir eng aufeinander bezogen und miteinander verknüpft.

Die folgenden Ausführungen setzen das sozialpädagogische Handeln generell an individuellen bzw. mikrosozialen Aspekten dieser Veränderungen und Entwicklungsprozesse an. Konkret wird dieser Anspruch durch die Option eines fortschreitenden Abbaues von Zwängen und die Zunahme von Partizipation innerhalb überschaubarer Interaktionen. Unverzichtbar dazu erscheint uns die Verknüpfung von Vergewisserung des pädagogischen Sinns und methodischer Konkretisierung. Darum geht es uns im weiteren.

---

[2] Die Benennung eines solchen Richtwertes „Emanzipation", ohne daß die (durchaus sehenswerte) Tradition dieses Begriffes näher dargelegt wird, ist in zweierlei Hinsicht gefährlich: Die Entwertung des Begriffs zur Leerformel wird damit evtl. ebenso betrieben wie die ideologische Etikettierung derer, die den Begriff benutzen. Dies Risiko soll eingegangen werden. Vielleicht ist es etwas geringer, wenn es benannt wird.

2 Sozialpädagogische Interventionen

2.1 Zur Situation sozialpädagogischen Handelns

Versucht man die gegenwärtige Situation sozialpädagogischen Arbeitens zu beschreiben, so kommt man zu der Feststellung, daß jene Tendenzen an Einfluß gewinnen, die die früher oftmals überzogenen Hoffnungen auf gesellschaftliche Veränderung in übermäßigem Umfang wieder reduzieren.

Der ehemals „utopische Schwung", der sich u. a. aus der Kritik an der etablierten sozialpädagogischen Praxis nährte, ist abgeflaut. Experimente, alternative sozialpädagogische Programme, werden mit mehr Energie abgewehrt als genutzt. Dies, indem sie ihres Veränderungspotentials beraubt, in die bestehende Praxis integriert werden und dieser nur mehr zur Optimierung ihrer unveränderten Ziele dienen; oder indem sie in den subkulturellen Bereich, der häufig nur mehr abwehrend zur Kenntnis genommen wird, abgedrängt werden.

Besonders im (häufigeren) ersten Fall bleiben der Begründungs- und Rechtfertigungszusammenhang der Ziele und Inhalte des beruflichen Handelns weitgehend undiskutiert. Die Frage nach den Mitteln, den Methoden, wird übergewichtig, ja nicht selten so dominant, daß sie losgelöst von Ziel- und Inhaltsproblemen zum Selbstzweck wird.

Subjektive und objektive Faktoren, die zur Erklärung solcher, hier nur sehr oberflächlich dargelegter Tendenzen herangezogen werden können, sind nur in analytischer Art und Weise voneinander trennbar. Die spürbare Verringerung des Veränderungspotentials im sozialpädagogischen Handeln ist den objektiven Verhältnissen ebenso anzulasten wie den beteiligten Subjekten.

Zu Beginn der siebziger Jahre waren die Ansprüche an soziale Veränderungen in starkem Ausmaß an subjektive Möglichkeiten und individuelles Engagement geknüpft. Oftmals zeigte sich im engagierten Handeln von Sozialpädagogen auch die subjektive Belastungsgrenze, bevor sichtbare Veränderungen deutlich werden konnten. Damit einher ging auch die vielerorts erlebte praktische Erfahrung, daß es letztlich illusionär ist, gesellschaftlich maßgebliche Veränderungsprozesse durch sozialpädagogisches Handeln allein einleiten zu können. Diese leidvolle subjektive Erfahrung hat bei vielen, ehedem hochmotivierten und engagierten Sozialpädagogen Resignation ausgelöst. Als Ergebnis stellte sich allzu häufig jene Handlungsperspektive ein, bei der die eigene Belastung im beruflichen Engagement besonders niedrig gehalten wurde, um den zu erwartenden Frustrationserlebnissen möglichst zu entgehen.

Objektive Ursachen, besondere gesellschaftliche Bedingungen, sind u. a. in einer verstärkten Normierung und Institutionalisierung auf allen Ebenen des gesellschaftlichen Systems zu finden. Hinzu kommen Einschränkungen durch vermindertes wirtschaftliches Wachstum in der Bundesrepublik und durch veränderte Prioritäten in den maßgeblichen Haushalten von Bund, Ländern und Gemeinden. Der Rest subjektiver Experimentierungsfreudigkeit wird durch Einsparungen im sozialen Bereich reduziert (vgl. *Graf/Schwarz* 1976). Reformen, so die Devise, dürfen kein Geld mehr kosten (wobei zwar generell von Reformen gesprochen wird, Reformen im sozialen Bereich aber gemeint sind, da ja die technologische Entwicklung unvermindert finanziell unterstützt wird). Zudem setzt der Extremistenbeschluß (Beschluß der Regierungschefs der Länder vom 28. 1. 1972) politisch engagierte Veränderungsabsichten von Sozialpädagogen dem Risiko der Verdächtigung systemverändernder Aktivitäten aus.

Neben diesem vielfältigen und hier nur in wenigen Aspekten dargestellten Erscheinungsbild des Verlustes substantieller Fragestellungen wird zunehmend die Arbeitslosigkeit zu einem die Sozialpädagogen tangierenden Problem. Nicht alle Absolventen von sozialpädagogischen Ausbildungsgängen erhalten eine Arbeitsstelle; im Verdrängungswettbewerb können jene eher auf eine Anstellung hoffen, die sich in das oftmals bereits festgefügte Konzept verschiedenster Institutionen konfliktlos einpassen lassen.

Diese Faktoren erklären nur unzureichend *die Verschiebung der professionellen Problemsicht von den Zielen und Inhalten auf die Methoden und Verfahren.* Andere Faktoren kommen hinzu: Die zunehmende Festlegung sozialpädagogischer Tätigkeiten durch Rechtsvorschriften und Programme (Erklärungen hierzu bei *Luhmann* 1973 a) schränken die Dispositionsspielräume durch restriktive Normsetzung stark ein.

Hierdurch verlagert sich die berufliche Handlungskompetenz weitgehend in die Scheinfreiheit der Methodenvariabilität. Häufig kann nicht mehr über den beruflichen Auftrag selbst diskutiert und entschieden werden, sondern nur noch über die Methode seiner Realisierung.

Die Zeit nach den Studentenprotesten war von einer starken Berührungsangst beim Erlernen und bei der Anwendung sozialpädagogischer Methoden und Verfahren geprägt. (Man konnte sogar im übertragenen Sinn von einer „pädagogischen Maschinenstürmerei" sprechen.) Heute wird für die Ausbildungsgänge an den Universitäten und den Fachhochschulen von den Repräsentanten der Anstellungsträger vor allem eine gezielt praxisorientierte Methodenausbildung und Verfahrensausbildung verlangt. Inhalte und Ziele sozialpädagogischen Handelns treten als Fragestellung in den Hintergrund. Die Konsequenz daraus ist ein zunehmend unübersichtlicher Methodenpluralismus, bei dem allein die Verfahren konkurrieren und ihr notwendiger Rückbezug zu den Inhalten und Zielen ebenso unterbleibt wie die Integration in ein umfassendes Konzept sozialpädagogischen Handelns. Aus diesem Blickwinkel überrascht es nicht, daß die Absolventen der sozialpädagogischen Studiengänge ihre individuelle Konkurrenz und ihren Qualifikationsausweis meist über ihre Kompetenz bei der Anwendung von Methoden und Verfahren austragen. Dies wiederum schlägt sich nicht zuletzt in der Vielzahl jener Seminare und Buchangebote nieder, die sich auf die Darstellung und die Einübung von Methoden und Verfahren sozialpädagogischen Handelns beschränken. Teilnehmer solcher ausschließlich methoden- und verfahrensorientierten Aus- und Fortbildungsseminare gelangen dabei häufig zu der Überzeugung, daß ihre berufliche Identität aus einer möglichst breiten Ansammlung von einzelnen Methodenkompetenzen bestehen müßte. Aufgrund der Vernachlässigung von Ziel- und Inhaltsgesichtspunkten fehlt ihnen dann aber ein entscheidendes Kriterium für die Integration methodischen Handelns in ihr berufliches Problem- und Selbstverständnis. Damit aber behindert dieser allein additive Methodenpluralismus die angestrebte berufliche Identität (vgl. dazu die Ausführungen in Kapitel 10).

Zunehmend schwieriger wird unter diesem Vorzeichen eine sinnvolle Auseinandersetzung über sozialpädagogische Konzepte, insbesondere wenn diese an Effektivitätskriterien ökonomischer Herkunft gemessen werden. Inhaltsorientierte Diskussionen werden bei dieser Logik dann als ineffektiv abgetan. Die komplexe inhaltliche Fragestellung sozialpädagogischen Handelns wird reduziert auf die Formel: Welches Symptom verschwindet am schnellsten mit welcher Methode (Verfahren)? Die sichtbar kritiklose Hast, mit der marktgängige Weiterbildungsveranstaltungen besucht und abgehakt werden, die Zusatzqualifikationen rein verfahrenstechnologischer Art für das sozialpädagogische Handeln anbieten, läßt die Vermutung zu, daß hier eine konsequente materiale und tiefgreifende substantielle Auseinandersetzung mit dem eigenen Arbeitsfeld und den dort anfallenden Problemen vermieden wird. Praxis wird so auf den Umgang mit vorgefertigten Verfahren reduziert, für die ein passendes Anwendungsfeld und die dazugehörenden Personen gesucht werden. Solche Praxis aber kommt auf einen schlecht verstandenen Pragmatismus herunter.

Nun kann aber, neben den geschilderten Erscheinungsformen, eine Selektion dieser Techniken selbst festgestellt werden. Die zunehmend an Mechanismen des Marktgeschehens orientierten Bildungsangebote in der sozialpädagogischen Weiterbildung lassen erkennen, daß die Popularität von Techniken, die den Umgang mit dem Subjekt (speziell jenem in kleinen Gruppen) anpreisen, enorm angestiegen und marktbeherrschend sind. *Schülein* (1976) wirft in einer Kritik dieses am kurzfristigen Erfolg orientierten Psychomarktes die berechtigte Frage auf, inwieweit „Subjektivität auf diese Weise zum Gegenstand im Problem direkter gesellschaftlicher Formierung und Integration geworden ist". Damit sozialpädagogisches Handeln nicht Konfliktmanagement innerhalb von konflikterzeugenden und problemerhaltenden Bedingungen wird, bedarf es der Erarbeitung und der Anwendung von Konzepten, die gesellschaftliche Verhältnisse und deren Veränderung nicht aus dem Blick verlieren.

Dies bedingt notwendigerweise die Offenlegung und die Diskussion jener Ziele und Inhalte, die von den Konzepten, den Methoden und den Verfahren transportiert werden.

2.2 Konzepte – Methoden – Verfahren

Mit der oben skizzierten Einschränkung inhaltlicher und intentionaler Problemstellungen innerhalb der sozialpädagogischen Aus- und Weiterbildung und der sozialpädagogischen Praxis korrespondiert – wie im vorigen Abschnitt an den Symptomen gezeigt – eine Verlagerung von konzeptionellen Fragen auf methodisch-technische.

Über die Darstellung der Begriffsinhalte von „Konzept", „Methode" und „Verfahren" wird dagegen im folgenden versucht, eine weitgehend formale Systematik für eine integrative Betrachtung von Zielen, Inhalten und Methoden herzustellen.

2.2.1 Konzepte

Unter Konzept verstehen wir ein Handlungsmodell, in welchem die Ziele, die Inhalte, die Methoden und die Verfahren in einen sinnhaften Zusammenhang gebracht sind. Dieser Sinn stellt sich im Ausweis der Begründung und der Rechtfertigung dar.

Beispiel:
In unserem Bildungssystem werden Allgemeinbildung und Berufsausbildung besonders rechtlich und organisatorisch getrennt. Dieser Sachverhalt tangiert manche sozialpädagogische Aktivität mittelbar und unmittelbar. Der Trennung liegt das neuhumanistische Bildungskonzept zugrunde.

Wilhelm von Humboldt, der Hauptvertreter dieses Konzeptes, begründet dies u. a. folgendermaßen: „Was das Bedürfnis des Lebens oder eines einzelnen seiner Gewerbe erheischt, muß abgesondert und nach vollendetem allgemeinem Unterricht erworben werden. Wird beides vermischt, so wird die Bildung unrein und man erhält weder vollständige Menschen noch vollständige Bürger" (*W. v. Humboldt*, Gesammelte Schriften, Berlin 1930–1936, Band 13, S. 276).

Die ursprünglich gesellschaftskritische Orientierung dieses Konzeptes am Anfang des 19. Jahrhunderts richtete sich gegen das Nützlichkeitsdenken der Aufklärungspädagogik. Heute hat es seinen ehedem gesellschaftskritischen Impuls weitgehend eingebüßt. Die organisatorischen und methodischen Konsequenzen dieser Bildungstheorie wirken aber fort, ohne daß sich die mit dem Neuhumanismus verbundenen Ziele und Inhalte heute noch als fortschrittlich ausweisen können. Die lebens- und berufspraktischen Möglichkeiten für Berufsschüler im Vergleich zu Gymnasiasten entsprechen nicht mehr einer gesellschaftlich zu realisierenden besseren Form der Chancengleichheit (Ähnliches gilt für Absolventen von Fachhochschulen und Universitäten). Die Diskriminierung der Berufsbildung gegenüber der Allgemeinbildung ist noch deutlich an Verordnungen zu spüren, wie z. B. jener, daß Berufsschüler im Gegensatz zu Schülern allgemeinbildender Schulen kein „Hitzefrei" bekommen dürfen oder auch die Diskussion um den zweiten Berufsschultag, der — wie jüngst im Bundesland Hessen diskutiert — erst nach vorheriger halbtägiger Arbeit im Betrieb am Nachmittag stattfinden sollte[1].

Wie am Beispiel des neuhumanistischen Bildungskonzepts dargelegt, sind Konzepte immer in ihrem gesellschaftlich-historischen Entstehungs-

---

[1] Andere Konzepte, wie z. B. das der Kollegstufe Nordrhein-Westfalen, versuchen hier, intentionale, inhaltliche, organisatorische und methodische Alternativen anzubieten, die jenes in seinen Legitimationen längst überfällige System einer Trennung von Berufsbildung und Allgemeinbildung begründet und gerechtfertigt aufhebt.

und Anwendungszusammenhang zu sehen. Einerseits sind sie Resultat der jeweiligen soziohistorischen Bedingungen (des Frühkapitalismus in unserem Beispiel), andererseits aber auch Handlungsmodelle, die gesellschaftliche Erscheinungen beeinflussen (z. B. verstärken oder verändern). Nicht zuletzt können Konzepte, werden sie geschichtlich begriffen, als Möglichkeiten verstanden werden, unter anderen gesellschaftlichen Bedingungen auch in anderer Form zu wirken (konkrete Utopie).

Nun aber stellen sich die im sozialpädagogischen Handeln gebräuchlichen Konzepte nicht immer als stringent in ihren strukturellen Merkmalen (Ziele, Inhalte, Methoden, Verfahren) dar. Bei einigen wird die wechselseitige Beziehung der einzelnen Momente nicht bedacht, bei anderen sind die Ziele, die Inhalte, die Begründungen und die Rechtfertigungen nur in sehr unzureichendem Maße ausgewiesen, so daß sie durch eine nachträgliche Analyse aus den dargestellten Methoden und Verfahren herausgearbeitet werden müssen. Eine Illusion jedoch ist es, wenn man glaubt, alles, was in der sozialpädagogischen Praxis zur Anwendung kommt, unter der hier vorgelegten Systematik von Konzept, Methode und Verfahren einordnen zu können. Vieles ist nur ein Versuch, ein Entwurf, und bedarf der theoretischen und der praktischen Weiterentwicklung (dies gilt auch für einzelne Konzepte, die wir hier beschreiben). Und manches in der Praxis ist nur deshalb nicht konzeptwidrig, weil es auf überhaupt kein Konzept verweist[2].

2.2.2 Methoden

Der begriffliche Umfang dessen, was wir Methode nennen, ist enger als der des Konzeptes: *Methoden sind — formal betrachtet — (konstitutive) Teilaspekte von Konzepten. Die Methode ist ein vorausgedachter Plan der Vorgehensweise.*

---

[2] Der Begriff „Konzept" ist nicht sehr originell und auch nicht originär. Besonders in der Lern- und Motivationspsychologie, speziell der amerikanischen und englischen, findet er breite Anwendung. Dabei ist die Verwendung von der hier vorgeschlagenen verschieden. Eine Auseinandersetzung mit den verschiedenen Begriffsverwendungen bringt uns bei unserem Vorhaben hier nicht weiter. (Vgl. zur Verwendung in der kognitiven Psychologie: *Ch. Ammermann* 1977).

Grundlegende Voraussetzung für Methoden der Sozialpädagogik ist die Planbarkeit von sozialpädagogischen Handlungsabläufen. Ein unverzichtbarer Bestandteil methodischen Handelns ist die Zielgerichtetheit, wobei sich Ziel und Methode in einem Prozeß gegenseitiger Wechselwirkung entfalten und entwickeln (in der Didaktik ist dieses Verhältnis als Implikationszusammenhang von Ziel, Inhalt und Methode bekannt geworden). Methoden der Sozialpädagogik können also, soll der Anspruch gewahrt bleiben, daß sie sinnvoll sind, nicht von den umfassenden konzeptionellen Überlegungen abgelöst werden, da sie immer mit Voraussetzungen verbunden sind, die ein spezifisches Verhältnis zum Subjekt und zur Gesellschaft zum Ausdruck bringen. Durch ein Herauslösen aus dem Konzept nämlich kann die Methodenentscheidung nicht mehr mit den jeweiligen subjektiven und gesellschaftlichen Problemen des Einsatzfeldes in einen überzeugenden Zusammenhang gebracht werden. Die Gefahr eines Methodeneinsatzes am verkehrten Problemfeld, am falschen Subjekt und nicht zuletzt mit unbeabsichtigter (eventuell negativer) Wirkung erhöht sich damit deutlich.

Ein Beispiel aus der Elternbildung
In Schriften zur Elternbildung (Magazine) werden häufig Rezepte zur Sauberkeitserziehung gegeben, ohne daß geklärt, besprochen bzw. problematisiert wird, was überhaupt Sauberkeit ist bzw. was diese für das Kind und für die Eltern bedeutet.

Ein weiteres Beispiel aus der gruppendynamischen Praxis
In der mit dem Namen Ruth *Cohn* eng verknüpften themenzentrierten interaktionellen Methode (vgl. hierzu S. 161 ff. dieses Buches) gibt es Hilfsregeln zur Kommunikation. So lautet z. B. eine dieser Regeln: Vertritt dich selbst in deinen Aussagen: sprich „per ich" und nicht „per wir" oder „per man" (vgl. R. *Cohn* 1975, S. 124). Diese Regel hat große Popularität gewonnen. Ihr Gebrauch ist dabei weitgehend mechanistisch, nicht zuletzt deshalb, weil auch bei Ruth *Cohn* dieses Kommunikationsverfahren nicht ausgewiesenermaßen in ein Identitätskonzept integriert ist.

Da in den weiteren Ausführungen der Methodeneinsatz im sozialpädagogischen Arbeitsfeld im Mittelpunkt der Betrachtung stehen wird, bedarf es noch einer weiteren Differenzierung des Begriffsinhaltes und des Begriffsumfanges.

Analysiert man die Literatur über Methoden in der Sozialpädagogik, stößt man sehr schnell auf Versuche der Klassifikation von Methoden,

z. B. nach methodischen Grundformen bzw. methodischen Spezialformen (Einzelhilfe, Gruppenarbeit, Gemeinwesenarbeit). Die Einteilung geschieht dabei meist unter von außen herangetragenen, formalen Gesichtspunkten, so daß bei den Methoden der oben geforderte notwendige Bezug zu umfassenden Überlegungen des Konzepts in den Hintergrund tritt. Jede Klassifikation ist eine Abstraktion, in der Methodenliteratur der Sozialpädagogik fast immer eine Abstraktion unter Vernachlässigung von Inhalts- und Zielperspektiven. Diese übliche, im übrigen recht beliebig erweiterbare Einteilung von Methoden nach verschiedenen Gesichtspunkten mag unter technokratischer Perspektive vorteilhaft sein, sie fördert aber fast immer die Vernachlässigung inhaltlicher, problemorientierter Fragen und Antworten.

Eindeutig inhaltlichen Bezug hat jedoch die Abgrenzung zwischen wissenschaftlichen Methoden einerseits und Methoden praktisch-pädagogischen Handelns andererseits. In grober Zuordnung können dem auf wissenschaftliches Arbeiten bezogenen Methodenbegriff *erkenntnisleitende* Interessen, dem auf sozialpädagogische Praxis bezogenen Methodenbegriff *handlungsleitende* Interessen zugeordnet werden. Ist zwischen beiden Ebenen auch keine strikte Trennung möglich und sinnvoll, so ist jedoch eine Gleichsetzung ebensowenig gerechtfertigt. Methoden im wissenschaftlichen Bereich sind an das strenge inhaltliche Moment der „Wahrheitsfähigkeit" von Erkenntnissen und Einsichten geknüpft, solche des praktisch-pädagogischen Umgangs an die erfolgreiche Bewältigung konkreter Lebensprobleme.

Eine Vermischung (und nicht deren gelungene Vermittlung) der beiden dargelegten Aspekte des Methodischen kann bei den sogenannten „Klassischen Methoden" der Sozialarbeit festgestellt werden. Wenn, wie dort, der Maßstab des praktisch-methodischen Handelns aus jenem des wissenschaftlichen Erkenntnisfortschritts gewonnen wird, liefert sich sozialpädagogische Praxis einem Rechtfertigungsdruck gegenüber methodischem Vorgehen innerhalb der Wissenschaften (z. B. Objektivität) aus (vgl. „Klassische Methoden" der Sozialarbeit: *Bernstein/Lowry* 1969, *Pearlman* 1970[11], *Hollis* 1971). Der Geltungsanspruch von sozialpädagogischen Konzepten und Methoden kann aber nicht an wissenschaftliche Kriterien alleine angebunden werden, sondern bedarf auch des Rückbezugs auf lebenspraktische Interessen.

Eine für sozialpädagogisches Handeln wichtige Differenzierung (die sich an *inhaltlichen* Problemstellungen orientiert) ist die Abgrenzung nach der methodischen Vorgehensweise gegenüber Objekten und/oder Subjekten [3].

Nun läßt sich in der Alltagspraxis sozialpädagogischer Situationsbewältigung die hier deutlich gemachte Differenzierung des methodischen Umgangs mit Objekten einerseits und Subjekten andererseits nicht immer eindeutig vollziehen. So ist z. B. das methodisch-systematisierte Anlegen von Akten und das Führen von Karteikarten über Klienten ein Problem technologischer Arbeitsorganisation. Da das gesammelte Material als Information z. B. für einen Beratungsprozeß dienen kann, ist dies auch als Teil der dort stattfindenden Interaktion zwischen Subjekten (Sozialpädagoge einerseits und Klient andererseits) zu sehen.

Nach unseren Erfahrungen läßt sich in der Praxis von Sozialpädagogen häufig ein Defizit dergestalt feststellen, daß eine der beiden sich ergänzenden und aufeinander bezogenen Dimensionen methodischen Handelns vernachlässigt wird.

Ein Beispiel aus der Jugendgerichtshilfe
Der Jugendgerichtshelfer stößt beim Studium der Akten auf Notizen über ein von einem Sozialpädagogen durchgeführtes Beratungsgespräch, das nicht unmittelbar im Zusammenhang mit den Fragestellungen des Jugendrichters steht. Entscheidungen über das Vorgehen bei der Problemlösung werden dann nicht innerhalb der Beratung, sondern vorab oder im Nachhinein vom Sozialpädagogen allein getroffen. Werden z. B. die Informationen aus „Jugendhilfeakten" von der Beratungssituation abgelöst verwendet, wird der Klient durch Zuschreibungen zum manipulierbaren Objekt. Im Bericht des Sozialpädagogen vor Gericht gerinnt der Inhalt des Gespräches zwischen Klient und Sozialpädagogen zu einem Dokument von Teilaspekten zur Beweisführung innerhalb juristischer Logik. Die Inhalte sind dann von den subjektiven Bedürfnissen und Möglichkeiten losgelöst. Klienten erkennen deshalb sich und ihr Problem in solchen Ausführungen nicht wieder, oder – was viel schlimmer ist – sie akzeptieren im Laufe ihrer Kontakte mit Sozialpädagogen und Institutionen diese Aktennotizen „als ihre eigene Lebensgeschichte" (siehe hierzu die Diskussion um die „Stigmatisierung", z. B. bei *Bohnstedt* 1974; *Moser* 1970; *Peters* 1972; *Quensel* 1973; *Sack* 1972; *Winkelmann* 1977).

Das andere Extrem repräsentieren jene Sozialpädagogen, die jeglichen methodischen und systematischen Umgang mit Informationen außer-

---

[3] Dieser Aspekt wurde im sogenannten „Positivismusstreit" auch auf der, in unserem Zusammenhang nicht weiter interessierenden, wissenschaftlichen Ebene sichtbar, wo es darum ging, eine grundlegende Differenz zwischen Methoden sozialwissenschaftlichen bzw. naturwissenschaftlichen Vorgehens zu bestätigen bzw. abzulehnen (vgl. *Adorno* u. a. 1969).

halb der aktuellen Gesprächssituation mit dem Klienten ablehnen. Dabei geraten sie in einen ständigen Konflikt mit den oftmals sinnvollen Erfordernissen der Institutionen (so z. B. der Notwendigkeit einer zeitlich beschränkten Entscheidungsfindung).

Nehmen wir das Beispiel der Jugendgerichtshilfe wieder auf: Der Jugendgerichtshelfer „ermittelt die Vorgeschichte" (JGG § 38) des Beschuldigten. Bei einem ausführlichen Gespräch werden ständig neue und eventuell tiefer liegende Probleme angesprochen und erweitert, so daß das methodische Handeln des Sozialpädagogen von seinem beruflichen Auftrag her, nämlich zur Entscheidungsfindung vor Gericht beizutragen, völlig aus dem Blickfeld gerät.

Die berufliche Arbeit des Sozialpädagogen verlangt keine alternative Entscheidung zwischen methodischem Umgang mit Objekten einerseits und Subjekten andererseits. Sie verlangt jedoch, beides in einem wechselwirksamen Zusammenhang zu sehen, um Kompetenzen im Hinblick auf methodische Situationsbewältigung bezüglich Objekten und Subjekten gleichermaßen zu erwerben. Letzter Bezugspunkt jedes methodischen Handelns muß für den Sozialpädagogen jedoch immer das Subjekt sein. Ableiten läßt sich daraus ein erstes Postulat:

Methoden müssen immer personenadäquat angewandt werden

Nur auf der theoretischen Ebene davon ablösbar ist die weitere Forderung, daß der Methodeneinsatz immer an den Problemen, d. h. an den Inhalten orientiert sein muß. Als zweites Postulat gilt daher:

Der Methodeneinsatz muß gegenstandsadäquat erfolgen

Gegenstandsadäquat heißt, daß die Methode dem Wesen des anstehenden Problems und dessen konkreter, historischer und gesamtgesellschaftlicher Einbettung gerecht werden muß. Nicht jedes Problem kann mit jeder Methode bearbeitet werden. Umgekehrt bestimmt dann auch die Entscheidung für eine Methode gleichzeitig Qualität und Quantität der Problembearbeitung selbst. Dies wird in der Didaktikdiskussion als der *gegenstandskonstitutive* Aspekt der Methode bezeichnet.

Ein Defizit in der Reflexion dieser Wechselwirkung von Methode und Inhalt ist in einzelnen Konzepten der Sozialpädagogik, wie z. B. dem der Gesprächspsychotherapie, deutlich festzustellen. Gesprächspsychotherapie orientiert sich einseitig an der Person (klientenorientiert). Sie vernachlässigt daher die Perspektive, daß ihre Methode nur ausgewählte Problembearbeitungen zuläßt (Vernachlässigung des zweiten Postulats). Hierdurch ergibt sich dann auch die häufig als Überzeugung vertretene Illusion der totalen Offenheit im Hinblick auf Beratungsziele und Beratungsinhalte. Auffällig wird dies z. B. in der widersprüchlichen Formulierung einer Methode, die sich als „nicht-direktiv" bezeichnet.

2.2.3 Verfahren (Techniken)

Während Methoden einen systematisierten Komplex von Vorgehensweisen darstellen, sind Verfahren *Einzelelemente von Methoden.* In gleicher Weise ist der Begriff der „Technik" in unserem Zusammenhang zu verstehen; so z. B. die Technik der Deutung in der Methode der Konfliktanalyse innerhalb des psychoanalytischen Konzeptes oder die Feedback-Technik in der Methode des Sensitivity-Trainings im gruppendynamischen Konzept. Methoden und Verfahren (Techniken) sozialpädagogischen Handelns unterscheiden sich nach dem Grad ihrer Komplexität. Obgleich die Verfahren, in gleicher Weise wie oben bei den Methoden bereits dargestellt, in engem Zusammenhang mit den Zielen und Inhalten des jeweiligen Lernprozesses zu verstehen sind und diese auch mit beeinflussen, werden sie häufig davon losgelöst verwandt. Allzuoft wird dann die Technik als Ausweis von Kompetenz benutzt und relativ unabhängig von dem anstehenden Problem eingesetzt (auffälliges Beispiel ist der unreflektierte Umgang mit gruppendynamischen Übungen). Dabei werden die Klienten zum Objekt der jeweiligen Verfahrenskompetenz des Sozialpädagogen gemacht. Jeder Einsatz von Verfahren, bevor eine ernsthafte und fundierte inhaltliche Analyse des Problems und des Personenkreises erfolgt, führt zur verobjektivierenden Verfügung übers Subjekt (= Manipulation).

Am *Beispiel* einer psychoanalytischen Technik soll dies verdeutlicht werden :

Das Verfahren der Deutung hat im Rahmen des psychoanalytischen Konzepts bei der Analyse und der Behandlung von Neurosen einen problembezogenen Stellenwert. Es dient der Aufhellung wichtiger lebensgeschichtlicher Zusammenhänge und setzt gleichzeitig wesentliche befreiende Einsichten im Hinblick auf die zu bewältigenden Probleme in Gang. Wird jedoch die Deutung aus diesem inhaltlichen Bezug herausgelöst (wie dies oft geschieht) und zur Erklärung von Verhaltensweisen außerhalb der analytischen Situation (Setting) verwendet, so führt dies allzu häufig gerade zum Gegenteil: zur Festschreibung und zur Stigmatisierung von Verhaltensweisen (z. B. „Du bist so, weil Dein Vater so und so war" oder z. B. die Zuschreibunge eines Mutterkomplexes u. ä. m.).

Solches führt in der Folge dann zu Interaktionsformen, durch die Probleme geschaffen und nicht etwa bearbeitet werden: mit der Folge, daß Machtstrukturen auf- und nicht abgebaut werden. In einem solchen Fall stellt der Sozialpädagoge sein Wissen nicht zur Verfügung, sondern verfügt mit diesem über den Klienten.

Ein weiteres Beispiel:

Die „Öffentlichkeitsregel" in der themenzentrierten interaktionellen Methode dient der Förderung von Vertrauen bei lernbezogener Problemlösung in kleinen Gruppen im Hinblick auf die Reduktion von Arbeitsstörungen. Häufig wird diese Regel aber zur allgemeinen (und unumstößlichen und an allen Orten und in jeder Situation geltenden) Kommunikationsregel erhoben, ohne daß die Spezifität der Situationsinhalte berücksichtigt wird. Die Anwendung der Offenheitsregel in einem Interaktionssystem mit starkem Herrschaftscharakter nutzt letztlich nur den Herrschenden und dient der Auslieferung der Beherrschten an diese (vgl. *Goffman* 1972).

Gründe für die Verselbständigung von Verfahren gegenüber den Veränderungszielen und den Veränderungsinhalten liegen bei dem scheinbar relativ unproblematischen und zeitlich wenig aufwendigen Erwerb ihrer Handhabung und der Faszination ihrer kurzfristigen Wirkung. Es besteht aber auch die Gefahr, daß ein eher zufälliges oder auf andere Ursachen zurückzuführendes Erfolgserlebnis bei Problemlösungen der Anwendung des Verfahrens zugeschrieben wird. Die Vielfältigkeit der Probleme in der sozialpädagogischen Praxis, deren Analyse und Bearbeitung meist langwierig und beschwerlich ist, verführt geradezu zum inhaltsreduzierenden Experimentieren und zum vorschnellen Einsatz von Verfahren.

Die aufwendige, aber notwendige Auseinandersetzung mit umfassenden konzeptuellen Überlegungen wird zugunsten einfacher, schnellebiger und oftmals an Modetrends orientierter Methoden und Verfahren vermieden. Berufliche Kompetenz, die allein auf Verfahrenskompetenz aufbaut, liefert sich modischem Druck und rascher Veränderung aus. Eine dieser Art erworbene und auf die Handhabung von Verfahren eingeengte Kompetenz bedarf der permanenten und rastlosen Erneuerung.

Das Verhältnis von Inhalt und Verfahren und deren Wechselwirkung ist in der Ästhetik als das von Inhalt und Form schon lange ein zentrales wissenschaftliches und praktisches Problem, ohne daß es auch dort als endgültig behandelt werden kann. *B. Brecht* hat dieses Verhältnis und dessen praktisches Mißlingen in einem Bild dargestellt:

H. K. betrachtet ein Gemälde, das einigen Gegenständen eine sehr eigenwillige Form verlieh. Er sagte: „Einigen Künstlern geht es, wenn sie die Welt betrachten, wie vielen Philosophen. Bei der Bemühung um die Form geht der Stoff verloren. Ich arbeitete einmal bei einem Gärtner. Er händigte mir eine Gartenschere aus und hieß mich einen Lorbeerbaum beschneiden. Der Baum stand in einem Topf und wurde zu Festlichkeiten ausgeliehen. Dazu mußte er die Form einer Kugel haben. Ich begann sogleich mit dem Abschneiden der wilden Triebe, aber wie sehr ich mich auch mühte, die Kugelform zu erreichen, es wollte mir lange nicht gelingen. Einmal hatte ich auf der einen, einmal auf der anderen Seite zuviel weggestutzt. Als es endlich eine Kugel geworden war, war die Kugel sehr klein. Der Gärtner sagte enttäuscht: ,Gut, das ist die Kugel, aber wo ist der Lorbeer?'"

(B. Brecht, Geschichten vom Herrn Keuner, Frankfurt 1972, S. 30).

2.3 Situation und Intervention

Konzepte, Methoden und Verfahren stellen, mit unterschiedlichem Grad an Komplexität, Typisierungen und Generalisierungen dar. Bei aller Handlungsbezogenheit bleiben sie gedankliche Gebilde[4].

Konzepte, Methoden und Verfahren sind zentrale Inhalte planerischer Überlegungen jedes Sozialpädagogen. Ein Plan jedoch kann sich nur auf ein zu *erwartendes Allgemeines* beziehen. Das *wirkliche Allgemeine* ist davon verschieden, da es das *Besondere* der Situation mit einschließt. Und dieses Besondere (Einzelne) ist nicht planbar (es ist, *weil* es das Besondere ist, nicht planbar).

Berufliches Handeln ist daher nie nur ein vollständiges Abbild jener vorausgedachten (allgemeinen) Situationen, auf die sich Konzepte, Methoden und Verfahren beziehen. Der Versuch der stereotypen Abbildung

---

[4] Dieser Sachverhalt wird von Berufsanfängern und in Ausbildung stehenden Praktikanten oft besonders schmerzhaft erlebt. Dieser sogenannte „Praxisschock" wird häufig allein durch die Erweiterung der Verfahrenskompetenz zu kompensieren versucht. Dies aber verstärkt eher das eigentliche Problem, als daß es eine Lösung darstellen könnte.

zwischen vorgedachten Handlungsentwürfen und der konkreten Handlungsnotwendigkeit führt zu Verzerrungen (so z. B. wenn versucht wird, die Machtverhältnisse in einer Unterschichtsfamilie durch die Aufarbeitung von Autoritätskonflikten ausschließlich unter Gesichtspunkten des psychoanalytischen Konzeptes zu verändern).

Er basiert letztlich auf der Fiktion, der Mensch sei bloßes „Objekt" der Konzeptanwendung und nicht Subjekt seiner Lebens- und Entwicklungstätigkeit.

In diesem Sinne läßt sich die Aussage Erich *Weniger*s über den Einsatz von Methoden im erzieherischen Handeln auf unsere Problemstellung beziehen: „Erzieherische Methoden sind keine bloßen Techniken, keine bis ins einzelne festgelegten Verfahrensweisen, sondern Formen menschlicher Begegnung, variabel nach Zeit, Ort, Individualitätssituation und Stimmung der Beteiligten ... Die Freiheit unseres methodischen Handelns gewinnen wir, indem wir die Bedingungen für das jeweilige methodische Handeln erkennen, die Voraussetzungen, unter denen die zur Wahl gestellten Methoden gelten, die Möglichkeiten, die mit dieser oder jener Methode mitgegeben sind, die ihr notwendig zugeordneten Grenzen, also wissen um die ihr innewohnende Reichweite, schließlich auch um die Schwächen, die ihr anhaften, die Einseitigkeiten, die mit der Wahl jeweils einer Methode unvermeidlich sind ... Und unsere methodische Freiheit gewinnen wir, indem wir jeweils die Gebundenheit erkennen, die wir in der Wahl dieser oder jener Methode auf uns nehmen müssen" (E. *Weniger* 1962, S. 56).

Um den Bedingungsrahmen des Einsatzes von Konzepten, Methoden und Verfahren zu verdeutlichen, ist im folgenden die Konzeptanwendung in Situationen näher zu erläutern. Konzepte, Methoden und Verfahren sind keine vorgefertigten Matrizen, die z. B. den Beratenden in einer eigens dafür konstituierten Situation nur aufgeprägt werden müssen, um erfolgreich zu sein. Sie sind prinzipiell in ihrer Anwendung situativ begrenzt, damit *revisions-* und *konkretisierungsbedürftig.*.

So abgerundet, fundiert und detailliert sie auch immer ausgearbeitet und miteinander verknüpft sind, geben sie jedoch keine Gewähr, daß ihre Anwendung in der sozialpädagogischen Praxis immer sinnvoll und erfolgreich ist[5]. Die jeweils aktuelle Problemsituation ist immer kom-

---

[5] „Sinnvoll" bezüglich der Rechtfertigung und Begründung des Konzeptes, „erfolgreich" im Hinblick auf die Ziele.

plexer (wenigstens potentiell komplexer), als dies ein vorausgedachter Plan sein könnte[6]. Zwischen der dargestellten Methode (Verfahren) und der konkreten Situation der Anwendung („dem Fall") klafft eine Lücke, die durch die Optimierung von Planung nicht geschlossen werden kann (obgleich dies um den Preis der Verobjektivierung der Subjekte immer wieder versucht wird).

So z. B. basiert die Methode des Organisationstrainings im gruppendynamischen Konzept auf generellen Annahmen über Organisationen und deren Dynamik. Bei der Anwendung dieser Methode auf eine Organisation im sozialpädagogischen Handlungsbereich (z. B. Erziehungsheim, Freizeitheim) müssen spezifische Probleme benannt und berücksichtigt werden. Diese wirken auf die Methode selbst zurück.

Auch die sorgfältigste Vorbereitung eines verantwortlichen Sozialpädagogen hinsichtlich der personellen und strukturellen Probleme, die bei der Anwendung der Methode „Organisationstraining" auftauchen könnten, muß immer noch soviel Offenheit beinhalten, daß veränderte und sich verändernde Faktoren der Situation berücksichtigt werden können. Die Offenheit der Situation ist jedoch für den Sozialpädagogen, der handeln muß, gleichermaßen Risiko wie Chance. Die Erforschung und die konkrete (gemeinsame) Erfahrung der Situation und ihrer Veränderung durch die Beteiligten ist eine unabdingbare Voraussetzung für sinnvolles und erfolgreiches sozialpädagogisches Handeln. (Entscheidungen über Veränderungen in Heimen z. B. können nur auf der Basis der gemeinsamen Erfahrungen und der Mitwirkung der Beteiligten getroffen werden.) Die Situationen sind nicht allein durch die Anwendung von Konzepten, Methoden und Verfahren zu strukturieren.

Wir sprechen daher von *Interventionen*, wenn wir auf das systematische Handeln in Situationen Bezug nehmen. Interventionen können niemals endgültig sein, niemals erstarrte Normen. Sie müssen verändert und entwickelt werden, da sich die Situationen und die Personen immer auch verändern. Ein Beratungsprozeß hat jeweils seine Geschichte mit sich verändernden Bedingungen, und an diesen orientiert zeigen sich Interventionen situativ angemessen oder unangemessen. Situationen sind dynamische Handlungseinheiten. Sie sind ein erfahrbarer Ausschnitt sozia-

---

[6] Die Annäherung an die Komplexität der Realität gelingt wissenschaftlichen Autoren oftmals weit weniger als manchem Schriftsteller, z. B. *Dickens, Proust* oder besonders deutlich bei *Joyce.*

ler Wirklichkeit. Diese Erfahrungsorientiertheit von Situationen läßt eindeutig vorab und situationsunabhängig formulierte Handlungsimperative für Interventionen nicht zu[7].

Für die Qualität von Interventionen können nach dem Dargestellten drei (nur analytisch trennbare) Dimensionen festgehalten werden:

1. *die Anwendung eines Konzepts (Methoden, Verfahren)*
2. *die besondere Beziehung zwischen Sozialpädagogen und Klienten*
3. *die jeweils historisch-materiellen Bedingungen.*

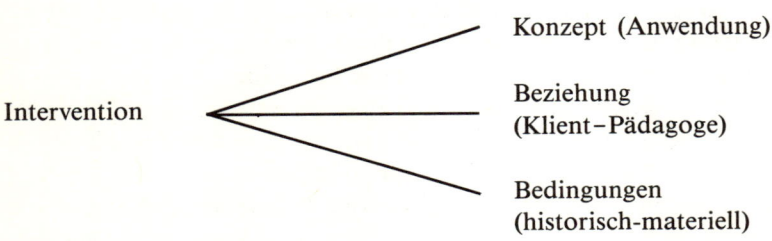

Intervention
— Konzept (Anwendung)
— Beziehung (Klient – Pädagoge)
— Bedingungen (historisch-materiell)

Zu 1.:
Hierzu wurden schon weiter vorne detaillierte Ausführungen gemacht. Zusammenfassend: Konzepte, Methoden und Verfahren sind Generalisierungen von Vorgehensweisen, die jedoch das Besondere der Situation nicht berücksichtigen können.

Bis hierher haben wir in unserer Darstellung die Dimension der Beziehung (2.) und die historisch-materiellen Bedingungen (3.) der Einsatzfelder vernachlässigt. Diese Aspekte werden daher jetzt näher beschrieben.

Zu 2.:
Die Beziehung zwischen Beratern und zu Beratenden wird durch eine Vielzahl von Faktoren und Möglichkeiten strukturiert, die im Interaktionsverlauf deutlich werden und potentiell bzw. real veränderbar sind (vgl. *Hege* 1974, S. 55 ff.). Der Strukturierungsprozeß von Situationen durch die Beteiligten wird von *Mollenhauer* prägnant geschildert: „In der Formel ‚die Interaktions-Partner strukturieren die Situation‘ ist ja zweierlei unterstellt: Einerseits wird ‚Situation‘ als etwas dem Indivi-

---

[7] Interventionen können dann nicht mehr auf der Skala „richtig–falsch", sondern auf jener, die zwischen „angemessen–unangemessen" differenziert, beurteilt werden.

duum und seinem Verhalten Vorgegebenes gedacht; andererseits wird eine Aktivität des Individuums angenommen, die sich auf dieses ,objektiv' Vorgegebene richtet. Es wird also unterstellt, daß das Individuum Merkmale der Situation wahrnimmt und im Hinblick oder mit Rücksicht auf diese Wahrnehmung sein Verhalten einrichtet. Dabei ist dieses Einrichten des eigenen Verhaltens nicht als ein bloß passives Reagieren auf die in der Situation anwesenden Stimuli zu denken; es ist vielmehr eine organisierende Tätigkeit, in der dreierlei geschieht:

- Erworbene Muster (Schemata) des Verhaltens werden in der Situation angewendet, auf sie transferiert; insofern ist das Verhalten in dieser Situation eine Probe auf bereits erfolgte Lernprozesse. *Piaget* nennt diesen Aspekt des Verhaltens „Akkomodation": Anpassung des Organismus an die Bedingungen der Umwelt.

- Die Situation bzw. die Daten der Umwelt werden so wahrgenommen, daß sie vom Individuum verarbeitet werden können: Es findet Selektion, Gewichtung und Interpretation statt. *Piaget:* „Der Organismus ,assimiliert' sich, genauer: seinen erworbenen Schemata, die Daten der Umwelt" (*Mollenhauer* 1972, S. 122).

- „Definition' heißt denn auch nicht die spezielle intellektuelle Tätigkeit des Definierens im Zusammenhang rationaler verbaler Erörterungen, sondern die bewußte oder unbewußte Strukturierung der Bedeutungs-Komponenten der Situation gemäß den erworbenen kognitiven und Beziehungs-Schemata" (*Mollenhauer* 1972, S. 123).

Interventionen sind eingelassen in den kontinuierlichen Prozeß von Deutung, Definition und Neudefinition von Situationen. Sie sind die wesentlichen Momente des Handlungssinnes.

So z. B. ist die Rollenerwartung der Beteiligten − dies ist eine Form der Definition der Situation − wichtig für den Intervenierenden, da er mit seiner Intervention möglicherweise auf der Ebene der Beziehung diese Erwartung beantwortet oder zurückweist (vgl. die Ausführungen zum Anwendungsbeispiel Interventionen in Initialphasen, Kap. 9.1). Die Erwartung eines Ratsuchenden in einer Beratungssituation, einen konkreten Ratschlag zu erhalten, kann, unter Anwendung des psychoanalytischen Konzeptes z. B., diagnostiziert werden als die unbewußte Übertragung von Kindheitswünschen auf eine Mutter- oder Vaterfigur. Sie kann jedoch auch gesehen werden als ein der Realsituation entsprechender Wunsch, rasch mit Hilfe eines Fachmannes zu einer Problemlösung zu gelangen. Im zweiten Fall strukturiert der Intervenierende die Situation nach einem anderen Konzept.

Konzepte, Methoden und Verfahren sind Vehikel zur Deutung und zur Definition von Situationen. Sie helfen, die Fülle der Erfahrungen zu organisieren und können von der Überfülle wahrgenommener Realität befreien, aber auch unreflektierte Dimensionen möglicher Erfahrung erschließen. In die Definition der Beziehung zwischen Sozialpädagogen und Klient gehen auch individuelle, lebensgeschichtliche Erfahrungen sowie Sozialisationserfahrungen ein: so z. B. die unterschiedliche Schichtzugehörigkeit der Beteiligten an einem Beratungsprozeß.

Zu 3.:
Interventionen sind immer auch historisch bedingt. Dies auf verschiedenen Ebenen, die nicht unabhängig voneinander gesehen werden können. Sozialpädagogisches Handeln vollzieht sich in einer historisch gewachsenen und einer sich entwickelnden Umwelt. So hat die Heimerziehung einen z. B. von den Bürgerinitiativen verschiedenen historischen Hintergrund. Bestimmte Traditionen, Konventionen und Erfahrungen können daher bei Interventionen nicht vernachlässigt werden. Im Anwendungsbereich sozialpädagogischen Handelns existiert eine äußerst breite Vielfalt von Organisationen verschiedenster Herkunft und Geschichte.

Auch auf der unmittelbaren Ebene können Interventionen nicht ohne Bezug zur Geschichte, hier Interaktionsgeschichte, auskommen (z. B. dem Entwicklungsprozeß von der Anfangssituation bis zum Abschluß einer Seminarveranstaltung).

Diese historischen Bedingungen sind ihrerseits materiell bedingt. So beeinflußt z. B. die ökonomisch-gesellschaftliche Situation (Makrodimension) Art und Umfang von Hilfeleistungen und damit Inhalt und Form von Interventionen (vgl. *Graf/Schwarz* 1977). Sie beeinflußt die Struktur von Organisationen, die Bezahlung von Sozialpädagogen u. v. m. Neben diesen eher ökonomischen Aspekten gehören zu den die Intervention beeinflussenden materiellen Dimensionen auch die Bedingungen der spezifischen Arbeitssituationen. So sind Interventionen abhängig von der Raumgestaltung, Sitzordnung, besonders aber von der zur Verfügung stehenden Zeit (Makrodimension)[8].

---

[8] Die historisch-materiellen Bedingungen für sozialpädagogisches Handeln sind hier nur sehr grob skizziert. Diese in aller Tiefe und Breite darzustellen, verbietet sich aus der Intention des vorliegenden Lehrbuches (vgl. was den Einfluß von Zeit auf den Beratungsprozeß betrifft: *Geißler* 1985).

Die Wechselwirkung zwischen den historisch-materiellen Bedingungen und den Interventionen ist, jedenfalls bei den von uns dargelegten Konzepten, ungleichgewichtig. Interventionen werden von den Umweltfaktoren in weit größerem Maße inhaltlich und formal strukturiert, als daß sie umgekehrt auf die Bedingungen einwirken würden. Besonders gilt dies für die Makrodimension sozio-ökonomischer Einflußvariablen. Sollen diese geändert werden, bedarf es anderer (politischer) Konzepte als der von uns angeführten.

2.4 Rechtfertigung und Begründung sozialpädagogischer Interventionen

Interveniert der Sozialpädagoge im Rahmen seines beruflichen Auftrages, so muß deutlich werden − will er sich nicht den Vorwurf der Willkürlichkeit einhandeln −, welche rationalen Überlegungen der jeweiligen Entscheidung für seine Aktion zugrundeliegen.

Beispielsweise kann beim Einsatz eines Soziogrammes (= Verfahren) im Rahmen der Methode des Sensitivity-Trainings (innerhalb des gruppendynamischen Konzeptes) angefragt werden, welche Gründe diesen Einsatz sinnvoll erscheinen lassen. Zwei zentrale Fragerichtungen wären dabei zu unterscheiden: einmal die nach dem Sinn der Ziele (Normen) eines Soziogrammeinsatzes; zum anderen die Frage, ob das Soziogramm in der bestimmten Situation für die jeweilige Zielerreichung auch die zweckmäßigste Intervention darstellt.

Das Problem, das mit der ersten Frage angeschnitten wird, ist das der *Rechtfertigung* von Interventionen. Die Antwort auf die zweite Fragestellung weist die *Begründung* für das professionelle Handeln nach.

2.4.1 Zur Rechtfertigung

Die Frage der Rechtfertigung stellt sich auf allen Ebenen der Entscheidung, auf der des Konzeptes, der Methode und des Verfahrens. Bleiben wir bei dem Soziogrammbeispiel, so kann bei der Frage nach der Sinnhaftigkeit der Ziele dieser Intervention auf die in der Methode (Sensitivity-Training) und im weiteren auf die im Konzept (hier: das der Gruppendynamik) ausgewiesenen Ziele zurückgegriffen werden.

Die Ziele von Konzepten aber sind nicht unumstritten (nicht zuletzt deshalb gibt es so viele Konzepte), da sie auch auf Wertentscheidungen, die sich an Normen ausrichten, beruhen, die dann in den Interventionen deutlich werden.

Konzepte sind immer auch Träger politischer, sozialer und moralischer Wert- und Handlungsmaßstäbe mit verschieden breitem Geltungsanspruch. Sie sind oftmals auch das Ergebnis von Auseinandersetzungen gesellschaftlicher Einflußgruppen, und die Quantität und Qualität ihrer Realisierung hängt von den Machtverhältnissen mit ab. (Vgl. hierzu besonders die Diskussion um den politischen und institutionellen Stellenwert der Gruppendynamik zwischen den Kirchen und den Fachverbänden.)

In diesem Sinne drücken die zum Konzept gehörenden Ziele, die in der Intervention praktisch werden, eine Parteinahme für Werteinstellungen aus. In der Romantik benutzte man dafür die anschauliche Formel „etwas beglaubigen". Diese Besinnung auf die Werte des Konzepts (z. B. auf das Menschenbild) muß der Entscheidung über die Anwendung vorausgehen. Sie muß als zentrales Kriterium in den Entscheidungsprozeß eingehen.

Eine Intervention zu rechtfertigen, bedeutet in diesem Zusammenhang, daß die Parteinahme nicht der Beliebigkeit unreflektierter Interessen und Ansprüche überlassen bleiben darf.

Die Antwort auf die Rechtfertigungsfrage legt das gesellschaftspolitische Leitbild und das Menschenbild, also die Grundannahmen des Sozialpädagogen frei. Nicht zuletzt beeinflußt die Klarheit dieses normativen Anspruchs auch die Entscheidung für das jeweilige Konzept und die darauf bezugnehmenden Interventionen. So kann das Grundgesetz der Bundesrepublik Deutschland und dessen Grundprinzipien eine Basis für den Ausweis ‚guter Gründe' im Hinblick auf die Wahl eines sozialpädagogischen Konzeptes abgeben. Als Beispiel Art. 2 GG, Freiheit der Person.

(1) Jeder hat das Recht auf die freie Entfaltung seiner Persönlichkeit, soweit er nicht die Rechte anderer verletzt und nicht gegen die verfassungsmäßige Ordnung oder das Sittengesetz verstößt.
(2) Jeder hat das Recht auf Leben und körperliche Unversehrtheit. Die Freiheit der Person ist unverletzlich. In diese Rechte darf nur aufgrund eines Gesetzes eingegriffen werden.

Gleichzeitig aber, dies ist beim Grundgesetz besonders deutlich, sind solche Grundsätze keine eindeutige (aber auch keine beliebige) Basis, um einen nahtlosen Ableitungszusammenhang zwischen diesen und sozialpädagogischen Konzepten bzw. Interventionen herzustellen. Das Grundgesetz, wie auch viele andere normativ-moralische Grundpositionen (z. B. Emanzipation), bietet einen relativ breiten Interpretationsspielraum, der weiter konkretisiert werden muß. Erst auf einer relativ konkreten Ebene (d. h. einer nicht allgemeinen Antwort auf die Rechtfertigungsfrage) wird der Geltungsbereich des Konzeptes faßbar.

Ist der Einsatz eines Soziogrammes in einen solchen Zusammenhang gestellt, wird deutlich werden, wie weit dieser beispielsweise auf der Basis ausgewiesener emanzipatorischer Vorstellungen erfolgt bzw. erfolgen wird; oder etwa in ganz gegensätzlicher normativer Ausrichtung, ob er der Herrschaftsstabilisierung des Sozialpädagogen dienen soll, der diese Intervention plant und durchführt.

Selbstverständlich sichert die Rechtfertigung einer Intervention nicht, daß diese die faktische Wirkung hat, die in den Sollensforderungen zum Ausdruck gebracht wurde[9].

Die reale Wirkung kann dabei mit den formulierten Ansprüchen (Optionen) verglichen werden, so daß erfolgreiches von weniger erfolgreichem Handeln, in bezug auf diese formulierte Absicht hin, unterschieden werden kann. Dies gilt auch für das Problem der Begründung von Interventionen.

2.4.2 Zur Begründung

Wer eine Intervention begründet, weist nach, daß dieser Eingriff in die Problemkonstellation für die gerechtfertigten Ziele zweckmäßig ist. Begründungen liegen häufig wissenschaftliche Ausagen über die Erklärung von Wirklichkeit zugrunde. In diesem Sinne reduzieren sie Unsicherheit. Begründet ist eine Intervention dann, wenn deutlich wird, daß die jeweilige Entscheidung und die darauf aufbauende Handlung in bezug auf die

---

[9] Faktoren situativer (subjektiver, gesellschaftlicher und historischer) Art vermögen auch der am besten gerechtfertigten normativen Orientierung eine möglicherweise ganz andere Zielrichtung in der jeweiligen Realisierung zu geben.

gerechtfertigte Norm nicht willkürlich erfolgt ist, daß sie den Zielen entspricht.

So kann der Einsatz eines Soziogrammes im Hinblick auf ein bestimmtes Lernziel als begründet ausgewiesen werden, wenn z. B. folgende Fragen beantwortet werden können:

- Wie weit entspricht die Komplexität des Verfahrens des Soziogrammes den Verstehensmöglichkeiten und den individuellen Voraussetzungen der Zielgruppe?
- Können die am Soziogramm Teilnehmenden die Belastungen eines Soziogrammes ertragen?
- Gibt es nicht erheblich bessere Verfahren, die das Ziel des Lernprozesses in der jeweiligen Situation vorantreiben können?
- Lassen die situativen Bedingungen überhaupt zu, daß das beabsichtigte Lernziel durch das Soziogramm erreicht werden kann?
  u. a. m.

Begründungen lassen sich auf Erfahrungsdaten, auf Gesetzmäßigkeiten und auf logische Ableitungszusammenhänge stützen, sie liefern zureichende Gründe, etwa Argumente für den Einsatz von Verfahren. Sehr häufig stellen Theorien (z. B. die Feldtheorie von *Lewin* für die Gruppendynamik, sozialisationstheoretische Erklärungen für das Konzept der Gruppenpädagogik) das für sozialpädagogisches Handeln notwendige Begründungsmaterial zur Verfügung. Dabei wird oftmals übersehen, daß ein theoretischer Erklärungsrahmen, ein empirischer Befund oder eine vorläufige Hypothese nicht auch schon für die Handlung so weit eindeutige Hinweise geben können, daß der Erfolg praktischen Handelns außer Frage steht (vgl. das vorhergehende Kapitel). Dies aber kann den Sozialpädagogen nicht von der *Begründung* entlasten:

Interventionen müssen begründet sein, das heißt, es besteht ein Recht, nach Gründen der Intervention zu fragen, und die Pflicht, diese auch offen zu legen.

Begründungen wiederum stellen einen Teil jenes Maßstabes dar, mit dem zwischen guter und schlechter sozialpädagogischer Praxis unterschieden werden kann. Damit ist die Begründung unverzichtbar für den Ausweis von Sinn innerhalb beruflichen Handelns. Wird auf die Rechtfertigung und die Begründung sozialpädagogischer Intervention verzichtet, führt dies, neben anderem, zur bloßen Anerkennung dessen, was sich gesellschaftlich und historisch auf der Makro- und besonders auf der Mikroebene durchgesetzt hat[10].

Zu den einzelnen Konzepten

Wir haben bis jetzt eine, vielleicht an manchen Stellen recht abstrakte Erörterung jener Begriffe und deren Zusammenhänge gegeben, die wir für die systematische Darstellung einzelner sozialpädagogischer Konzepte benötigen.

Diese Systematik wird im folgenden versucht durchzuhalten, obgleich die unterschiedlichen Konzeptentwicklungen es uns an einigen Stellen schwergemacht haben, über relativ unabgesicherte Interpretationen hinauszukommen. An anderen Stellen übt sie eine strukturierende Gewalt aus, die den Intentionen der dargestellten Konzepte teilweise zuwiderläuft. Dies jedoch scheint uns nicht so gewichtig, daß es den Versuch, etwas Struktur in ein sehr wenig strukturiertes Feld zu bringen, zum Scheitern verurteilen sollte.

Neben der an der dargestellten Systematik orientierten Darlegung der Konzepte haben wir versucht, Anwendungssituationen zu schildern. Verdeutlichen wollen wir damit, daß die Kenntnis von Konzepten noch nicht deren sinnvolle und erfolgreiche Anwendung zur Konsequenz hat.

Zuerst werden wir jene sozialpädagogischen Konzepte darstellen, die in der Beratung ihre Anwendung finden. Beispiele für Interventionen in Beratungssituationen folgen diesen systematischen Ausführungen.

Im Anschluß hieran werden sozialpädagogische Konzepte ausformuliert, die für die Arbeit mit und in Gruppen bestimmt sind. Daran schließt sich in einem gesonderten Kapitel ein Anwendungsbeispiel für Gruppenkonzepte an.

---

[10] Nun wird die hier vollzogene Unterscheidung von Rechtfertigung und Begründung nicht immer und überall durchzuhalten sein. Allein die berechtigte Forderung, daß auch Normen (Rechtfertigungen) begründet sein müssen und nicht willkürlich getroffen werden können, zeigt diese Schwierigkeit. Wir glauben aber, diese Differenzierung als Hilfskonstruktion anbieten zu können, die das von uns geforderte zunehmende Bewußtwerden beruflichen Handelns fördert.

3 Die psychoanalytischen Konzepte

Der Einfluß der Psychoanalyse in der Sozialpädagogik

Die Psychoanalyse hat die Sozialpädagogik seit Beginn der 20er Jahre stark beeinflußt. Die Grundbegriffe der *Freud*schen Persönlichkeitstheorie, wie auch die des klassischen psychoanalytischen Konzeptes haben die sogenannten „klassischen Methoden der Sozialarbeit" geprägt. Wurden auch im Laufe der 30jährigen Entwicklung in den USA die Prinzipien des Casework-Konzeptes ständig durch die Einbeziehung neuer Theorien variiert und erweitert (vgl. *„Neue Konzepte der Einzelfallhilfe"*), so definieren doch alle Autoren einschlägiger Fachbücher (z. B. *Hollis* 1971, *Pearlman* 1970) die Beratungs- oder Behandlungskonzepte im Vergleich zum oder in Abhebung vom klassischen psychoanalytischen Konzept.

Die methodischen Strukturierungsmomente dieses Konzeptes, speziell im Hinblick auf die Beziehungen zwischen Therapeut und Klient, sind gleichsam der Prototyp des beruflich helfenden Handelns geworden. Es ist in diesem Zusammenhang nicht möglich, den Einfluß der Psychoanalyse generell auf das erzieherische Handeln in der Sozialpädagogik auch nur abzustecken. So soll nur an *Aichhorn* und seine Erziehungspraxis im Umgang mit Verwahrlosten erinnert werden (*Aichhorn* 1971). Die Einsichten über die Dynamik und Ursache dieser Störung in psychoanalytischer Erklärung führten zu einer völligen Umwandlung der Praxis in diesem Bereich. Man kann behaupten, daß Sozialpädagogik erst mit diesen Einsichten der Psychoanalyse möglich wurde. Die an starr idealistischen Normen orientierte Pädagogik, die bei den Verwahrlosten lediglich eine strafende Umerziehung kannte, konnte durch therapeutische Hilfe abgelöst werden.

Die Erkenntnisse und Erfahrungen mit der Psychoanalyse und dem klassischen psychoanalytischen Konzept dienten in der historischen Entwicklung nicht nur der Begründung sozialpädagogischen Handelns im einzelnen, sondern sie erschlossen auch neue Tätigkeitsfelder, wie z. B. die der Erziehungsberatung und die der heilpädagogischen Heime. Sie veränderten in der Jugend- und Familienhilfe auch die vom „klassischen methodischen Konzept der Sozialarbeit" zunächst unabhängigen, allein durch Gesetz definierten Aufgabenbereiche zumindest insoweit, daß das allein kontrollierende Handeln problematisiert wurde.

Das klassische psychoanalytische Konzept hat darüber hinaus auch das Selbstverständnis der Sozialpädagogen verändert. Die Definition des Helfens mit den bei der Konzeptdarstellung noch zu beschreibenden Prinzipien begründete ein wissenschaftlich fundiertes, professionelles Vorgehen. Die Rechtfertigung des helfenden Handelns, als einer Rechtfertigung durch ethische Verpflichtung (Humanismus) oder durch das Gebot der Nächstenliebe (Caritas), wurde für das berufliche Handeln verworfen und behielt lediglich ihre Geltung für den schmalen Bereich des Berufsethos. Neben dem „beruflichen Wissen und Können" (wissenschaftliche Begründung) des Sozialpädagogen steht die „Haltung", die gerechtfertigt wird. Jede Kritik an den psychoanalytischen Konzepten in der Sozialpädagogik trifft diese deshalb im Kern.

Im folgenden werden jene Konzepte, die auf der Psychoanalyse basieren, nach den entwickelten Leitgedanken analysiert werden. Wir halten es dabei für unumgänglich, zunächst das klassische psychoanalytische Konzept in seinen Grundzügen darzustellen.

3.1 Das klassische psychoanalytische Konzept

3.1.1 Begründung und Rechtfertigung des klassischen psychoanalytischen Konzeptes

Die Psychoanalyse zeichnet sich im Gegensatz zu anderen Konzepten, z. B. zu dem kommunikationstheoretischen, durch die enge Verknüpfung von Erkenntnis und Handeln aus. Es ist aber in der Literatur — auch in der Literatur der Sozialpädagogik — üblich geworden, die gewonnene Erkenntnis über den Menschen von der Methode ihrer Erkenntnisgewinnung zu trennen. Man kann z. B. die psychoanalytischen Erkenntnisse im Rahmen einer Entwicklungspsychologie darstellen. Wir meinen aber, daß dieses Vorgehen vielen Mißverständnissen und Fehlhandlungen Vorschub leistet. *Freud* selbst (vgl. *Freud* 1969) hat dies nicht getan. Diese Trennung von Erkenntnisgewinnung und Theorie wird dann problematisch, wenn aus der Theorie wieder Handlungsvollzüge abgeleitet werden sollen, die wiederum vom psychoanalytischen Konzept abgetrennt realisiert werden.

Im psychoanalytischen Konzept fällt die Methode der Erkenntnisgewinnung mit der Methode der Behandlung zusammen. Durch die Analyse des neurotischen Konfliktes hat *Freud* seine Erkenntnisse gewonnen. Seine Patienten wurden durch diese Analyse selbst geheilt.

Es gibt keine in sich geschlossene Theorie, die *Freud* übermittelt hat. Jeder, der sich bemüht, theoretische Prinzipien zu erkennen, ist deshalb gehalten, sich auf den Entdeckungsweg durch die *Freud*schen Abhandlungen zu machen, die einen Weg durch seine reflektierte Alltagsarbeit darstellen.

Die Prinzipien wissenschaftlichen Denkens, die zu seiner Zeit die wissenschaftliche Arbeit leiteten (linear-kausale Ursachenverknüpfung) sind die formalen Leitlinien seiner Beobachtung. Inhaltlich bildet das biologisch-energetische Prinzip den logischen Zusammenhang bei der Reflexion seiner Beobachtungen.

Es wurde immer wieder versucht, die Erkenntnisse, die *Freud* gewonnen hat, an diese Vorannahmen zu binden und sie mit ihnen als nicht mehr wissenschaftlich haltbar zu verwerfen. Neuere Begründungsversuche, z. B. die von *Lorenzer* (1974), zeigen, daß die wesentlichen psychodynamischen Vorgänge in der Psychoanalyse als hermeneutischer Prozeß deutbar sind und einem Wahrheitsanspruch Rechnung tragen.

Die jeweilige Einmaligkeit des Geschehens, die beabsichtigte Intensität in der Kommunikation zwischen Klient und Therapeuten verhinderten und verhindern die Anerkennung der Psychoanalyse als empirische Wissenschaft bei Wissenschaftlern, die ihren Wissenschaftsbegriff aus ausschließlich positiv zu ermittelnden Erfahrungen ableiten. Es gibt daher heute Vertreter der Psychoanalyse, die in Entgegenstellung zu *Lorenzer* versuchen, durch empirische Untersuchungen Teilaspekte der Psychoanalyse zugehbar zu machen (*Rapaport* 1973, *Hartmann* 1970). Dabei wurden theoretische Zusammenfassung und Konzeptualisierung geleistet.

Unser weiteres Interesse gilt dem Begründungs- und Rechtfertigungszusammenhang innerhalb der Psychoanalyse. Wir müssen daher dem Prozeß der analytischen Arbeit nachgehen.

Die Psychoanalyse wurde entwickelt in der Behandlung von Kranken. Diese Kranken hatten Störungen, die bei den Fachkollegen nicht als krank anerkannt wurden, weil die Ursachen dieser nervösen Störungen (hysterische Symptome) sich nicht in den Zusammenhang von organischer Verursachung einordnen ließen. *Freud* hat sich nun als Arzt mit der Therapie dieser nervösen Symptome beschäftigt. Er hat seine Patienten als Leidende ernst genommen. Wenn er sich in seiner Therapie auch von den üblichen ärztlichen Behandlungsformen entfernte, so hat er sie immer als ärztlich therapeutisches Handeln verstanden. Seine Patienten wurden durch das Etikett „Krankheit" nicht stigmatisiert. Durch die ärztliche Anerkennung ihrer Störung als Krankheit konnten sie erstmals auf adäquate Behandlung hoffen. Die Psychoanalytiker hatten von daher gesehen keine Veranlassung, die Bezeichnung „Krankheit" zu problematisieren. So bedurfte es auch keiner besonders ausgewiesenen Rechtfertigung der psychoanalytischen Interventionen. Sie bleiben eingebunden in ein nicht weiter hinterfragtes Berufsethos des Arztes, der verpflichtet ist zu helfen. Seine Kräfte soll er in den Dienst der Heilung stellen. Er hat den Kranken zu schützen und sichert ihm Diskretion zu, so daß dieser sich dem Arzt voll anvertrauen kann. Die Frage, wie Vertrauen entsteht oder hergestellt werden kann (oft diskutiert in anderen Konzepten), ist deshalb bei *Freud* kein Thema im Hinblick auf die Rechtfertigung seines Konzeptes, da Vertrauen dort grundsätzlich zum Verhältnis Arzt/Patient gehört.

Der neurotische Konflikt gibt für das klassische psychoanalytische Konzept den maßgeblichen Begründungszusammenhang. Die Symptome, in welchen sich die Psychoneurose manifestiert, sind verursacht durch den neurotischen Konflikt; dieser selbst ist unbewußt. Er entsteht im innerseelischen Kräftespiel zwischen den Instanzen Ich, Es und Überich.

Im folgenden sollen nun in Anlehnung an das Systematisierungsangebot von *Rapaport* (1973) diejenigen Gesichtspunkte kurz formuliert werden, die zum Verständnis der Entstehung eines solchen Konfliktes und seiner Behandlung im Konzept der Psychoanalyse notwendig sind.

Der Gesichtspunkt der Struktur

Die drei psychischen Instanzen: Es, Ich und Überich bilden die Struktur des psychischen Apparates[1]. Das Es vertritt die libidinösen Antriebe.

„Sein Inhalt ist alles, was ererbt, bei Geburt mitgebracht, konstitutionell festgelegt ist, vor allem also die aus der Körperorganisation stammenden Triebe, die hier einen ersten, uns in seinen Formen unbekannten psychischen Ausdruck finden" (*Freud* 1956, S. 7).

---

[1] An dieser Stelle wird *S. Freud* ausführlich zitiert, weil sich u. E. der Sachverhalt sprachlich prägnanter nicht beschreiben läßt.

Das Überich vertritt die Forderungen der Eltern. „Als Niederschlag der langen Kindheitsperiode, während der der werdende Mensch in Abhängigkeit von seinen Eltern lebt, bildet sich in seinem Ich eine besondere Instanz heraus, in der sich dieser elterliche Einfluß fortsetzt. Sie hat den Namen des Überich erhalten. Insoweit sich dieses Überich vom Ich sondert und sich ihm entgegenstellt, ist es eine dritte Macht, der das Ich Rechnung tragen muß ... Im Elterneinfluß wiegt natürlich nicht nur das persönliche Wesen der Eltern, sondern auch der durch sie fortgepflanzte Einfluß von Familien, Rassen und Volkstraditionen sowie die von ihnen vertretenen Anforderungen des jeweiligen sozialen Milieus. Ebenso nimmt das Überich im Laufe der jeweiligen individuellen Entwicklung Beiträge von seiten späterer Fortsetzer und Ersatzpersonen der Eltern auf, wie Erzieher, öffentliche Vorbilder, in der Gesellschaft verehrte Ideale" (*Freud* 1956, S. 8 f.).

Das Ich hat zwischen den beiden Instanzen einen Ausgleich zu schaffen und zugleich die Aufgabe der Anpassung an die Realität zu leisten.

„Die hauptsächlichen Charaktere des Ich. Infolge der vorgebildeten Beziehung zwischen Sinneswahrnehmung und Muskelaktion hat das Ich die Verfügung über die willkürlichen Bewegungen. Es hat die Aufgabe der Selbstbehauptung; erfüllt sie, indem es nach außen die Reize kennenlernt, Erfahrungen über sie aufspeichert (im Gedächtnis), überstarke Reize vermeidet (durch Flucht), mäßigen Reizen begegnet (durch Anpassung) und endlich lernt, die Außenwelt in zweckmäßiger Weise zu seinem Vorteil zu verändern (Aktivität)" (*Freud* 1956, S. 7).

„Eine Handlung des Ich ist dann korrekt, wenn sie gleichzeitig den Anforderungen des Es, des Überich und der Realität genügt, also deren Ansprüche miteinander zu versöhnen weiß" (*Freud* 1956, S. 7 f.)[2].

Im neurotischen Konflikt ist nun das Ich nicht mehr in der Lage, seine Aufgaben zu erfüllen.

Der Gesichtspunkt der Topik

In der Traumdeutung unterscheidet *Freud* zwei wesentliche Funktionsweisen, die *Primärvorgänge* und die *Sekundärvorgänge*. Primärvorgänge sind primitive, d. h. von ihrem Ursprung her frühe Funktionsweisen.

---

[2] Dieser strukturelle Gesichtspunkt wurde von *Freud* erst relativ spät formuliert.

„Der Primärvorgang beherrscht das unbewußte Material. Unbewußtes Material hat nur ein Ziel, die Entladung. Es gibt hier kein Gefühl für Zeit, Ordnung oder Logik, und es können Widersprüche nebeneinander bestehen, ohne einander aufzuheben. Verdichtung und Verschiebung sind weitere Charakteristika des Primärvorganges" (*Greenson* 1975, S. 35).

Der Sekundärvorgang steuert die bewußten Phänomene. Im Traum lassen sich diese Vorgänge am besten verdeutlichen, jedoch zeigen sich auch im Verhalten, z. B. in Krisensituationen, Primärvorgänge in primitiven Durchbrüchen, z. B. ein sinnloses Weglaufen aus Angst oder ein wildes Umsichschlagen im Affekt der Wut. Solche Durchbrüche sind in der Situation inadäquat zur Durchsetzung von Bedürfnissen.

Der Gesichtspunkt der Dynamik

Der Gesichtspunkt der Dynamik weist auf die Triebbestimmtheit des Verhaltens hin. Neurotische Verhaltensweisen sind demnach der Ausdruck einer innerseelischen Dynamik, der der Triebe. Aus der Begründung der Zielgerichtetheit der Triebe (Libido) ist es möglich, neurotisches Verhalten zu erklären und zu verstehen (z. B. kindliche Diebstähle als Befriedigung oraler Anteile).

Der Gesichtspunkt der Genetik[3]

Die Ursachen, die zur Entstehung des neurotischen Konfliktes führen, liegen in den Erfahrungen der frühen Kindheit. In den frühen Phasen der Triebentwicklung zeigen sich Störungen, die sich z. B. in Fixierungen der Triebe an frühen Befriedigungsformen manifestieren. Diese Phasenlehre wurde zunächst aus der Analyse von Psychoneurosen entwickelt. Durch Beobachtungsstudien an Kleinkindern (*Spitz* 1972) wurde sie später bestätigt und auf weitere Entwicklungsstufen durch *Erikson* (1970) erweitert. Für die Analyse des unbewußten Konfliktes weist dieses Prinzip auf die Ursachen der Entstehung des Konfliktes in der Kindheit. Es müssen von daher in der Psychoanalyse Methoden und Verfahren gesucht werden, diese Erfahrungen wieder zugänglich zu machen.

---

[3] Der Gesichtspunkt der Genetik ist derjenige, der am weitesten in das Alltagswissen über Psychoanalyse eingedrungen ist.

Der Gesichtspunkt der Ökonomie

Die Trieblehre enthält einen gleichsam quantitativ zu verstehenden Energiebegriff. Ist eine direkte Triebbefriedigung nicht möglich, so werden u. a. Triebe umgeleitet, und andere als die ursprünglich erwünschten Objekte der Befriedigung werden „besetzt". Neurotische Verhaltensweisen sind „lustbesetzt" – auch dann, wenn sie zugleich zur Umwelt Spannungen verursachen. So ist der Begriff des „Krankheitsgewinnes" zu verstehen. Das Bettnässen, ein Symptom, das bei älteren Kindern seitens der Umwelt als sehr lästig empfunden wird, hat seinen unbewußten „Gewinn". Das erfährt man, wenn man versucht, solche Kinder zu wecken, d. h. das Einnässen zu verhindern. Wird durch die Zuwendung des Weckens die Ökonomie nicht ausgeglichen, so nässen diese Kinder hartnäckig weiter ein. Solange sie nicht kalt werden, liegen sie mit „Behagen" in der feuchten Wärme, was sich an Mimik und Körperhaltung leicht erkennen läßt. Bei schwer aggressiv gestörten Kindern erlebten wir, daß sie sich – im Schlaf – aggressiv gegen jedes Wecken wehrten. Am nächsten Morgen konnten sie sich an die Szenen nicht mehr erinnern.

Es geht daher nicht nur darum, das Symptom zu beseitigen, vielmehr zu erkennen, welchen ökonomischen Stellenwert dies in der gesamten Triebentwicklung hat.

Der Gesichtspunkt der Anpassung

Der Gesichtspunkt der Anpassung besagt, daß das Verhalten durch die „äußere Realität" geleitet wird. Neurotisches Verhalten ist eine Form der Realitätsbewältigung, d. h. es läßt sich von der Symptomatik her rückschließen auf die Ursachen in der Umwelt. Jedes Symptom, wie z. B. das kindliche Einnässen, läßt Rückschlüsse auf eine bestimmte Triebdynamik, aber auch über bestimmte Formen der Verweigerung der Triebbefriedigung durch die Umwelt, in dem Fall der Familie oder des Heimes zu, d. h. bestimmten Umweltkonstellationen lassen sich bestimmte Symptome zuordnen.

Der psychosoziale Gesichtspunkt

Der psychosoziale Gesichtspunkt schließlich zeigt an, daß neurotisches Verhalten sozial determiniert ist. „Objekte" der Triebbefriedigung sind zunächst Subjekte. Die Entwicklung vollzieht sich in einer intersubjektiven Dynamik (Mutter-Kind). Die intersubjektive Dynamik von Patient und Therapeut ist deshalb auch das Kernstück der psychoanalytischen Methode.

3.1.2 Die Methode des klassischen psychoanalytischen Konzeptes

Die Prozeßanteile der Methode

Das Ziel der psychoanalytischen Methode ist die Aufhebung des Leidens durch die Beseitigung seiner Ursachen. Dieser Anspruch bleibt auch dann, wenn er im Einzelfall nicht eingelöst werden kann. *Freud* hat einmal formuliert, daß es das Ziel der Psychoanalyse sei, den Menschen liebes- und arbeitsfähig zu machen.

Methodisches Handeln ist beschrieben durch den analytischen Prozeß, in welchem der unbewußte Konflikt analysiert und damit dem Bewußtsein zugänglich wird. Das Verfahren dabei ist die Deutung. Dieser Schritt vom Unbewußten zum Bewußten hat nichts − dies muß des verbreiteten Mißverständnisses wegen immer wieder betont werden − mit einer rationalen Aufklärung bezüglich der Ursachen zu tun (*Freud* meint dazu, der Anblick einer Speisekarte könne einen Hungrigen nicht satt machen).

Es wird nicht historisch zurückgehend nach Ursachen gesucht. Methodisch geht es auch nicht um die Erinnerung und Lokalisierung objektiver Fakten, sondern um die Wiederbelebung von Erfahrungen, die in der Situation der Analyse Gestalt gewinnen und damit der Bearbeitung zugänglich werden. Material der Analyse sind damit nicht die frühen Erfahrungen, sondern die aktuellen Erfahrungen, die in der analytischen Situation wirksam sind und sich unter anderem in den Träumen widerspiegeln. Die analytische Situation muß danach methodisch so gestaltet werden, daß sie es dem Patienten ermöglicht, seine früher gemachten Erfahrungen wieder zu beleben. Zur Aktualisierung dieser Erfahrungen des Patienten bedarf es der methodisch geschaffenen Möglichkeit zur Übertragung.

Der Psychoanalytiker arbeitet schwerpunktmäßig mit diesen Übertragungen. Unter *Übertragung* versteht man eine besondere Form der Beziehung. Eine Person nimmt an einer anderen Merkmale wahr, die ihr nicht zugehören. So kann z. B. ein Klient einem jungen Sozialarbeiter gegenüber Gefühle entwickeln, als wäre dieser seine Mutter. Eine Sozialarbeiterin kann als gestrenger Vater erlebt werden. Übertragung ist eine Wiederholung alter Objektbeziehungen in zeitlicher und personeller Verschiebung. Es handelt sich dabei um ein unbewußtes Phänomen, d. h. die Person, die „überträgt", ist sich dieser Übertragung nicht bewußt. Doch spielen in der Beziehung zwischen Analytiker und Analysand auch reale Wahrnehmung und reale Interaktion eine Rolle (siehe den Abschnitt über das Arbeitsbündnis). Die Übertragungsreaktionen zeichnen sich (nach *Greenson*) durch Unangemessenheit, Intensität, Ambivalenz, Launenhaftigkeit und Zähigkeit aus. Die psychoanalytische Situation ist methodisch so zu gestalten, daß sie ein höchstmögliches Maß an Übertragungsmöglichkeiten bietet und damit die Entwicklung einer Übertragungsneurose fördert. „Die Übertragungsneurose ist ein Artefakt der analytischen Situation. Sie kann nur durch die analytische Arbeit aufgelöst werden. Sie dient als Übergang von der Krankheit zur Gesundheit" (*Greenson* 1975, S. 48).

In der Übertragung wiederbelebt der Patient alte Erfahrungen mit seinen Eltern oder, genereller formuliert, Objekten seiner Triebbefriedigung. So erlebt sich der Patient z. B. wieder hilflos und ohnmächtig gegenüber dem Analytiker. Er möchte sich pflegen und helfen lassen. Diese Wiederbelebung von Erfahrungen früherer Phasen der Entwicklung nennt die Psychoanalyse *Regression*. Regression kann alle drei Strukturen des psychischen Apparates betreffen: das Es, das Ich und das Überich, aber auch einzelne Funktionsweisen. Sie wird oft ausgelöst durch Frustration. Die Regression wird zu den sogenannten Abwehrmechanismen gerechnet, die als Verteidiger im Dienste des Ich stehen und der Anpassung an die Realität dienen. Jede Erholung (Spiel, Entspannung, Kreativität) ist eine solche Regression im Dienste des Ich. Von dieser zu unterscheiden sind die pathogenen Reaktionen, die einen teilweisen Steuerungsverlust oder Ausfall der Steuerung zeigen. Ein eindrucksvolles Beispiel einer derart massiven Regression ist dargestellt in „Eine Reise durch den Wahnsinn" (*Barnes* 1973): Durch Wochen blieb die Patientin im Bett, mit allen Verhaltensmerkmalen eines Säuglings. Sie ließ sich pflegen, baden und sich mit der Flasche mit Kinderbrei ernähren.

Für die psychoanalytische Behandlung ist die Regression notwendig. Sie wird in der Regel jedoch nicht, wie in dem Beispiel, „agiert". Sie wird zwar erfahren, jedoch reflektiert und bearbeitet.

„Die meisten Analytiker haben jedoch eine optimale Regression im Sinn. Wir wählen Patienten aus, die meistens vorübergehend und teilweise regredieren können, jedoch gibt es über diese Frage gewisse Meinungsverschiedenheiten" (*Greenson* 1975, S. 97). Hier deutet *Greenson* an, daß die Frage nach dem Ausmaß und der Notwendigkeit der Regression eine der Schlüsselfragen psychoanalytischer Behandlung darstellt. Die Bearbeitung frühkindlicher Erfahrungen geschieht meist gegen einen erheblichen Widerstand.

Unter *Widerstand* versteht man alle seelischen Kräfte, die dem Prozeß der Veränderung in der Analyse entgegenstehen. Zum Widerstand können alle Funktionen und Teilprozesse im psychoanalytischen Prozeß werden. Der Widerstand, der von *Freud* zunächst als Störung der Analyse erfahren wurde, wurde in der weiteren Entwicklung der Behandlungsmethoden zum wichtigsten Wegweiser für die psychoanalytische Behandlung. Es ist die Aufgabe der Analyse aufzudecken, wogegen sich der Widerstand richtet, wie der Patient Widerstand leistet und warum er es tut. Der Widerstand wird aus den konservativen Kräften des Seelischen gespeist. Auslösende Ursachen sind meist Angst vor der Veränderung und dem Neuen.

Strukturelemente der psychoanalytischen Methode

Das Setting

In der Regel liegt der Patient auf der Couch, um sich zu entspannen. Der Analytiker sitzt hinter der Couch. Der Patient kann also in diesem klassischen Setting den Analytiker nicht sehen. Im Vergleich zu den methodischen Strukturelementen anderer Konzepte ist das analytische Setting extrem reizarm, d. h. besonders unstrukturiert durch Fragen und vorgegebene Inhalte. So erscheint es offen, um dem Patienten alle Möglichkeiten zu geben, sein „Material" zu produzieren. Gerade diese Reizarmut aber gibt den wenigen Strukturen ein großes Gewicht. Da der Patient keine Angebote durch den Analytiker bekommt, ist er auf sich selbst zurückverwiesen. Da er nur sparsame, die Persönlichkeit des Analytikers eher verbergende Antworten bekommt, ist er auf seine Phantasie über den Analytiker angewiesen, die ihn auf seine alten Erfahrungen verweist und die Übertragungsreaktionen fördert.

Die liegende Haltung ist eine methodisch beabsichtigte Entspannung. Sie ist jedoch auch ein Symbol für die Beziehung Analytiker − Patient, in welcher die Hilflosigkeit, die Angewiesenheit und Ausgeliefertheit des

Patienten zum Ausdruck kommt. Führt diese nicht zu einer grundsätzlichen Entwertung der Person vor sich selbst oder vor dem Analytiker, so ist auch sie ein Abbild alter Erfahrung und Abhängigkeit und vermag diese zu reproduzieren; mit all den Erlebnissen vom Glück der Geborgenheit und der Angst vor dem Verlassenwerden sowie des Schmerzes und der Versagung.

Das psychoanalytische Setting ist so gestaltet, daß es die Übertragung provoziert und die unbewußte Dynamik fördert.

Das Arbeitsbündnis

Der Analytiker trifft seine Verabredungen über Zeit, Ort, vorläufige Dauer und Bezahlung. Er hat in dieser Beziehung einen Partner, das schwache, aber noch realitätsangepaßte „Ich". Das Bündnis geht über die materiellen Rahmenbedingungen hinaus.

„Der analytische Arzt und das geschwächte Ich des Kranken sollen an die reale Außenwelt angelehnt eine Partei bilden, gegen die Feinde: die Triebansprüche des Es und die Gewissensansprüche des Überich. Wir schließen einen Vertrag miteinander. Das kranke Ich verspricht uns vollste Aufrichtigkeit, d.h. die Verfügung über allen Stoff, den ihm seine Selbstwahrnehmung liefert; wir sichern ihm strengste Diskretion zu und stellen unsere Erfahrung in der Deutung des vom Unbewußten beeinflußten Materials in seinen Dienst" (*Freud* 1956, S. 41).

Nach *Greenson* (1975) ist dieses Bündnis die Voraussetzung dafür, daß der Patient mitarbeiten kann, nachdenken kann, Deutungen verstehen kann. Der Patient muß die Fähigkeit haben, zwischen den beiden Ebenen, der realen Interaktionsebene des Arbeitsbündnisses − „mein Analytiker, der Fachmann, der etwas von dem weiß, was mich bedrückt" − und der Übertragungsebene − „Sie sprechen wie mein Vater" − hin und her zu pendeln. In dieser Arbeitssituation spiegelt sich gleichsam die Zweiteilung des „Ich", des „Vernünftigen" und des „Irrationalen".

Die Abstinenzregel

Die Abstinenzregel[4] legt dem Analytiker Zurückhaltung auf. Er soll nicht von sich oder über sich sprechen und keine persönlichen Reaktio-

---

[4] Da diese Regel in Abwandlungen durch alle analytisch orientierten Konzepte weiterlebt, soll sie hier nicht nur formal dargestellt werden, sondern in ihrem ursprünglichen Begründungszusammenhang.

nen zeigen. „Wir sammeln unsere Daten mit Hilfe der Einfühlung, aber unsere Reaktionen müssen zurückhaltend sein" (*Greenson* 1975, S. 290).

Der Analytiker ist gleich einem Spiegel, in welchem der Patient seine Reaktionen erkennen und damit analysieren kann. Diese Haltung des Analytikers hat verschiedene Gründe:

1. Sie macht die Person des Analytikers neutral, verbirgt sie und fördert die für die Analyse notwendige Übertragungsneurose.

2. Das Bild des Spiegels als Haltung zeigt, daß der Patient auf sich selbst zurückverwiesen wird; es sind seine Sprachspiele, die analysiert werden sollen. Wenn der Analytiker sich in das Sprachspiel einbringt, verzerrt er die Erfahrungen und Wertvorstellungen, deshalb muß er sich nach dieser Regel als Person aus dem Prozeß heraushalten.

3. Die emotionale Zurückhaltung versagt dem Patienten die Ersatzbefriedigung in der Übertragung. „Wir müssen, so grausam das klingt, dafür sorgen, daß das Leiden des Kranken in irgendeinem wirksamen Maße kein vorzeitiges Ende findet …" (*Freud* 1956, S. 313). Ist der Analytiker zu gewährend, so besteht die Gefahr, daß er den Patienten in einer dankbaren Abhängigkeitsrolle hält und die negative Übertragung verhindert. Diese Abhängigkeit wird dann zum Widerstand für die Weiterführung des Prozesses. Ist der Analytiker zu versagend, so kann der Patient gar keine Übertragung entwickeln, es kommt zum Abbruch oder zum Stillstand der Analyse.

4. Die Sparsamkeit der Bemerkungen und die Zurückhaltung erlaubt dem Analytiker die Reflexion seiner eigenen Empfindungen, Gefühle und Antriebe in der Interaktion. Wie er beim Patienten reale Interaktionen und Übertragungsreaktionen zu unterscheiden versucht, muß er auch bei der Reflexion seiner eigenen seelischen Abläufe, Reaktionen auf reale Beobachtungen und Gegenübertragungsreaktionen unterscheiden. So kann z. B. drängendes Bitten des Patienten, den dringenden Wunsch des Hilfegebens oder auch den Wunsch nach Rückzug beim Analytiker auslösen. Solche spontanen Wünsche, die die persönliche Reaktion der Gegenübertragung auf die Übertragung bilden, sollen nicht geäußert oder gar agiert werden. Werden sie dem Analytiker jedoch als Gegenübertragung bewußt und werden sie reflektiert, so kann der Analytiker selbst mit diesem seelischen Instrumentarium die Übertragung des Patienten diagnostizieren. Dies erfordert ein hohes Maß an Reflexionsfähigkeit, das in der eigenen langfri-

stigen Lehranalyse und in Kontrollanalysen erworben werden muß, die die berufliche Tätigkeit begleiten.

Das Arbeitsbündnis und die Abstinenzregel widersprechen sich in ihren Funktionen zum Teil. Das sieht auch *Greenson* als eine der Hauptschwierigkeiten der analytischen Methode.

„Der Analytiker hat gleichzeitig zwei Aufgaben, die einander im Grunde entgegengesetzt sind. Er muß die Entwicklung sowohl der Übertragungsneurose, als auch das Arbeitsbündnis sicherstellen. Um die Übertragung zu sichern, muß er seine Anonymität und seine versagende Haltung gegenüber den neurotischen Wünschen des Patienten nach Befriedigung wahren. Um das Arbeitsbündnis zu sichern, muß er die Rechte des Patienten wahren, eine beständige therapeutische Haltung zeigen und sich menschlich verhalten. Diese Forderungen sind äußerst anspruchsvoll. Es können leicht Fehler vorkommen. Sie müssen erkannt und so zu einem Teil des Gegenstandes der Analyse gemacht werden" (*Greenson* 1975, S. 291).

3.1.3 Die Verfahren des klassischen psychoanalytischen Konzeptes

Die Verfahren der psychoanalytischen Methoden erscheinen als relativ einfach zu handhaben: Fragen, z. B.: Was fällt Ihnen dazu ein? Deutung von Fehlleistungen oder Traumanteilen sind in die Feuilletons eingegangen, sie beleben „gesellschaftliche Gespräche". Ihre Wirksamkeit entfalten sie jedoch nur im Ablauf des Prozesses, dessen Strukturierungselemente oben geschildert wurden.

Freie Assoziation

In diesem Verfahren wird der Patient angewiesen, ohne zeitliche oder logische Ordnung seine Gedanken zu äußern. Dieses Verfahren hat frühere Verfahren der Hypnose und Suggestion abgelöst, durch die ein direkter Zugang zu den pathogenen Erinnerungen möglich war[5]. Begründet wurde diese Aufgabe repressiver Methoden in doppelter Weise:

---

[5] Ein Beispiel einer solchen frühen Analyse gibt *P. Shaffer* in seinem Theaterstück *Equus*.

1. Die freie Assoziation bringt genügend Material.
2. Alle Suggestion und Manipulation belastet das Übertragungsverhältnis. Sie bringen reale Unterdrückung in die Situation und erschweren damit die Analyse von Übertragungsreaktionen.

Die freie Assoziation steht so im Dienste der Entdeckung von Störungen. Für den Analytiker ist der Fluß der Gedanken dabei genauso wichtig, wie die Stockungen und Unterbrechungen. Über den Weg dieser Assoziationen produziert der Patient das notwendige Material, das analysiert wird.

Die Deutung

Die Deutung von Träumen und Symbolen als Übersetzungsvorgang ist in das Alltagswissen und Alltagshandeln eingegangen[6]. Im analytischen Prozeß jedoch werden die Deutungen nicht an solche Symptome gebunden; analysiert werden vielmehr die Übertragungsreaktionen wie auch der Widerstand. Das Verfahren der Deutung selbst besteht aus geordneten Einzelschritten. Die Konfrontation und die Klärung bereiten die Deutung vor, das Durcharbeiten ergänzt das Verfahren.

Konfrontation beschreibt das Vorgehen des Analytikers, der aus dem Material bestimmte Inhalte herausgreift und den Patienten auf bestimmte Lücken hinweist. Damit unterbricht er die Assoziationskette. Dabei kommt es auch vor, daß der Patient spontan einhält und sich einem Vorgang besonders zuwendet.

In der *Klärung* versucht der Analytiker zusammen mit dem Patienten, Motive und Modi eines bestimmten Verhaltens aufzuhellen.

Nach der Deutung[7] erfolgt das *Durcharbeiten*. Die Bedeutung der gewonnenen Einsicht für den Patienten wird erörtert. Dabei ergeben sich mitunter Reste und Rückfragen, die zur teilweisen Wiederholung und Neubearbeitung des gesamten Prozesses führen.

---

[6] Der Klassifikationsvorgang in der psychoanalytischen Krankheitslehre hat zu bestimmten gesetzmäßigen Zuordnungen von Symptomen und genetischen Störungen geführt. Es wird z. B. zwischen Zwangssymptomen und depressiven Symptomen unterschieden, die bestimmten Störungen in der oralen oder analen Phase zugeordnet werden. Dieser Begründungszusammenhang gibt dem Diagnostiker Verstehensmöglichkeiten der Ursachen der Störungen und der daraus erwachsenden möglichen Reaktionen.

[7] Es muß noch einmal darauf verwiesen werden, daß die Deutung sich auf das in der analytischen Situation zu erfahrende Material und nicht auf historische Ereignisse oder Situationen außerhalb der analytischen Situation bezieht.

3.1.4 Diskussion und Kritik

Der Einfluß Freuds auf die Sozialwissenschaften kann hier nicht im Detail diskutiert werden[8]. Er ist so groß, daß alle Auseinandersetzungen über Ursachen und Veränderung menschlichen Verhaltens sich an den Ergebnissen seiner Forschung orientieren. Wir beschränken uns hier auf die Behandlungsform des klassischen analytischen Konzeptes. Über die Auswirkung psychoanalytischer Behandlung in bezug auf emanzipatorische Zielsetzungen ist die Diskussion nicht abgeschlossen. Für *Adorno* (1970) ist „analytische Psychologie die Einzige, die im Ernst den subjektiven Bedingungen der objektiven Realität nachforscht". Für *Habermas* (1969) ist die „Psychoanalyse ein Beispiel einer methodischen Selbstreflexion". Die emanzipatorischen Möglichkeiten der Psychoanalyse hat er in „Erkenntnis und Interesse" (1969) ausführlich diskutiert. *Lorenzer* (1974) versucht die Sozialisationsforschung für das psychoanalytische Konzept fruchtbar zu machen. Er möchte auf diese Weise die materiellen Bedingungen der Entstehung von Störungen in das klassisch analytische Konzept einbeziehen.

Ist man jedoch der Auffassung, daß die Veränderung von Individuen immer auch die der Produktionsbedingungen erfassen muß, dann bleibt das klassische analytische Konzept, wie alle hier beschriebenen, begrenzt. Zur Ideologie wird das Konzept dann, wenn von ihm direkte Auswirkungen über den gesellschaftlich vermittelten Bereich hinaus bezweckt werden oder die erreichten Veränderungen im intersubjektiven Bereich als die allein möglichen behauptet werden.

(Beispiel: Wenn zu jeder gesellschaftlichen Problemlösung Kategorien des klassischen analytischen Konzeptes herangezogen werden, so daß alle Protestformen gesellschaftlicher Gruppen zu Autoritätskonflikten gerinnen.)

Die Auseinandersetzung um den Ideologieverdacht betrifft jedoch alle hier diskutierten Konzepte in mehr oder weniger starkem Maße.

---

[8] Diskussion und Kritik der Psychoanalyse bringen immer auch eine Auseinandersetzung mit den Ergebnissen Sigmund *Freud*s. Auch dann, wenn man dieser Richtung nicht verpflichtet ist, ist man von der Persönlichkeit beeindruckt, von der Fülle der Erkenntnisse, dem Scharfsinn, der Kreativität und der Autonomie, mit welcher Freud seinen Gedanken nachgeht.

Die *Anwendung* des klassischen analytischen Konzeptes setzt eine Ausbildung voraus (Lehranalyse und begleitende Theorie), die in den sozialpädagogischen Studiengängen nicht geleistet werden kann. Vom Sozialpädagogen ist diese Methode daher ohne zusätzliche Ausbildung nicht anwendbar. Wie später dargestellt wird, arbeitet der Sozialpädagoge mit dem Bewußten oder Vorbewußten, aber nicht mit dem Unbewußten; d. h. Klienten, deren Störungen soweit im Unbewußten verankert sind, daß sie nur in Form von Übertragung an diesen zu arbeiten vermögen, bedürfen einer Analyse im Sinne des klassischen psychoanalytischen Konzeptes. Studenten und junge Sozialpädagogen, die von den Ergebnissen der *Freud*schen Forschung fasziniert sind, neigen dazu, bei allen psychosozialen Problemen die Indikation für eine Analyse zu stellen. Die Arbeit mit und an dem Unbewußten scheint ihnen die eigentliche Hilfe erst zu bringen. Dabei wird übersehen, daß die Indikation für das klassische psychoanalytische Konzept außerordentlich eng ist, d. h. die Vielzahl der gerade schwierigen Klienten des Sozialpädagogen haben nicht die Motivation und die „Zuverlässigkeit", sich einer lang andauernden Analyse zu unterziehen. Die Anwendung des klassischen psychoanalytischen Konzepts ist begrenzt auf Klienten, die eine mittlere Intelligenz besitzen sowie die Fähigkeit haben, ihre Probleme zu verbalisieren. Damit bleibt das klassische psychoanalytische Konzept auch eingeschränkt auf Mittelschichtklienten und besitzt exklusiven Charakter.

Der Druck, mit Klienten, die man nicht überweisen kann, doch „etwas zu beginnen", verführt immer wieder Soialpädagogen zum Dilettantismus mit analytischen Verfahren. Schaden nimmt in der Regel nicht der Klient, seine Abwehr scheint sich eher zu verstärken, sondern für den Sozialpädagogen ergeben sich daraus Abhängigkeitsbeziehungen, positive und negative Übertragungen, unter denen er mehr leidet als der Klient. Werden diese schließlich aus Selbstverteidigungsgründen abgebrochen, so entstehen beim Sozialpädagogen meist Schuldgefühle, beim Klienten verfestigt sich der Eindruck, daß ihm nicht zu helfen ist, was dieser für die Stabilisierung seines Selbstgefühls allenfalls so deutet, daß der Sozialpädagoge „nichts taugt". Dies wiederum muß denjenigen Sozialpädagogen kränken, der sich bei schwierigen Klienten besonders engagiert hat.

Werden Klienten an den Therapeuten verwiesen, so muß sich der Sozialpädagoge in der Regel auf den Abbruch der Beziehung einstellen. Das klassische psychoanalytische Konzept arbeitet mit der Exklusivität der Zweierbeziehung. Teamarbeit, Austausch der Ergebnisse ist deshalb nicht möglich.

Das klassische psychoanalytische Konzept wurde an der Heilung von Neurosen entwickelt. Es ist ein ärztliches Konzept und mit Krankheit eng verknüpft. Ausgehend von diesem Konzept kann man von einer Pathologisierung psychosozialer Konflikte sprechen. Der Krankheitsbegriff weitet sich aus und belastet den Klienten in Richtung Stigmatisierung. Alles methodische Vorgehen erhält Therapiecharakter. Der Klient, der sich krank, d. h. von einem Symptom „befallen" sieht, muß zunächst wieder aktiviert werden, damit er nicht nur um Behandlung bittet, sondern eigenaktiv für seine Konflikte Verantwortung übernimmt[9].

Neben dem Begriff der Krankheit ist das klassische psychoanalytische Konzept mit dem Autoritätskonflikt unabweislich verbunden. Die Methode bewirkt Abhängigkeit, sie hat jedoch den Anspruch, die Abhängigkeit zu bearbeiten. Wieweit das gelingt, läßt sich quantitativ kaum beurteilen. Offenbar veröffentlichen frustrierte Analysanden mehr als autonom gewordene. Allzu schnell würde sich ein selbständig Gewordener in einer widersprüchlichen Situation wiederfinden. Würde er sich rückschauend auch lobend über die Analyse äußern, dann wäre dies wiederum ein Zeichen dankbarer Abhängigkeit und nicht gerade ein Zeichen von neu erworbener Autonomie.

Wie *Greenson* bemerkt, sind die Grundprinzipien des klassischen psychoanalytischen Konzeptes die Übertragungsneurose und die Handhabung der Deutung. Die Anwendung des klassischen psychoanalytischen Konzeptes ist äußerst aufwendig, sie erfordert viel Zeit, und sie lebt zum anderen von der Motivation des Patienten. Hinzu kommt, daß auch bei größter Übung und Selbstkontrolle nicht jeder Analytiker jeden Patienten analysieren kann, d. h. die persönliche Freiwilligkeit und die Wahl des Therapeuten sind unabdingbarer Bestandteil der psychoanalytischen Behandlung. Damit setzt die Psychoanalyse teilweise das voraus, was sie erreichen will, nämlich ein autonomes Subjekt.

---

[9] Der Kampf um die Anerkennung psychischer Behandlungsmethoden durch die Krankenkassen wird, so ist zu befürchten, den Krankheitsbegriff noch mehr ausweiten. Damit besteht aber aufs Neue die Gefahr, daß soziale Konflikte individualisiert werden. Andererseits wird aber auch der Normalitätsbegriff eingeengt, alles abweichende Befinden oder Verhalten gilt dann als krank.

Im Hinblick auf die Abgrenzung zu anderen Konzepten sind folgende Fragen wichtig:

1. Sind alle Konflikte derart im Unterbewußten verankert, daß sie des weiten Wegs zur Auflösung in die Kindheitssituation bedürfen?
2. Ohne Regression gibt es keine Veränderung. Wie unterscheidet man eine pathologische von einer produktiven Regression?
3. Wieviel Regression ist erforderlich?
4. Sind die festgefahrenen Regeln der Interaktion wirklich nur auf so früher Stufe zu erfassen und deutbar?
5. Damit eng verbunden ist die Frage, ob es der Übertragung bedarf, die in den Phasen tiefer Regression ja auch eine tiefgreifende Abhängigkeit mit sich bringt.

Aus dieser Richtung entwickelten sich die vielfältigen Formen der sogenannten kleinen Therapie oder Fokaltherapie. Ihre Zielsetzung ist die Stärkung und Stützung der bewußten Anteile des Ich, sie schließt die Bearbeitung von sozialen Umweltproblemen ein. Sie stützen sich auf die Fortentwicklung der Ich-Psychologie durch *Horney* (1974) und *Hartmann* (1970). Zu ihnen sind auch die psychoanalytischen Beratungskonzepte zu rechnen.

3.2 Das psychoanalytisch orientierte Beratungskonzept

3.2.1 Rechtfertigung und Begründung des Beratungskonzeptes

Die theoretische Grundannahme dieses Beratungskonzeptes stützt sich auf den Begriff der Krise, der von dem neurotischen Konflikt abgesetzt wird. *Houben* (1975) unterscheidet die Übergangskrise von der psychosozialen Krise.

„Übergangskrise: Ein bisheriges Anpassungssystem, entspricht nicht länger der fortschreitenden Es- und Ich-Entwicklung. Die eingefahrenen Reaktions- und Verhaltensmuster dieses Systems werden zunehmend untauglich, neuartige müssen erst noch gelernt werden. Der Organismus gerät dadurch in einen Zustand der Verunsicherung und der erhöhten Irritierbarkeit. Psychosoziale Krise: Die sich vollziehenden Reifungsprozesse fordern das Individuum selbst auf, die eigenen sozialen Rollenvorstellungen zu ändern und enthalten zugleich einen

Appell an die sozialen Gruppen, denen es angehört, ihre Rollenvorschriften abzuwandeln. Wird diese Aufforderung zur Rollenneugestaltung auf einer oder beiden Seiten nicht angenommen, dann kommt es zu verschärften und protrahierten Entwicklungskrisen mit anhaltenden, regressiven Erscheinungen. Unter diesen Umständen erhöht sich die Gefahr, daß diese Krise zum neurotischen Konflikt wird" (*Houben* 1975, S. 79).

Es geht in der Beratung nun darum, das Ich in der Bewältigung dieser Krise zu stützen.

3.2.2 Methode

Die Beratung beginnt mit einem Erstinterview, das die Krise abklären soll. Hier zeigt sich nun das Dilemma der Ich-Psychologie in der Anwendung analytischer Verfahren außerhalb des klassischen psychoanalytischen Konzeptes. Einerseits sollen durch freie Assoziation die unbewußten oder vorbewußten Anteile der Krise zutage gefördert werden, andererseits aber soll eine Übertragungsneurose verhindert werden. Im Gegensatz zum klassischen Konzept der Psychoanalyse müssen im Erstinterview zur Abgrenzung und Kenntlichmachung der Krise Fragen gestellt werden, die der Patient beantwortet. Damit setzt der Berater Reize, dann tritt er aber auch aktiv in die Interaktion ein. Wertet er das Gespräch aus, so kann er den Beziehungsverlauf analysieren, nicht aber die Konflikte. D.h. der Interviewer muß die Frage klären, was hat der Patient ihm gesagt oder was hat er auf die Frage gesagt. Es wird bei diesem methodischen Vorgehen schwer zu unterscheiden sein, was der Anteil der Krise und welches die Botschaft an den Berater ist.

Wird so die Reizarmut der psychoanalytischen Situation aufgelöst, dann muß untersucht werden, welchen Reizcharakter bestimmte Fragestellungen haben, bevor man den Inhalt der Antwort auf die Krise und die Persönlichkeit hin interpretieren kann. In bezug auf die Inhalte der Krise wird in diesem methodischen Vorgehen der Berater offensiv. In bezug auf seine Person jedoch bleibt er zurückhaltend. Es bedarf also über weite Strecken hinweg des sogenannten „berufsmäßigen Verstehens". Versteht man die Begründung der Abstinenzregel jedoch recht, so kann nicht übersehen werden, daß es gerade diese Zurückhaltung auch wieder ist, die Übertragungsreaktionen fördert. Ihnen versucht der Berater in seiner Arbeitsweise in bezug auf den Beratungsinhalt entgegenzuarbeiten.

„Wenn das Arbeitsbündnis den Intentionen der Beratung entsprechend gehandhabt wird (Zentrierung auf den aktuellen Konflikt, selektive Deutung infantilen Materials und Hinwendung zur Planung der Verhaltensalternativen), hält sich die Übertragung automatisch in Grenzen. Sollte dies ausnahmsweise nicht der Fall sein, dann ist darin ein Indiz für eine neurotische Störung, bei der Beratung kontraindiziert ist, zu sehen" (*Houben* 1975, S. 129).

Übertragungen des Patienten werden, wie im klassischen psychoanalytischen Konzept, durch Gegenübertragungen analysiert.

„Wenn sich ein Berater darin übt, solche eigenen emotionalen Reaktionen und intentionswidrigen Abwandlungen seiner Strategie zu registrieren, werden sie zu einem Mittel, die Übertragung seines Klienten zu verstehen und die konflikthaften Bedingungen seiner Problematik zu erkennen. Zugleich gewinnt er dadurch jene objektivierende Distanz, die es ihm möglich macht, sein weiteres Handeln sachgerecht — was nicht heißt ohne Gefühl — zu regulieren" (*Houben* 1975, S. 129f.).

Übertragungen werden in diesem Konzept nicht analysiert und gedeutet, es sei denn, sie behindern den Fortgang der Beratung.

3.2.3 Diskussion und Kritik

Auf die Verfahren im einzelnen wird beim Casework eingegangen. Was im analytischen Prozeß streng geschieden wird durch das Arbeitsbündnis: Interaktion einerseits und Übertragung andererseits, verschmilzt in diesem Konzept zu einer positiven Übertragung. Damit ist die Chance vergeben, konzeptionell die kritische Reflexion der Beratungsbeziehung auch zum Gegenstand der Beratung zu machen und für die Ziele der Ich-Stärkung zu nutzen. Der Berater diagnostiziert für sich regressive Übertragungsversuche, er berücksichtigt sie im Fortgang der Beratung, sie bleiben jedoch unbesprochen. Vom Begründungszusammenhang her ist dieses Vorgehen nicht zu verstehen. Es wäre ein zusätzlicher Lernschritt, wenn dem Patienten klar würde, daß er nicht nur in Krisensituationen bei der Bewältigung von Umweltproblemen zu regressiven Verhaltensweisen neigt, sondern die Regression auch in Beziehungen zu anderen und in der Beratungssituation wiederkehrt. In dieser Nicht-Deutung des unbewußten Materials liegt ein Stück nicht gerechtfertigter Manipulation. Die Frage der Abhängigkeit wird im klassischen psychoanalytischen

Konzept begründet und methodisch bearbeitet. In den Methoden und Verfahren, die der Ich-Psychologie nahestehen, wird die Begründung umgangen, jedoch als Vorsatz der Partnerschaftlichkeit gerechtfertigt.

3.3 Das psychoanalytisch orientierte Konzept des Casework

3.3.1 Rechtfertigung und Begründung des Konzeptes

Die Besprechung des *Houben*schen Konzeptes wurde vorausgeschickt, weil dort die theoretischen Konzepte, Abgrenzung von Krise und neurotischem Konflikt, pathogene und normale Regression, dargestellt wurden, auf die auch das Casework sich bezieht.

In den im deutschen Sprachraum vorliegenden Werken wird dies nicht in diesem Maß deutlich, da die Entwicklung zur Ich-Psychologie sich in den USA früher vollzogen hat und die Casework-Autoren diese nicht mehr selbst ausformulieren. In einer langen konzeptionellen Auseinandersetzung haben die Autoren sich allmählich von der historischen, analytischen Betrachtungsweise der Persönlichkeit gelöst und sich den Problemen des Ich und seiner Anpassung zugewandt. Ein Teil der Begründung des klassischen psychoanalytischen Konzeptes − die Persönlichkeitspsychologie − hat im Konzept des Casework eine lange Tradition.

„Was Studium und Assimilierung der *Freud*schen Lehre anbelangt, brauchte die amerikanische Psychiatrie viel länger als die soziale Einzelhilfe, und noch heute benutzen viele Psychiater − wenn überhaupt − die Lehren von *Freud* nur oberflächlich" (*Hollis* 1971, S. 165).

Hollis, eine der maßgeblichen Vertreterinnen des psychoanalytisch orientierten Casework, warnte bereits wieder davor, die Begriffe der Ich-Psychologie zu eng zu fassen. Vom klassischen psychoanalytischen Konzept grenzt sich *Hollis* ab: erstens durch eine veränderte Begründung und Rechtfertigung, zweitens durch die Veränderung des methodischen Vorgehens.

Zur veränderten Begründung: Bei der Erörterung der Frage nach der Abgrenzung des Vorbewußten vom Unbewußten kann sich *Hollis* wieder auf eine Fülle von Untersuchungen stützen. Sie beklagt trotzdem, daß es nicht möglich ist, eine klare Abgrenzung zu finden. Die Unterscheidung der Zugänglichkeit scheint ihr vom methodischen Vorgehen her die nützlichste zu sein, d. h. vorbewußte Vorgänge und Inhalte können durch Anregung und Ermutigung wieder erinnert werden, während unbewußte Vorgänge spezieller psychoanalytischer Verfahren bedürfen. Das Augenmerk ist dabei gerichtet auf die Anpassungsmechanismen des Ich, und die Probleme werden deshalb als Anpassungsprobleme definiert. *Hollis* nennt hierfür drei mögliche Quellen:

„1. infantile Bedürfnisse und Triebansprüche, Reste aus der Kindheit, die den Menschen unangemessene Ansprüche an seine Erwachsenenwelt stellen lassen,
2. eine aktuelle Lebenssituation, die ihn übermäßigem Druck aussetzt,
3. falsches Funktionieren des Ich und des Überich.
Das Ausmaß, in dem jede dieser drei Ursachen sich auswirkt, ist von Mensch zu Mensch verschieden" (*Hollis* 1971, S. 40).

Aus der Wechselwirkung von Umwelt und Person im aktuellen Problem leitet *Hollis* die Verfahren ab, die sich teils auf die Umwelt, teils auf die Bearbeitung innerpsychischer Probleme richtet. Das methodische Vorgehen hat jedoch im Kern das Ich zu stärken. Daraus ergibt sich auch die Formulierung des Behandlungszieles.

3.3.2 Die Verfahren

Die einzelnen Verfahren des psychoanalytisch orientierten Konzeptes des Casework sollen an einem Beispiel erläutert werden:

Die Ehefrau eines Trinkers kommt in die Abendsprechstunde einer Sozialarbeiterin und berichtet, daß ihr Mann „wieder einmal weggegangen und die Haushaltskasse geplündert habe". Sie ist im Augenblick mittellos. Sie erscheint ziemlich verzweifelt. Sie betont, daß sie nicht mehr wisse, wie es weitergehen solle. Sie sei letztlich schuld am Elend, weil sie ihrem Mann immer wieder nachgebe und damit die Kinder immer wieder dem Ehestreit aussetze.

In dieser Situation wird die Sozialpädagogin, die nur eine Stunde Zeit hat, die Ehefrau nicht auffordern, alles zu äußern, was sie mit dem Ehemann die letzten zwei Tage erlebt hat (*freies Sichaussprechen*), vielmehr wird sie sich an den Ich-nahen Ereignissen orientieren, d. h. sie wird die Ehefrau nach den Kindern, nach deren Befinden, nach der Wohnung, dem morgigen Tagesablauf fragen und die Möglichkeiten der finanziellen Hilfe des Sozialamtes mit ihr erörtern. *Hollis* nennt dieses Vorgehen das *stützende Verfahren*. Die Unterstützung wird erreicht durch die positive Zuwendung zum Klienten, besonders in angstbesetzten Situationen, in welchen die Bedrohung durch Realängste oder durch Schuldgefühle herabgesetzt werden soll.

Direkte Einflußnahme, z. B. auf Personen der Umwelt wird dann angewandt, wenn sie vom Klienten gebraucht wird und der Sozialpädagoge tatsächlich weiß, was der Klient braucht. In dem genannten Gespräch äußerte Frau X Angst nach Hause zu gehen und mit ihren Kindern zusammenzutreffen. Sie fragt die Sozialpädagogin, ob sie nicht an ihrer Stelle mit den Kindern sprechen könne. Sie fordert den Einfluß. In diesem Gespräch war es aber möglich, ohne diesen direkten Einfluß zu arbeiten. Durch die Stützung war Frau X nach dem Gespräch in der Lage, nach Hause zu gehen und am nächsten Morgen den Antrag beim Sozialamt zu stellen. Die Kernfrage beim direkten Einfluß ist stets, ob durch ihn Lernmöglichkeiten beispielhaft bereitgestellt oder Kräfte des Klienten geschwächt werden.

Mit diesem *stützenden Verfahren*, das Frau X in die Lage versetzte, die nächsten Tage zu bewältigen, sind nun die Probleme selbst nicht gelöst. Frau X wollte, nachdem ihr Mann zurückkam und die Familie vorläufig stabilisiert war, doch daran abeiten, daß das „Unglück", wie sie es nannte, nicht wieder eintrete. In den nächsten Gesprächen nun konnte der Sozialpädagoge Frau X mit dem Verfahren des *„Sichaussprechens"* die Möglichkeit geben, sich von dem angestauten Ärger und der Angst zu entlasten. Für die Bearbeitung der ermittelten Probleme boten sich für die nächsten Gespräche die beiden Verfahren an:

- *reflektierende Betrachtung des Gesamtzusammenhanges der Person in ihrer Situation und*
- reflektierende Betrachtung des innerseelischen Kräftespiels und der Entwicklungsfaktoren.

Im ersten Verfahren war mit Frau X zu bedenken, in welchem Zusammenhang sie zu ihren Kindern und zu ihrem Ehemann steht. Im zweiten Verfahren wird versucht, anhand der Lebensgeschichte von Frau X zu überdenken, wie sie selbst sich in Krisensituationen bringt.

Es werden Ereignisse angesprochen, die Frau X in der Gesprächssituation erinnert. So fällt ihr z. B. ein, daß sie stets nachgegeben habe, auch gegenüber ihren Geschwistern, und hinterher habe sie sich dann geärgert und durch Nachtragen gerächt. Die Ereignisse werden im Gespräch dann auf die bestehende Situation bezogen. Sie werden nicht durch die Aufforderung zu Assoziationen wiederbelebt, etwa mit der Frage: „Können Sie sich an die Gefühle erinnern, die Sie dabei hatten?" Vielmehr wird nun weiter überlegt, wie solche Verhaltensweisen auf den Partner wirken und welche Rückwirkungen sie in dieser Beziehung auf die Emotionen von Frau X haben. Mit der Beschränkung auf die vorbewußten Inhalte, also solche Inhalte, die der Erinnerung und dem logischen Zusammenhang folgen, soll die Wiederbelebung frühkindlicher Erfahrung vermieden werden.

3.3.3 Diskussion und Kritik

Die Situation der Behandlung im klassischen psychoanalytischen Konzept wird im Konzept des Casework durch ein Miteinandersprechen, durch den Hausbesuch und die Umweltkontakte verändert. Die Abstinenzregel wird teilweise aufgegeben, besonders was die persönliche Zurückhaltung betrifft. Der Sozialpädagoge interveniert aktiv. Die Übertragung wird nicht geleugnet, sie wird aber auch nicht gefördert; die Übertragungsneurose soll vermieden werden. Positive Übertragungselemente werden z. B. in der korrigierenden Beziehung genutzt. Die Übertragung wird in der Klärung der Beziehung als Lernmöglichkeit angesehen.

Gegenübertragungsphänomene werden für möglich gehalten, sie werden nicht genutzt, sie unterliegen der Kontrolle nicht durch Reflexion, sondern durch die sogenannte „berufliche Haltung". Sie ist aus dem Konzept nicht mehr zu begründen, sie wird gesetzt.

Es ist zu vermuten, daß der Mangel an Begründungszusammenhängen im Casework-Konzept gegenüber dem klassichen psychoanalytischen Konzept dafür verantwortlich gemacht werden muß, daß an die Stelle von Begründungen Setzungen treten.

Die „berufliche Haltung" strukturiert die Beziehung von Klient und Sozialpädagogen. Sie beinhaltet z. T. die Abstinenzregel. Eine vergleichende Gegenüberstellung soll dies verdeutlichen.

Die Professionalität

Die Beziehung ist eine berufliche Beziehung zwischen Sozialpädagoge und Klient, die abzuheben ist von der privaten Beziehung.

Begründung: Der Sozialpädagoge darf seine eigenen Werthaltungen nicht einbringen, weil er kein Recht hat, die anderer zu kritisieren (extremer Liberalismus). Im klassischen psychoanalytischen Konzept hält der Analytiker aus zwei Gründen seine Werthaltungen zurück: weil er den Patienten an seiner Entfaltung nicht hindern will und weil gerade die Normierung des Überich wesentlichen Anteil am neurotischen Konflikt hat, der bearbeitet werden soll. Gerechtfertigt wird diese Haltung mit der Respektierung der Würde des Menschen, die hinter jedem Fehlverhalten steht. Im klassischen psychoanalytischen Konzept wird diese Haltung gerechtfertigt mit dem ärztlichen Berufsethos.

Kontrolle der Emotionalität

Der Sozialpädagoge soll sich in bezug auf seine emotionale Betroffenheit kontrollieren, d.h. keine persönlichen Gefühle und Empfindungen in den Prozeß einbringen.

Begründung: Das eigene Einbringen führt zur Problemdiffusion, man weiß nicht mehr, um wessen Probleme es sich handelt. Der Sozialarbeiter soll sich ferner nicht persönlich einbringen, weil hierdurch die Ablösung erschwert wird. Im klassischen psychoanalytischen Konzept soll der Analytiker seine Gefühle nicht einbringen, weil der Patient keine Ersatzbefriedigung erhalten soll.

Kontrolle der eigenen Aktivität

Bis auf die für die Diagnose notwendige aktive Befragung soll der Sozialpädagoge sich mit Vorschlägen zur Problemlösung eher zurückhalten. Die Rechtfertigung im Casework für diese Haltung lehnt sich an das Recht auf Selbstbestimmung des Klienten an. Im klassischen psychoanalytischen Konzept wird es inhaltlich mit dem Hinweis begründet, daß der Patient Raum für freie Entfaltung haben soll. Diese Freiheit ist natürlich immer wieder die Freiheit zur Übertragung und zur Entwicklung der Übertragungsneurose.

Die auch im Casework geforderte Zurückhaltung und Neutralität provoziert jedoch Übertragungsreaktionen. Je neutraler und damit je undeutlicher die Person und die Ziele des Sozialpädagogen sind, um so mehr regt er die Phantasie des Klienten an, sich Gedanken darüber zu machen, was der Sozialpädagoge wohl denkt, meint, beabsichtigt. D. h. die Möglichkeit der Gegensteuerung liegt in der Verdeutlichung der Absichten des Sozialpädagogen bezogen auf das konkrete Problem des Klienten. In den im Casework benutzten Verfahren ist die Neutralität durch Aktivität des Sozialpädagogen bereits überwunden. Diese Verdeutlichung muß ausgeweitet werden, auch auf die Person des Sozialpädagogen. Es ist z. B. bei beginnenden Übertragungsreaktionen indiziert, auch die eigene Wahrnehmung der Situation zu formulieren.

Beispiel der Trinkerehefrau: „Ich fühle mich verstanden, so habe ich mir meine Mutter gewünscht." Antwort: Es ist schön für mich, daß Sie sich verstanden fühlen, ich denke auch, daß wir an Ihren Problemen ein Stück weiterkommen können. Ihre Vorstellung jedoch, ich könne Ihre Mutter darstellen, belastet mich; diesem Anspruch kann ich nicht genügen. Nach dem, was wir bisher besprochen habe, denke ich auch, daß Sie in der Lage sind, ohne mütterliches Wohlwollen und Unterstützung weiterzuarbeiten."

Solche Verwerfungen sind frustrierend und können den Fortgang einer Beratung massiv belasten. Meist leidet auch die emotionale Intensität der Beziehung. Sie wird jedoch auch realistischer und für den Sozialpädagogen wieder handhabbar. Wichtig für solche Interventionen ist die ungekränkte Selbstdarstellung (*Habermas* 1969) des Sozialpädagogen. Hat diese Formulierung einen strafenden Unterton, dann muß sie ihre Wirkung verfehlen, der Klient schließt sich dann beschämt ab.

Weder in dem klassischen psychoanalytischen Konzept, noch in der psychoanalytischen Beratungsmethode, noch im Casework wird im Zusammenhang mit der Abstinenzregel das Problem der Macht diskutiert. Distanz ist eine der Grundregeln der Sozialpsychologie, die der Aufrechterhaltung von Autorität und Fachkompetenz dient. Eine Form jeglicher Machtstrategie ist die Aufrechterhaltung der Distanz, d. h. das nicht Hinterfragenkönnen der beruflichen Haltung durch den Patienten und Klienten. Sie macht den Analytiker wie auch den Sozialpädagogen an diesem Punkte unangreifbar in seiner Position. Dieses Moment der Herrschaft wird, wenn man *Lorenzer* folgt, im klassischen psychoanalytischen Konzept zum Gegenstand der Bearbeitung. Da die von der Ich-Psychologie ausgehenden Konzepte psychoanalytischer Beratung, wie auch das Konzept des Casework, Partnerschaft und Gleichrangigkeit als

Norm voraussetzen, sind sie nicht mehr in der Lage, die tatsächlich bestehende Abhängigkeit zu analysieren und zu reflektieren. „Die Möglichkeit einer Wendung wird nicht befördert durch die Lüge, daß wir doch alle Brüder sind, sondern einzig, indem die bestehenden Antagonismen ausgetragen werden" (*Adorno* 1972, S. 37). Für die Beziehung zwischen Sozialarbeiter und Klient bedeutet dies, daß im laufenden Prozeß immer wieder gefragt werden muß, in wessen Interesse im Augenblick Nähe und Distanz der Beziehung steht [10].

3.4 Zusammenfassung

Geht man vom Casework-Konzept noch einmal zurück zum klassischen psychoanalytischen Konzept, so wird deutlich, daß die Stringenz zwischen Erkenntnisinteresse und Handlungsinteresse aufgebrochen wurde. Bei dem psychoanalytisch orientierten Beratungskonzept wie beim analytisch orientierten Casework-Konzept werden Verfahren erprobt, deren Begründungen unklar und durch Setzungen abgestützt werden.

Kutter (1974) hat beklagt, daß psychoanalytische Konzepte zu wenig im sozialarbeiterischen Handeln zum Tragen kommen. Sollen Erkenntnis und Erfahrung der psychoanalytischen Konzepte in der Sozialarbeit weiter wirksam werden, dann müssen sie detailliert von kompetenter Seite, d. h. von Psychoanalytikern selbst begründet und für das professionelle Handeln des Sozialpädagogen aufgearbeitet werden.

Folgende Fragen scheinen uns noch ungeklärt:

1. Wie kann die „Krise" (*Houben*) von „neurotischen Konflikten" abgegrenzt werden?
2. Welches Maß an Regression ist notwendig, um eine Bearbeitung von eingefahrenen Interaktionen zu ermöglichen?
3. Wieviel Übertragung ist notwendig?
4. Wie können vorbewußte Vorgänge von unbewußten Vorgängen abgegrenzt werden?

---

[10] Vgl. in diesem Zusammenhang: Die Frage der Autorität in der Psychoanalyse. In: *J. J. Abrahams* (1977) und im *Kursbuch* 29 (1972).

5. Welche Veränderungen der Beratungsmethode ergeben sich, wenn schwerpunktmäßig mit dem Bewußten und nicht mit dem Unbewußten gearbeitet wird[11]?

Weiterführende Literatur

Argelander, H. (Hrsg.): Psychoanalytische Beratung, Göttingen 1985.
In diesem Band werden die Lernerfahrungen eines Ausbildungsprojektes geschildert. Eine gute Einführung für diejenigen, die sich mit diesem Konzept lehrend oder lernend an der Hochschule oder in der Weiterbildung beschäftigen.

Freud, S.: Vorlesungen zur Einführung in die Psychoanalyse, Studienausgabe Bd. 1, Frankfurt 1969.
Diese Lektüre sei allen Lesern empfohlen. Freud hat hier selbst dokumentiert, wie er die Psychoanalyse verstanden wissen wollte.

Greenson, R.: Technik und Praxis der Psychoanalyse, Stuttgart 1975.
In dieser umfassenden Methodendarstellung hat der Verfasser das klassische psychoanalytische Konzept, vor allem seine Verfahren, systematisiert. Der Interessierte findet hier ausführliche Fallbeispiele, die zu zitieren den Rahmen unserer Darstellung gesprengt hätten.

---

[11] *R. Pfeffer* (1980), *R. Vogt* (1980) und H. *Argelander* (1980) haben ein Ausbildungskonzept für psychoanalytisch orientierte Beratung (für Psychologen) erstellt, bei dem für diese Fragen Antworten gesucht werden. Siehe hierzu auch das Kapitel 10 in diesem Buch.

4 Die klientenorientierten Beratungskonzepte

4.1 Das nicht-direktive Beratungskonzept *(Rogers)*

4.1.1 Begründung und Rechtfertigung

Das nicht-direktive oder klientbezogene Beratungskonzept wurde von *Rogers* entwickelt. *Rogers* selbst hat eine psychoanalytische Ausbildung durchlaufen (bei *Rank*), hat sich jedoch im Laufe seiner Praxis von diesem Konzept gelöst. In seiner ersten Veröffentlichung (1942) ließ er sich pragmatisch von den Erfordernissen seiner Praxis (Studentenberatung) und seiner humanistisch-idealistischen Grundvorstellung vom Menschen leiten: Wesentlichstes Merkmal ist die Selbstentfaltung. Die Würde des Menschen liegt in der Möglichkeit der Selbstbestimmung.

Rogers' methodisches Vorgehen orientiert sich an diesem Bild vom Menschen, das er erst später 1951 (dtsch. 1973) in einer „Theorie" zusammenfaßte (Eine Theorie der Persönlichkeit und des Verhaltens, *Rogers* 1973).

In seiner Darstellung sind folgende Thesen zentral:

These 1: „Jedes Individuum existiert in einer ständig sich ändernden Welt der Erfahrungen, deren Mittelpunkt es ist."

These 2: „Der Organismus reagiert auf das Feld, wie es erfahren und wahrgenommen wird. Dieses Wahrnehmungsfeld ist für das Individuum Realität" (*Rogers* 1973, S. 48 f.).

In diesen Thesen sind zwei grundlegende Annahmen formuliert: die der Individualität und die der Subjektivität der Wahrnehmung und Erfahrung.

Einen Teil dieser Wahrnehmungen integriert das Individuum im Laufe seiner Entwicklung in das Selbst. Antrieb für diese Entwicklung ist eine grundlegende Tendenz des Organismus, „den Erfahrungen machenden Organismus zu aktualisieren, zu erhalten und zu erhöhen" (*Rogers* 1973, S. 422).

Nicht alle Wahrnehmungen werden zur Erfahrung des Selbst:

These 9: „Wenn Erfahrungen im Leben des Individuums auftreten, werden sie entweder

a) symbolisiert wahrgenommen und in eine Beziehung zum Selbst organisiert,

b) ignoriert, weil es keine wahrgenommene Beziehung zur Selbststruktur gibt, oder

c) geleugnet und verzerrt symbolisiert, weil die Erfahrung mit der Struktur des Selbst nicht übereinstimmt" (*Rogers* 1973, S. 434).

Aus dieser These folgert *Rogers* nun die Anpassung sowie die Fehlanpassung.

These 15: „Psychische Anpassung besteht, wenn das Selbstkonzept dergestalt ist, daß alle Körper- und Sinneserfahrungen des Organismus auf einer symbolischen Ebene in einer übereinstimmenden Beziehung mit dem Konzept vom Selbst assimiliert werden oder assimiliert werden können" (*Rogers* 1973, S. 442).

These 14: „Psychische Fehlanpassung liegt vor, wenn der Organismus vor dem Bewußtsein wichtige Körper- und Sinneserfahrungen leugnet, die demzufolge nicht symbolisiert und in die Gestalt der Selbststruktur organisiert werden. Wenn diese Situation vorliegt, gibt es eine grundlegende oder potentielle psychische Spannung" (*Rogers* 1973, S. 440).

Die Erfahrungen, die nicht integriert werden können, werden als Bedrohung empfunden. Das Selbst grenzt sich von dieser Bedrohung ab und wird in seiner Struktur starr. Die These 17 gibt eine Beschreibung der Situation, in welcher es gelingt, die Erfahrungen wieder zu integrieren.

These 17: „Unter bestimmten Bedingungen, zu denen in erster Linie ein völliges Fehlen jeder Bedrohung für die Selbststruktur gehört, können Erfahrungen, die nicht mit ihr übereinstimmen, wahrgenommen und überprüft und die Struktur des Selbst revidiert werden, um derartige Erfahrungen zu assimilieren und einzuschließen" (*Rogers* 1973, S. 445).

Je stärker nun das Individuum seine Erfahrungen zu integrieren vermag, um so größer wird die Flexibilität des Selbst und zugleich das Verständnis für die Erfahrung anderer. Der Zugang zum Verständnis vom Verhalten des Individuums ist das innere Bezugssystem des Individuums.

In diesen Thesen von *Rogers* sind Antworten auf die Rechtfertigungsfrage und die Begründung seines Konzeptes so vermischt, daß es sehr schwer ist, die von uns vorgeschlagene Trennung von Rechtfertigungs- und Begründungsdimensionen hier durchzuführen.

Das Ziel des nicht-direktiven Beratungskonzeptes ist die bessere Anpassung des Individuums an die Erfordernisse seiner Lebenssituation. Es ist dabei wichtig zu erläutern, daß der Begriff der Anpassung bei *Rogers* (adjustment) nicht als einseitige Anpassung des Subjektes an die objektiven Bedingungen zu verstehen ist. Es geht bei der Anpassung auch nicht um einfache Übernahme von Werten der Umwelt. Anpassung im Sinne von *Rogers* geschieht vielmehr durch die Veränderung der Struktur des Selbst in der Auseinandersetzung von Selbstbild und Idealbild. Dabei werden im Selbst Umwertungen vorgenommen, die nicht direkt dem Bild der Umwelt entsprechen müssen. Allerdings unterstellt *Rogers* immer, daß diese Umwertungen auf „sozial anerkannte Weise" geschehen. Was sozial anerkannt ist, wird nicht weiter benannt.

Beispiel

Eine Mutter kommt mit psychosomatischen Störungen in die Beratung.

Vorgeschichte: Frau X wuchs, wie sie es selbst darstellt, in einer Mittelschichtfamilie „geborgen" auf. Im Mittelpunkt stand eine warmherzige Mutter, die damit ausgefüllt war, den Haushalt und die 6 Kinder zu versorgen und sich um die Geselligkeit im Hause zu bemühen. Die Erfahrungen in der Schule, mit Freunden und später mit Kollegen orientierten sich an diesem frühen Bezugssystem (Thesen 1, 2). Ideen, Meinungen, Freundschaften erhielten ihre Bedeutung unter dem Gesichtspunkt, wieweit sie in das „Zuhause" paßten. Sie selbst bejahte ihre Rolle als älteste Tochter und rechte Hand der Mutter und übernahm „mit Freude" einen Teil der Verpflichtungen gegenüber ihren Geschwistern. Ihre Schulleistungen waren gut, sie ging jedoch von der Schule frühzeitig ab, weil sie kein „Blaustrumpf" werden wollte. Sie erinnert sich, daß die Lehrer dies bedauerten, das hat sie jedoch nicht beeindruckt (These 9b). Wenn sie von den jüngeren Geschwistern wegen ihrer „Energie" Dragoner gerufen wurde, war sie tief gekränkt, sie wollte kein „Mannweib" sein. Nach der Hauswirtschaftslehre heiratete sie den Freund eines Bruders, einen Lehrer. Sie fühlte sich zunächst glücklich und zufrieden. Sie konnte ihr kleines Reich gestalten (These 15). Der Haushalt war kleiner als der bei der Mutter, die finanziellen Mittel waren beschränkt. Frau X hat 3 Kinder. Ihr Ehemann bemängelte im letzten Jahre ihre „Umtriebigkeit". Er verbringt mehr und mehr seine Freizeit mit Fachkollegen, denen der „Aufwand", den Frau X ihren Gästen gegenüber treibt, peinlich ist. Den Gesprächen hört sie gerne zu, traut sich aber nicht zu beteiligen (These 14).

In den fortlaufenden Beratungen wird Frau X freier (These 17). Im Laufe der Selbstexploration äußert sie zunehmend Aggressionen gegenüber ihren Kindern, die sie selbst erschrecken, weil sie sich bisher als ideale Mutter sah. Sie erkennt, daß die Kinder anderen Selbsterfüllungswünschen im Wege stehen. Sie steht nun vor der Notwendigkeit, diese Erfahrung von sich selbst „ich will nicht nur Mutter sein" in das Bild ihres Selbst zu integrieren. Die Verwirklichung dieses neuen Bildes in Handlungsalternativen ist die Aufgabe der folgenden Beratungen.

An diesem Beispiel wird deutlich, daß eine Anpassung im Sinne von *Rogers* nicht nur in passiver Weise geschieht.

Die Ziele des nicht-direktiven Beratungskonzeptes lassen sich am besten umschreiben mit den Charakteristika der Persönlichkeit, wie sie nach erfolgreicher Therapie dargestellt werden.

„Die Möglichkeit einer Bedrohung ist geringer geworden, da die Struktur des Selbst flexibler, einschließender und unterscheidender geworden ist, daher ist auch die Wahrscheinlichkeit von Abwehr geringer.

Anpassung an jedwede Lebenssituation ist leichter geworden, da das Verhalten von einem umfassenderen Wissen über die einschlägigen Sinnesgrundlagen gelenkt wird, weil weniger Erfahrungen verzerrt und geleugnet werden. Nach der Therapie verstärkt sich das Gefühl des Klienten, sich unter Kontrolle zu haben, er fühlt sich mehr imstande, mit dem Leben zurecht zu kommen" (*Rogers* 1973, S. 457).

Im Lauf der weiteren Ausführungen werden wir noch aufzeigen, daß das von *Rogers* entwickelte Konzept das individualistischste aller von uns dargestellten Konzepte ist. In keiner seiner Thesen wird die Sozialität des Menschen auch nur angedeutet. Das gilt sowohl für die Voraussetzungen als auch für die Ergebnisse der Therapie.

4.1.2 Die Methode: Leitende Prinzipien

Die leitenden Prinzipien werden von *Rogers* in Abhebung von direktiven Beratungskonzepten, der Psychodiagnostik und der analytischen Therapie, formuliert.

Klientenorientiert gegen inhaltsorientiert

Rogers formuliert:

„Das Individuum steht im Mittelpunkt der Betrachtung und nicht das Problem. Das Ziel ist es nicht, ein bestimmtes Problem zu lösen, sondern dem Individuum zu helfen, sich zu entwickeln, so daß es mit dem gegenwärtigen Problem und mit späteren Problemen auf besser integrierte Weise fertig wird" (*Rogers* 1972, S. 36).

Das methodische Vorgehen orientiert sich so stets an der Frage: Wie geht der Klient mit seinem Problem um? Der Berater richtet sein Augenmerk auf die Erfahrung des Klienten in der Auseinandersetzung mit dem Problem. Es gilt, die Bedeutung und Bewertung durch den Klienten herauszufinden. Die Gesetzmäßigkeiten, unter denen das Problem in der Auseinandersetzung mit der Umwelt entstanden ist, werden aber im methodischen Vorgehen nicht berücksichtigt. Auch wird die Beziehung von bestimmten inhaltlichen Problemen zu spezifischen psychischen Belastungen bei *Rogers* nicht thematisiert. Zum anderen wird bei der Erhellung der Einstellung des Klienten zu seiner Lebenssituation die kognitive gegenüber der emotionalen Seite vernachlässigt. Der Berater fokussiert die emotionalen Begleiterscheinungen der Aussagen. Die Wege, die der Klient zur Lösung seiner Probleme einschlägt, entziehen sich von daher gesehen auch einer Bewertung. Es gibt kein objektiv richtig oder falsch, kein objektiv angemessen oder unangemessen, denn jeder Klient hat seine für ihn subjektiven Lösungen und Bewertungen zu finden.

„Die nicht-direktive Gruppe legt den Nachdruck auf den Klienten und nicht auf das Problem. Wenn der Klient durch die Beratungserfahrung zu genügend Einsicht gelangt, um sein Verhältnis zur realen Situation zu verstehen, dann kann er zur Anpassung an die Realität die Methode wählen, die für ihn den höchsten Wert hat" (*Rogers* 1972, S. 120).

Nicht-direktiv gegen direktiv

Rogers sieht nur einen möglichen Zugang zur subjektiven Erfahrung des Klienten: die gewährende und akzeptierende Haltung des Beraters, der die Selbsterfahrung des Klienten ermöglicht. Mit diesem, von ihm als nicht-direktives Verhalten bezeichneten Vorgehen, setzt er sich von der sogenannten direktiven Beratung ab.

„Die häufigste Definition des (Beratungs-)Prozesses ist wahrscheinlich die, daß der Berater die Probleme des Klienten findet, diagnostiziert und behandelt, vorausgesetzt, der Klient beteiligt sich aktiv an diesem Verfahren. Der Berater übernimmt gemäß diesem Standpunkt eine große Verantwortung für die Lösung des Problems, und diese Verantwortung wird zum Mittelpunkt seiner Bemühungen" (*Rogers* 1972, S. 108).

Weitere Kennzeichen dieses direktiven Vorgehens sind für *Rogers*
— die Definition des Problems durch den Berater, dem sich der Klient fügen muß,
— der Berater gibt dem Gespräch die Richtung durch Fragen,
— er bewertet die Antworten,
— er informiert.

Es ist für *Rogers* typisch, daß er alle Aktivitäten des direktiven Beraters in Richtung Dominanz und Begrenzung der Selbstbestimmung interpretiert.

Die direktive Gruppe geht davon aus, daß der Berater das wünschenswerte und sozial anerkannte Ziel, das der Klient erreichen soll, ausgewählt und seine Bemühungen darauf richtet, ihm bei der Erreichung zu helfen. Das impliziert, daß der Berater dem Klienten überlegen ist, da davon ausgegangen wird, daß letzterer außerstande ist, die volle Verantwortung für das Auswählen des eigenen Zieles zu übernehmen" (*Rogers* 1972, S. 119).

Hiervon nun setzt er die nicht-direktive Vorgehensweise ab.

„Die nicht-direktive Beratung basiert auf der Voraussetzung, daß der Klient das Recht hat, seine Lebensziele selbst zu wählen, selbst wenn diese im Gegensatz zu den Zielen stehen, die der Berater für ihn ausgewählt hätte, ... Der nicht-direktive Standpunkt legt großen Wert auf das Recht jedes Individuums, psychisch unabhängig zu bleiben und seine psychische Integrität zu erhalten. Der direktive Standpunkt legt großen Wert auf soziale Übereinstimmung und das Recht des Fähigeren, den Unfähigeren zu lenken" (*Rogers* 1972, S. 119).

Es ist nicht zu bestreiten, daß die rein erklärende, informierende Aktivität in einer Beratung im zeitlichen Ablauf des Gespräches dem Klienten Raum zur eigenen Darstellung und Bewertung nimmt. Man kann davon ausgehen, daß die Aktivität des Klienten in einem guten Gespräch größer als die des Beraters ist. Es ist jedoch ein Trugschluß anzunehmen, daß das passive „Raum geben" die Dominanz und Lenkung des Therapeuten verhindert. *Greenson* (1975) weist mit Recht darauf hin, daß die Zurückhaltung und das Schweigen des Therapeuten mit die massivsten Manipulationsmittel in der Therapie darstellen.

4.1.3 Strukturierende Faktoren der Situation

Die Beratungssituation wird strukturiert durch die Beziehung vom Therapeuten zum Klienten.

„Wirksame Beratung besteht aus einer eindeutig strukturierten, gewährenden Beziehung, die es dem Klienten ermöglicht, zu einem Verständnis seiner selbst in einem Ausmaß zu gelangen, das ihn befähigt, aufgrund dieser neuen Orientierung positive Schritte zu unternehmen" (*Rogers* 1972, S. 28).

Von seiten des Klienten wird die Situation strukturiert durch das Bedürfnis, Hilfe zu bekommen und neue Orientierungen für sich zu finden. Der Klient steht in einer inneren psychischen Spannung, die er aufheben möchte. In seiner Veröffentlichung „Die nicht-direktive Beratung" legt *Rogers* die Verfahren und Techniken dar, mit welchen diesem Bedürfnis nach den genannten Prinzipien Rechnung getragen werden soll. Im Laufe der Weiterentwicklung des Konzeptes verschiebt *Rogers* den Schwerpunkt des Konzeptes von den Verfahren weg, hin zur grundlegenden „Haltung des Therapeuten". Der Berater soll sich nicht verschiedener Techniken bedienen, sondern versuchen, die Einsichten, die er gewonnen hat, zu verwirklichen.

„Die Therapie besteht aus dem vielfachen Erfahren des Selbst in einer emotionell bedeutungsvollen Beziehung zu dem Berater. Die Worte des Klienten oder des Beraters haben wenig Bedeutung verglichen mit der augenblicklichen emotionellen Beziehung, die zwischen beiden besteht" (*Rogers* 1973, S. 166).

Diese Definition von Beziehung steht am Ende eines Abschnitts, in dem *Rogers* seine eigene Entwicklung als Therapeut beschreibt. Er ist der Auffassung, daß das Werden der Person in Zusammenhang steht mit der Selbstverwirklichung des Therapeuten. Die Beziehung ist eine Interaktion von Emotionen, die nicht verbal ausgedrückt werden müssen. Diese Beziehung wird von seiten des Therapeuten und Klienten durch die Bedürfnisse bestimmt, die er in der Beziehung zum Klienten befriedigen möchte. Ein legitimes Bedürfnis ist für *Rogers* das Gefühl der Wärme gegenüber dem Klienten, in welchem der Berater und Therapeut seine Anteilnahme ausdrückt.

„An diesem Punkte möchte ich auf das bisweilen vorgebrachte Argument eingehen, daß es sich um eine verzerrte Form von Sublimierung handelt, wenn der Therapeut seine Bedürfnisse in einer therapeutischen Beziehung befriedigt, um einen ziemlich scheußlichen und parasitären Mißbrauch der emotionellen Verwundbarkeit des Klienten. Ich bin sicher, daß das passieren kann, aber wenn ich auf diese Möglichkeit mit der Zurückhaltung jeglicher Emotion reagieren würde, hieße das in meinen Augen, daß ich mich auf unzulängliche und geradezu kastrierende Weise mit der Emotionalität befasse, die meiner Ansicht nach den Kern der besten interpersonellen Beziehung ausmacht. (...) Einfaches Erfahren dieser Art von Gefühl gegenüber meinen Klienten hat mir das Gefühl gegeben, daß ich in der therapeutischen Beziehung alles gebe, was ich geben kann und daß dies mir wiederum jedes Gefühl des Zurückhaltens oder der Schuld nimmt" (*Rogers* 1973, S. 158 f.).

Mit diesen Formulierungen durchbricht er die Abstinenzregel, wenn auch nur für den Ausdruck positiver Gefühle gegenüber dem Klienten. *Rogers'* Argumentation ist jedoch kaum mehr zu folgen, wenn er hier so deutlich in seinen Worten Übertragung und Gegenübertragung beschreibt und doch gleichzeitig Übertragungsbeziehungen als nicht existent in der nicht-direktiven Therapie bezeichnet. Übertragungseinstellungen treten zwar auf, sie werden jedoch als Einstellungen des Klienten verbalisiert und verschwinden damit.

Beispiel

Eine Klientin träumte von ihrem Therapeuten, der sie mit den Worten wegschickt: „Tut mir leid. Ich habe keine Zeit mehr für Sie. Ihre Geschichte ist mir zu schmutzig. Ich ... ich kann mich damit nicht befassen." Die Klientin fühlt sich hilflos und beschämt.

„B: Hm.
K: Und ... und daran hat sich seither nichts geändert.
B: Dann war es wohl sehr realistisch.
K: Ja.
B: Sie hatten irgendwie das Gefühl, ich würde Ihre Situation als ziemlich schlecht beurteilen.
K: Richtig. Ich glaubte, Sie ... ich stünde vor Gericht und Sie wären der Richter, und ... (Pause).
B: Das Urteil lautete: schuldig.
K: (lacht) Ich glaube ja. (lacht) Das war es. Ich wußte nicht, wie ich wieder zurückkommen sollte. Ich meine die Tatsache, daß Sie mich bereits verurteilt hatten, und daher wußte ich nicht, wie ich überhaupt weiterreden sollte.
B: Hm.
K: Außer über andere Dinge. Und, hm, es geht mir immer noch so. Ich habe sehr viel darüber nachgedacht.
B: Sie hatten fast das Gefühl, als wären Sie wirklich verurteilt.
K: Ja, wieso? Wieso sollte ich das meinen? Ah − natürlich, wahrscheinlich habe ich meine eigenen Gedanken auf Sie übertragen und daher, hm, deshalb zweifelte ich keinen Augenblick daran, daß es so war. Es ließ sich nicht mehr ändern. Es war das Urteil. Ich glaube, ich verurteile mich auf diese Weise selbst.
B: Hm. Sie meinen, daß vielleicht in Wirklichkeit Sie der Richter waren" (*Rogers* 1973, S. 191).

Die Entwicklung einer Übertragungsbeziehung, meint *Rogers*, wird dadurch verhindert, daß der Therapeut außer der „warmen Einstellung als Person" unpersönlich bleibe und so eine Übertragungsneurose nicht möglich ist.

„Die ganze Beziehung besteht aus dem Selbst des Klienten, der Berater wird zum Zweck der Therapie entpersonalisiert und zum ‚anderen Selbst' des Klienten" (*Rogers* 1973, S. 196).

Bei dieser Diskussion von Übertragungseinstellungen in der Beziehung wird der individualistische Reduktionismus deutlich. Die Beziehung und die Person des Therapeuten können nicht infrage gestellt werden, die Antwort des Therapeuten bleibt in Variationen immer die gleiche: Für Sie ist wichtig, daß ich ... − Sie sehen in mir ... − Sie haben das Gefühl, daß ... − Sie leiden darunter, daß ich ... Er versucht dem Klienten deutlich zu machen, daß diese Fragen in der Einstellung und Wahrnehmung der Beziehung zum Therapeuten durch den Patienten begründet sind.

Bei der Diskussion darüber, ob es dem Berater erlaubt ist, seinen positiven Gefühlen dem Klienten gegenüber Ausdruck zu verleihen, gibt *Rogers* selbst einen wichtigen Hinweis auf Hintergründe für die starre Haltung in der Abstinenz. Er meint, sie sei Abwehr und Schutzfunktion für den Berater selbst.

„Fehlende Befriedigung ist eine Sache, direkte und offene Zurückweisung eine andere, und ich fürchtete, daß empfindlichere Teile meines Ich mißbraucht, getreten und vielleicht lächerlich gemacht würden, wenn ich es zuließe, daß sie in einer therapeutischen Beziehung aufgedeckt werden. Dies sind einige der wirklichen Gründe gewesen, weshalb mir das Ausschalten persönlicher Anteilnahme angebracht, nein, noch mehr, unumgänglich erschien" (*Rogers* 1973, S. 157).

Was *Rogers* hier in bezug auf Zuneigung zum Klienten beschreibt, gilt sicher in verstärktem Maß für Gefühle der Ablehnung und der Aggressivität, vor denen sich der Berater in seiner Zurückhaltung sicher ebenso schützt wie den Klienten. Dies aber ist eines der undiskutierten Motive der Rechtfertigung.

Die Haltung des Beraters bestimmt im wesentlichen die Strukturierung der Beratungssituation. In der weiteren Entwicklung seines Konzeptes arbeitete *Rogers* drei Haltungen des Beraters heraus, die von besonderer Wirksamkeit in der beratenden Situation sind:

- die Akzeptierung des Klienten und das Gefühl emotionaler Wärme ihm gegenüber,
- ein tiefgreifendes Verstehen,
- die Übereinstimmung von Verhalten und Überzeugung (Selbstkongruenz).

Mit der Verwirklichung der Haltung der *Akzeptierung und Wärme gegenüber dem Klienten* unterstützt der Berater die der Person zugrunde gelegte „positive Tendenz" zur Selbstverwirklichung, die einer warmen Atmosphäre zu ihrem Wachstum bedarf. Mit dieser Haltung, so *Rogers*, baut der Berater das Gefühl der Bedrohung ab, das der Klient hat, wenn er sich Einsichten nähern muß, die seinem Ich-Ideal widersprechen.

„Der Therapeut nimmt das Selbst des Klienten wahr, wie der Klient es gekannt hat, und akzeptiert es. Er nimmt die widersprüchlichen Aspekte, die vor dem Bewußtsein geleugnet worden sind, wahr und akzeptiert sie auch als einen Teil des Klienten. Beide Akzeptierungen besitzen die gleiche Wärme und den gleichen Respekt. So kommt es, daß der Klient, wenn er bei einem anderen die Akzeptierung dieser beiden Aspekte seines Selbst erfährt, sich selbst gegenüber die gleiche Einstellung einnehmen kann. Er merkt, daß er sich selbst sogar mit den Zusätzen und Änderungen akzeptieren kann, die durch diese neue Wahrnehmung seines Selbst als feindlich notwendig geworden sind. Er kann sich als eine Person erfahren, die sowohl feindliche als auch andere Arten von Gefühlen hat und sich auf diese Weise ohne Schuld erfahren. Er hat die Fähigkeit erlangt, das zu tun – wenn unsere Theorie stimmt –, weil eine andere Person fähig gewesen ist, sein Bezugssystem zu übernehmen, mit ihm wahrzunehmen, jedoch akzeptierend und respektierend wahrzunehmen" (*Rogers* 1973, S. 52).

Das *tiefgreifende Verstehen* umschreibt das Bemühen, „das innere Bezugssystem des Klienten zu erlangen, das Zentrum seines Wahrnehmungsfeldes zu erreichen und mit ihm als Wahrnehmender zu sehen (in Anlehnung an das Gestaltphänomen)" (*Rogers* 1973, S. 44).

Zu diesem Bezugssystem gelangt der Berater über die Einfühlung (Empathie). Er fühlt sich ein, ohne selbst das Gefühl nachvollziehen zu müssen. Die Forderung, sich durch Wärme einzufühlen, jedoch nicht mitzufühlen, zieht sich durch alle Beschreibungen des methodischen Verhaltens. Die Kontrolle über die eigenen Gefühle (Abstinenzprinzip) ist notwendig, um die Verzerrung der Wahrnehmung des Klienten zu vermeiden.

„In einer therapeutischen Beziehung, in der der Therapeut versucht, sich als eine separate Person herauszuhalten und in der sein ganzes Bemühen darin besteht, den anderen so vollständig zu verstehen, daß er fast ein ‚alter ego‘ des Klienten wird, ist es wesentlich unwahrscheinlicher, daß persönliche Verzerrungen und Fehlanpassungen auftreten" (*Rogers* 1973, S. 53).

Mit diesem Basisverhalten der *Selbstkongruenz* ist die oben schon genannte Verbindung von Überzeugung und Handeln des Beraters gemeint.

4.1.4 Die Verfahren

Im Grundkonzept von *Rogers* werden die Verfahren Techniken genannt. Der Therapeut soll sie durch Training erwerben. In der weiteren Entwicklung treten sie gegenüber der Beziehung immer mehr in den Hintergrund. „Beachten Sie bitte, daß hier das Wort Technik durch das Wort Verwirklichung ersetzt worden ist. Der Klient ist imstande, sehr schnell zu erkennen, ob und wann der Berater eine Methode benutzt, ein intellektuelles Werkzeug, das er für einen bestimmten Zweck bestimmt hat" (*Rogers* 1973, S. 39).

Da die Techniken in der Gesprächspsychotherapie einen hohen Stellenwert haben, sollen sie hier beschrieben werden.

Ermöglichung der Selbstexploration

Die nicht-dirigierende und akzeptierende Haltung des Beraters leitet die Selbstexploration des Klienten ein. Der Berater ermutigt den Klienten von dem zu sprechen, was ihn bedrückt. Er bestimmt seine Rolle mit der Mitteilung, daß er selbst keine Lösung für die Schwierigkeiten des Klienten bereitstellen kann, daß er aber bereit ist, ihm bei der Lösung seiner Schwierigkeiten beizustehen. Fragen an den Berater von seiten des Klienten werden ihm zurückgegeben. Da der Klient in kein Gespräch über Sachverhalte eintreten kann, wird er auf seine eigenen Erfahrungen zurückverwiesen. Eine Klientin z. B. berichtet nach der Beratung:

„Der Berater versuchte mich dazu zu bringen, daß ich mir alles selbst überlegte; manchmal machte mich sein Schweigen wütend, aber zur gleichen Zeit merkte ich, daß er offenbar ein Ziel hatte. Weil er schwieg und keine Antwort gab und keine Meinung äußerte, mußte ich immer tiefer in mir graben. Mit anderen Worten, die Antworten waren absolut meine eigenen und aus diesem Grund blieben sie mir" (*Rogers* 1973, S. 78).

In diesem Vorgehen nun wird der Dirigismus des nicht-direktiven Verfahrens deutlich. Die Möglichkeit zur Selbstexploration wird zum Zwang zur Selbstexploration. Selbstverwirklichung ist im Persönlichkeitsbild von *Rogers* nicht nur ein Grundbedürfnis, in der nicht-direktiven Beratung wird sie zum normativen Postulat, das den Fortgang der Therapie entscheidend lenkt. Der manchmal hartnäckige Versuch der Klienten zu argumentieren, den Therapeuten zu einer Stellungnahme zu veranlassen, wird von *Rogers* selbst stets als destruktive Kraft interpretiert oder als Versuch, dem Berater die Problemlösung anzulasten. Können solche Klienten ihre Einstellung nicht ändern, so sind sie für die Therapie ungeeignet. An dieser Stelle wird deutlich, daß die Ablehnung und der Verzicht auf diagnostische Vorüberlegungen vor der Beratung einen Mangel darstellen. Die Interpretation, daß jemand die Lösung des Problems auf andere abschieben will, kann nicht allein aus solchen Äußerungen geschlossen werden. Die Einseitigkeit des individualistischen Ansatzes führt an dieser Stelle zur Verzerrung in der Wahrnehmung sozialer Phänomene. Das Bedürfnis, mit anderen zusammen über sich selbst zu sprechen, sich im Austausch über sich selbst klar zu werden, wird mit diesem Verfahren zur Pathologie.

Verbalisieren emotionaler Erlebnisinhalte

Mit diesem Verfahren verwirklicht der Berater sein tiefgreifendes Verstehen. Er teilt dem Klienten mit, was er an Emotionen wahrgenommen hat. Diese Mitteilung dient dem zunehmenden Selbstverstehen des Klienten. In seiner ersten Veröffentlichung formulierte *Rogers* diese Technik folgendermaßen:

„Die wichtigste Technik, die zur Einsicht des Klienten führt, ist eine Technik, die vom Berater das Äußerste an Zurückhaltung verlangt. Die wichtigste Technik besteht in der Ermutigung zum Ausdruck von Einstellungen und Gefühlen, bis sich das einsichtige Verstehen spontan von selbst einstellt (...). Das Verstehen der Erfahrungen und die nicht bewertende freie Mitteilung an den Klienten werden in der Entwicklung der Methode intensiviert. Wenn wir eine Beschreibung in den Begriffen der Einstellung des Beraters versuchen, sagt der Berater im wesentlichen: ‚Um Ihnen behilflich zu sein, stelle ich mich selbst in der gewöhnlichen Interaktion beiseite und dringe so vollständig wie möglich in Ihre Wahrnehmungswelt ein. Ich werde in gewisser Weise ein zweites Selbst für Sie, ein ‚alter ego‘ Ihrer eigenen Einstellungen und Gefühle; eine ungefährliche Möglichkeit für Sie, sich selbst genauer zu erkennen, sich selbst wahrer und tiefer zu erfahren und signifikanter zu wählen‘" (*Rogers* 1972, S. 177).

4.2 Die wissenschaftliche Gesprächspsychotherapie

Das Konzept von *Rogers*, besser die Methode und die einzelnen Verfahren, wurden durch *Tausch* (1968) in Deutschland bekannt. In dem Buch „Gesprächspsychotherapie" systematisierte er die Verfahren und versuchte, einen neuen Begründungszusammenhang herzustellen. Seine Vorgehensweise ist weitgehend naturwissenschaftlich ausgerichtet. Im Rahmen der Forschung im Bereich der Psychotherapie hat sie z. Zt. entscheidenden Einfluß. Es werden nur solche Verfahren anerkannt, deren Wirksamkeit mit empirischer Forschung eindeutig belegt wurde. Psychotherapeuten, die in Forschung und Praxis mit dieser Methode arbeiten, haben sich in einer „Gesellschaft für wissenschaftliche Gesprächspsychotherapie" zusammengeschlossen.

4.2.1 Begründung und Rechtfertigung der wissenschaftlichen Gesprächspsychotherapie

Tausch (1968) hat die von *Rogers* formulierten Haltungen zu Variablen (Merkmalen) des Therapeutenverhaltens interpretiert. Damit wird dieses Verhalten beobachtbar und beschreibbar. Nach *Tausch* sind diese drei Variablen:

- Verbalisieren emotionaler Erlebnisinhalte
- Positive Wertschätzung und emotionale Wärme
- Echtheit und Selbstkongruenz.

Im therapeutischen Gespräch werden diese Merkmale versucht zu verwirklichen. Soll das Therapeutenverhalten *überprüfbar* werden, so muß es erstens *aufgezeichnet werden* und zweitens *durch verschiedene Beobachter bewertet werden* können.

So arbeiten wissenschaftlich orientierte Gesprächspsychotherapeuten — besonders in ihrer Ausbildung — in der Regel mit dem Tonband. Die Gesprächsanteile des Therapeuten lassen sich dann herauslösen und auf Adäquatheit gegenüber der Zielsetzung, Verwirklichung der Therapeutenvariablen, beurteilen.

Zu dieser Überprüfung wurden von *Truax* 1967 (vgl. *Tausch* 1971 und *Pfeiffer* 1977) Skalen entwickelt. Als Beispiel sei hier die Skala von *Pfeif-*

fer für die Verwirklichung der Therapeutenvariable „Echtheit" und „Selbstkongruenz" zitiert:

„Echtheit (Kongruenz), Transparenz"
1. Es bestehen offensichtliche Widersprüche zwischen Erleben und Verhalten des Therapeuten. Er bemüht sich, als Person ungreifbar zu bleiben, und lenkt ab, wenn der Klient versucht, sich mit seiner Person zu beschäftigen.
2. Zwar läßt der Therapeut keine Widersprüche zwischen Erleben und Verhalten erkennen, doch ist er in seinem Verhalten ganz von der professionellen Rolle bestimmt. Er akzeptiert zwar, wenn sich der Klient mit seiner Person beschäftigt, läßt das aber nur als Problem des Klienten gelten. Über seine Person gibt er auf Fragen allenfalls kurze Sachinformation.
3. *Grundstufe therapeutischer Wirksamkeit:* Das Verhalten des Therapeuten entspricht seiner persönlichen Besonderheit. Es ist keinerlei Widerspruch zwischen Erleben und Verhalten erkennbar. Über sein Erleben macht er insofern vorsichtige Mitteilung, als der Klient danach fragt und es die therapeutische Beziehung erfordert.
4. Auch ohne direkten Anstoß durch den Klienten gibt der Therapeut − im Hinblick auf dessen Bedürfnisse − Einblick in sein persönliches Erleben, ob es nun die therapeutische Beziehung betrifft, durch die Selbstexploration des Klienten angeregt wird oder von außen nachwirkt. Er wird auf solche Weise zumindest in den Bereichen, welche die therapeutische Beziehung berühren, in angemessenem Umfang durchsichtig. So teilt er öfter seine Gefühle gegenüber dem Klienten mit und verwendet sie z. B. zur Bearbeitung der therapeutischen Beziehung.
5. Der Therapeut ist spontan in der Interaktion, er gibt freien Einblick in sein Erleben. Das Gespräch wird auf diese Weise zu einer wechselseitigen partnerschaftlichen Interaktion.

Beispiele zur Skala: „Echtheit (Kongruenz), Transparenz"
„Kl: (nach einer Aggression, die den Therapeuten deutlich irritiert hat) Sie sehen ja ganz schön mitgenommen aus. Das hätten Sie wohl nicht gedacht, daß ich Ihnen mal so die Meinung sage.

Antwort des Therapeuten:
Stufe 1: Denken Sie, das macht mir etwas aus ...?
Stufe 2: Sie hatten das Bedürfnis, mich zu treffen? Warum eigentlich?
Stufe 3: Ja, das kam schon überraschend. Ich mache mir jetzt Gedanken, was eigentlich die Ursache für diese Aggression war.
Stufe 4: Ich empfand Sie vorhin als geradezu feindselig und war erschrocken, vielleicht auch ein wenig verletzt. Jetzt frage ich mich, was auf Sie so provozierend gewirkt hat.
Stufe 5: (Der Therapeut spricht, sich selbst explorierend) Ich erlebte Sie plötzlich ganz anders als in unseren bisherigen Gesprächen. Ich habe nun ein

zwiespältiges Gefühl. Einerseits freut es mich, Sie so eigenwillig und kraftvoll zu sehen, andererseits fühle ich mich verletzt, mißverstanden. Es wäre mir wichtig, wenn wir klären könnten, woraus sich diese Spannung zwischen uns ergeben hat" (*Pfeiffer* 1977).

Empirische Untersuchungen haben nach *Minsel* gezeigt: „All diese Befunde geben ein beredtes Zeugnis über die Wichtigkeit der von *Rogers* formulierten psychotherapeutischen Kernbedingungen. Allerdings kann aus den zitierten Ergebnissen nicht eindeutig abgeleitet werden, daß die Kernbedingungen die Veränderung bedingen. Doch das Ausmaß an Bestätigung und Deutlichkeit der Beziehungen machen ihre Bedeutsamkeit zumindest als Grundlage, auf der sich mögliche Veränderungen ansiedeln können, sehr wahrscheinlich" (*Minsel* 1974, S. 63).

Die Therapeutenvariablen werden mehr und mehr als eine Grundform des Verhaltens angesehen, so daß sie sich sicher nicht nur in der Psychotherapie, sondern darüber hinaus auch zur Verbesserung des menschlichen Klimas eignen (siehe dazu *Teegen* 1975).

Soll die Wirksamkeit der Gesprächspsychotherapie im einzelnen empirisch nachgewiesen werden, so müssen nicht nur die Therapeutenvariablen, sondern auch die übrigen Faktoren der Situation erforscht werden.

Klientenveränderungsvariable
= Funktion von Variablen des Psychotherapeuten
Variablen des Klienten
Situationsvariablen
Prozeßvariablen

„Empirische Untersuchungen, die über diesen komplexen Forschungsgegenstand generalisierbare Aussagen machen wollen, müssen diesem Sachverhalt in Design, Planung, Vorgehensweise und statistischer Datenverarbeitung Rechnung tragen. Davon ist die Forschung im Bereich der Psychotherapie noch sehr weit entfernt. Zur Zeit können eigentlich nur Hinweise zu beobachteten Phänomenen in der Psychotherapie gegeben werden, aber wirkliche Aussagen sind bisher nicht möglich. Das ist zur Frage, ob Psychotherapie überhaupt wirkt, nicht möglich und noch weniger zu der, was an der Psychotherapie wirken könnte" (*Minsel* 1974, S. 60).

Bommert (1975), einer der Vertreter der Gesprächspsychotherapie, versucht das Konzept in den Termini der Verhaltensmodifikation darzustellen. Neben dieser naturwissenschaftlich ausgerichteten Forschungsweise steht ein Ansatz, der von *Pavel* (1975) als phänomenologisch beschrieben wird. Dazu gehörten die Ausgangsposition von *Rogers* wie auch die neueren Ansätze von *Gendlin*. Der Schlüsselbegriff ist der des „experiencing". Es geht darum, daß der Klient möglichst zu seinen Erfahrungen im Jetzt und Hier der Situation zurückfindet. Der Ansatz von *Gendlin* (1961) nähert sich dem der Gestalttherapie.

Tausch selbst, der den erfahrungswissenschaftlichen Ansatz in der Gesprächspsychotherapie in Deutschland begründet hat, hat sich stärker dem erlebnisbetonten Ansatz zugewandt. Ähnlich wie *Rogers* dies formuliert, ist er mehr interessiert an Möglichkeiten der weiteren Persönlichkeitsveränderung als an der Einübung, dem Training bestimmter Techniken der Ausbildung. *Tausch* arbeitet jetzt schwerpunktmäßig mit Selbsterfahrungsgruppen, bei denen er bewußt Klienten mit Therapieanwärtern und erfahrenen Therapeuten in eine Gruppe bringt. Er ist der Auffassung, daß diese Personen in ihrem Wunsch nach Selbstverwirklichung sehr viel voneinander lernen können.

4.2.2 Verfahren

Als *Verfahren* sei hier noch einmal die Verbalisierung von Erlebnisinhalten (abgekürzt: VEE) des Klienten beschrieben. Empirische Forschungen haben gezeigt, daß das VEE eine besonders hohe Korrelation zur Möglichkeit der Selbstexploration (abgekürzt SE) des Klienten hat. Das heißt, je mehr es dem Therapeuten gelingt, adäquat die Erlebnisweise des Klienten zu erfassen, um so stärker ist dieser in der Lage, sich zu öffnen und über seine Probleme zu sprechen.

Zu den Beurteilungsskalen für VEE und Selbstexploration siehe *Minsel* (1974, S. 86).

Beispiel

„K: Ich weiß manchmal gar nicht, wie ich mich verhalten soll.
T: Sie fühlen sich richtig verunsichert.
K: Meine Mutter läßt mich nie in Ruhe.
T: Sie fühlen sich fast kontrolliert.

K: Ich langweile mich (sehr allgemein).
T: Es spricht Sie überhaupt nichts an."

Bei *Minsel* (1974) gibt es einen ausführlichen Übungsteil, in welchem Übungen zum Erlernen und Eintrainieren des VEE gegeben werden.

4.2.3 Diskussion und Kritik

Die Gesprächspsychotherapie hat in der Ausbildung der Sozialpädagogik an Bedeutung gewonnen. In der Kritik an den „unwissenschaftlichen", sprich: „psychoanalytisch orientierten" Methoden des Sozialpädagogen werden sie in manchen Ausbildungsgängen vorgezogen (vgl. *Karlsberg* 1973)[1].

Der Zusammenhang von VEE und SE ist unbestritten, d. h. die Einübung des Verfahrens VEE ist sinnvoll für den Sozialpädagogen. Je mehr es gelingt, diese Variable zu realisieren, desto mehr kann der Klient von sich sprechen. In allen Gesprächen oder Gesprächsabschnitten, in welchen es darum geht, die emotionale Lage des Klienten ihm selbst und dem Sozialpädagogen zu verdeutlichen, ist die Anwendung dieses Verfahrens eine adäquate Intervention. Konflikte, das muß nicht mehr eigens betont werden, die im Berufsfeld des Sozialpädagogen auftreten, sind jedoch mit Selbstexploration des Klienten allein nicht zu lösen. Es sind uns außer der Untersuchung von *Altvater/Meine* (1974) keine Untersuchungen bekannt, die sich speziell mit Problembereichen der Sozialpädagogik auseinandersetzen. Mit Ausnahme von Beratungssituationen in der Telefonseelsorge, Erziehungsberatung, Lebensberatung, in welchen Sozialpädagogen teilweise in Kooperation mit Psychologen psychologische Beratungsarbeit übernehmen. Diese Beratungsstellen arbeiten jedoch mit einer eigenaktiven Klientel.

Altvater und *Meine* (1974) berichten über eine Gruppe in der Bewährungshilfe. Dabei war es schwer, die Klienten zu motivieren. Nur eine kleine Gruppe der angesprochenen Klienten war bereit, an dem Programm teilzunehmen.

---

[1] Z. T. sind sie, auch im Sinne der Verwissenschaftlichung, ein Mittel im Kompetenzstreit zwischen „Methodendozenten" und „Psychologiedozenten".

„Der Verlauf des durchgeführten Programms spricht dafür, daß klientenzentrierte Gesprächspsychotherapie allein keine geeignete Methode ist, Therapiegruppen mit Bewährungsprobanden aufzubauen. Die geringe Strukturierung der therapeutischen Situation in den Gruppensituationen löst bei diesem Klientenkreis zuviel Angst, Unsicherheit und Mißtrauen aus, zumal die üblichen Erwartungen, wie Erhalten von Ratschlägen und Verhaltensmaßregeln, nicht erfüllt werden. Das Einbringen zusätzlicher Techniken scheint unerläßlich, um Voraussetzungen für die Anwendung der speziellen Therapiemethode zu schaffen" (*Altvater/Meine* 1975).

Nach *Minsel* wird Gesprächspsychotherapie solchen Klienten angeboten bzw. von ihnen in Anspruch genommen,

„die aus höheren sozialen Schichten, nach Einkommen, Erziehung etc. eingestuft, stammen, hohe Motivation zu persönlicher Veränderung zeigen, die Psychotherapieart akzeptieren und ganz bestimmte Fähigkeiten aufweisen, wie die Möglichkeit, Beziehungen zu Personen und Objekten zu etablieren" (*Minsel* 1974, S. 91).

Bommert kommt zu einem ähnlichen Ergebnis:

„Die Gesprächspsychotherapie stellt im Psychotherapieprozeß erhebliche Anforderungen an ihre Klienten. Notwendig sind die Fähigkeit zu Introspektion und Selbstreflexion, die Umsetzung von Gefühlszuständen in entsprechende verbale Kommunikation, Umlernprozesse, die Fähigkeit zur kognitiven und emotionalen Umstrukturierung und die Handhabung neuer Konzepte" (*Bommert* 1974, S. 143).

V. Caemmerer (1977) berichtet von einem Fortbildungslehrgang, der für Sozialarbeiter ausgeschrieben war. Die Teilnehmer brachten als Material vorwiegend Gespräche mit Freunden, Bekannten oder Praktikanten mit, dagegen kaum von Klienten.

Offenbar ist die Tatsache, daß Unterschichtklienten weniger von der Gesprächspsychotherapie profitieren, stärker mit der Fremdheit der Situation zu erklären als mit der Unfähigkeit zur Selbstexploration.

Minsel (1974): „Klienten aus niedrigeren sozialen Schichten haben eher den Eindruck, daß ihnen Hilfspersonal und Mitpatienten mehr helfen können als der Psychotherapeut."

Minsel bemerkt weiter, daß zu diesen Resultaten zumindest Einflüsse der „self-fulfilling-prophecy" führen dürften, da Psychotherapeuten dazu tendieren, bei Unterschichtsklienten ungünstige Psychotherapievoraussetzungen anzunehmen. Diese Annahme trifft jedoch nicht zu. So ist etwa die Selbstexploration von Klienten nicht unbedingt von der sozialen Schicht abhängig. Dazu eine praktische Erfahrung, die uns von einer Kollegin berichtet wurde:

Ein Trinker, der seit einiger Zeit in einer speziellen Gesprächspsychotherapie bei einer speziell ausgebildeten Sozialpädagogin war, suchte die Abendsprechstunde einer Familienfürsorgerin auf. „Wissen's, ich muß mal mit wem reden, so einfach von Mensch zu Mensch. Ich bin da in Behandlung bei einer Dame, die hat so eine gehobene Sprache – aber jetzt mog I redn – ", und er redete eine halbe Stunde über seine praktischen Probleme und verbalisierte alle seine Gefühle in Tonfall, Mimik und Gestik, ohne diese zu seiner Erleichterung benennen zu müssen.

Was in diesem kurzen Gesprächsausschnitt deutlich wird, ist der Widerstand des Klienten, sich auf seine Innerlichkeit, d. h. seine Gefühle reduzieren zu lassen. Er leugnete diese keineswegs, er reklamierte aber den Mitmenschen, das Miteinander-erörtern, praktisch die Intersubjektivität. Darüber hinaus wollte er diese seine Gefühle auf seine praktischen Wohnungs- und Geldschwierigkeiten bezogen haben, die zur Lösung anstanden. Selbstverständlich wurde in diesem Gespräch nicht an der Suchtproblematik gearbeitet, aber an sehr wesentlichen Faktoren, die diese sicher mit beeinflussen.

Weinberger (1987), die eine Einführung in die klientenorientierte Gesprächsführung für Sozialpädagogen und Sozialarbeiter entwickelt hat, arbeitet speziell an diesem Problem der Erweiterung dieses Konzeptes. Sie plädiert speziell für eine Erweiterung des Basisverhaltens und differenziert ein breiteres Spektrum von Interventionen in der Gesprächsführung, zu denen u. a. die direkte Einflußnahme und das Informieren gehören. Damit stellt sie das Konzept in die Tradition der Einzelhilfe innerhalb der Sozialpädagogik, das jedoch weitergeführt und differenziert wird. Zur Indikation der Methode beruft sich *Weinberger* neben den Erfahrungsberichten von Sozialpädagogen auf andere Autoren (*Doll* u. a. 1974, *Schmidtchen-Kaatz* 1976), die mit Klienten im Arbeitsfeld der Sozialpädagogik gearbeitet haben. *Doll* hat dabei eine Abnahme des Psychoneurotizismus und der Aggressionsbereitschaft" bei Insassen von Strafanstalten nachgewiesen. Diese Ergebnisse wären jedoch auch mit den Zielsetzungen und Erfahrungen innerhalb totaler Institutionen in Beziehung zu setzen, was jedoch dort, wie auch bei *Weinberger*, nicht geschieht. Gerade wenn *Weinberger* auf die Sozialpädagogik eingeht, wird der psychologische Reduktionismus deutlich. Die Autorin behandelt sozialpädagogische Institutionen als „Rahmenbedingungen", die oft in störender Weise die methodische Arbeit beeinflussen. Dabei unterschlägt *Weinberger* die historische und gesellschaftliche Funktion (den Sinn) der Institutionen und läßt den Bezug sozialpädagogischen Handelns zu den sozialen Fragen unserer entwickelten und sich entwickelnden Gesellschaft völlig außer acht. Die wesentlichen Bedingungen für die Veränderung von Problemen werden, wie im Casework, ausschließlich in den zwischenmenschlichen Beziehungen gesehen.

Die Integration der klientenzentrierten Methode als individuelle psychologische Hilfe sollte jedoch nicht überschätzt werden. Schon *Rogers* hat deutlich gemacht, daß Klienten, deren Schwierigkeiten im Umfeld liegen, nicht geeignet für klientenzentrierte Gesprächsführung sind. Dies bedeutet für den Sozialpädagogen, daß er zunächst den Einfluß des Umfeldes sehen muß, dann erst entscheiden kann, ob er mit seinen Interventionen sich dem Umfeld, dem Problem und seinem Sachgehalt oder zunächst den psychischen Anteilen des Problems zuwenden muß. Muß er mit dem Umfeld arbeiten oder mit dem Sachgehalt des Problems, dann findet der Sozialpädagoge bei den auch von uns ausführlich kritisierten Konzepten des Casework noch mehr Anleitung als in der nicht-direktiven Gesprächspsychotherapie.

Weiterführende Literatur

Minsel, W. R.: Praxis der Gesprächspsychotherapie, Köln 1974.
In diesem Buch findet sich ein ausführlicher Übungsteil zum Training des VEE und der SE. Unserer Erfahrung nach sollte zwischen den Übungen die Möglichkeit bestehen, daß die Lernenden sich über die Erfahrungen beim Training austauschen. Es sollte reflektiert werden über die Schwierigkeiten, die sich bei bestimmten Gesprächsabschnitten ergeben. Auf diese Weise könnte der Erwerb dieser instrumentellen Kompetenz mit dem Erwerb reflexiver Kompetenz verbunden werden.

Weinberger, S.: Klientenzentrierte Gesprächsführung, Weinheim, 3. Aufl. 1987.
In diesem Buch wird ein Programm für die Ausbildung von Sozialarbeitern in klientenzentrierter Gesprächsführung entwickelt.

Biermann-Ratjen, E., Eckert, J., Schwartz, H. J.: Gesprächspsychotherapie, Stuttgart, 2. Aufl. 1981.

Die Verfasser widmen ein Kapitel dieses Buches der Frage, inwieweit Beratung von Gesprächstherapie unterschieden werden kann und wieweit sie in der Sozialarbeit/Sozialpädagogik angewendet werden kann.

Alterhoff, G.: Grundlagen klientenzentrierter Beratung, Stuttgart 1983.

Dieses Buch ist eigens als Einführung für Sozialarbeiter und Sozialpädagogen konzipiert. Es zeigt den Zusammenhang von klientenzentrierter Beratung und sozialer Einzelhilfe auf.

Die „Gesellschaft für wissenschaftliche Gesprächspsychotherapie" gibt eine Zeitschrift für ihre Mitglieder heraus: *GwG-Info*, in welcher die Weiterentwicklung und der aktuelle Stand der Gesprächspsychotherapie verfolgt werden kann.

5 Das kommunikationstheoretisch orientierte Beratungskonzept

5.1 Begründung und Rechtfertigung

Unsere Kritik an den Grundlagen des nicht-direktiven Beratungskonzeptes (*Rogers*) bezog sich insbesondere auf die Vernachlässigung des sozialen Aspektes. In der Kommunikationstheorie *Watzlawick*scher Prägung[1] wird die soziale Bezogenheit gleichsam verabsolutiert: Jegliches Verhalten ist immer Kommunikation. „In diesem Zusammenhang sei von Anfang an darauf verwiesen, daß wir die beiden Begriffe Kommunikation und Verhalten als praktisch gleichbedeutend verwenden" (*Watzlawick* 1969, S. 23).

Begründet wird diese These mit den Ergebnissen solcher sozialpsychologischen Untersuchungen, die zeigen, daß menschliches Verhalten nicht deutlich wird, wenn es nicht in seinem sozialen Kontext verstanden wird (*Asch*-Experimente).

Watzlawick nimmt an, daß die Begrenzung der klinischen Psychologie auf das Individuum und die Frage nach seiner Lebensgeschichte eine künstliche Isolierung darstellen, die zu Fehlschlüssen über die Natur des Menschen führen müssen. „Das Studium menschlichen Verhaltens wendet sich dann von unbeweisbaren Annahmen über die Natur des Psychischen den beobachtbaren Manifestationen menschlicher Beziehungen zu. Das Medium der Manifestationen ist die menschliche Kommunikation" (*Watzlawick* 1969, S. 22).

Die Psychoanalyse bleibt nach Ansicht der Autoren dem physikalischen Weltbild ihrer Gründerzeit verpflichtet (kausale und lineare Ableitung), während ihnen die Übertragung der Kybernetik auf die Kommunikation als Wende in der Erklärung von Kommunikationsabläufen er-

---

[1] *Watzlawick, P./Beavin, J./Jackson, D.*: Menschliche Kommunikation, Bern 1969.
Watzlawick, P./Weakland, H./Fisch, R.: Lösungen, Bern 1975. Im folgenden wird der sprachlichen Vereinfachung wegen nur der Name *Watzlawick* genannt.

scheint. Die Frage nach den Ursachen des Verhaltens wird dabei als sinnlos verworfen und ersetzt durch die Frage nach der Funktion des Verhaltens in einem bestimmten Kommunikationszusammenhang. Zur Begründung dieses Zusammenhangs bedienen sich die Autoren des Systemmodells. Damit greifen sie Ergebnisse der Feldtheorie auf, ohne diese als solche zu benennen. Wird in der Erklärung des Lebensraumes das Verhalten noch als Gleichung zwischen Individuum und Umwelt definiert (*Lewin* 1963), wird es von *Watzlawick* nur unter funktionellen Gesichtspunkten gesehen. „Ein System ist ein Aggregat von Objekten und Beziehungen zwischen den Objekten und ihren Merkmalen" (*Watzlawick* 1969, S. 116).

Sieht man kommunikatives Verhalten mit als wichtigstes Merkmal des Menschen an, so gilt nach *Watzlawick* als Definition: „Zwischenmenschliche Systeme sind zwei oder mehrere Kommunikanten, die die Natur ihrer Beziehung definieren" (*Watzlawick* 1969, S. 116).

Diese Systeme werden als offene Systeme definiert, sie stehen in Interaktion mit Systemen der Umwelt. Die Teile des Systems sind durch Rückkoppelung miteinander verbunden. Bezogen auf das zwischenmenschliche System der Familie z. B. bedeutet dies, daß die Beziehungen der Familienmitglieder untereinander durch Feedback[2] charakterisiert sind. Diese können nicht verstanden werden als Addition von Motivationen oder als Folge einer Motivation eines Gruppenmitgliedes. Das Verhalten eines Mitglieds der Familie ist nicht verstehbar ohne die Kenntnis der Beziehungen der Gesamtfamilie. Jede Änderung im Verhalten eines Mitgliedes im System hat seinerseits die Funktion des Feedback auf das Gesamtsystem Familie.

Offene Systeme sind gekennzeichnet durch Homöostase. Darunter versteht man den dynamischen Prozeß, einen schwebenden Gleichgewichtszustand zu erhalten. Ein System ist „stabil in bezug auf gewisse seiner Variablen, wenn diese Variablen die Tendenz haben, innerhalb bestimmter festgelegter Grenzen zu bleiben" (*Watzlawick* 1969, S. 128).

In zwischenmenschlichen Systemen bilden sich Beziehungsregeln heraus, die die Homöostase bewirken. Das geschieht unter anderem dadurch, daß die Mitglieder ihre Beziehungen wechselseitig definieren und

---

[2] Feedback siehe Kapitel 7.4.2.

klären. Veränderte Verhaltensweisen von Mitgliedern oder Umwelteinflüssen werden vom System aufgenommen oder modifiziert.

Watzlawick versucht, in Anlehnung an die Terminologie der Kybernetik einen wissenschaftlichen Nachweis zu finden, mit dem er sich von der Psychoanalyse abgrenzen kann. Die Rechtfertigung dieses Ansatzes ergibt sich für ihn aus seinem therapeutischen Impetus.

Die Kommunikationstheorie entstand aus der Zusammenfassung von Ergebnissen eines Forschungsauftrages zur Untersuchung von Schizophrenie und Familie, an welchem z. B. auch *Laing* beteiligt war. Die Ergebnisse dieser Untersuchung sind in „Schizophrenie und Familie" (1973) in deutscher Sprache erschienen (leider ist nur ein Teil der Forschungsergebnisse übersetzt worden). Sie liefern eine grundlegende Kritik am bisherigen Krankheitsbegriff der Schizophrenie.

Schizophrenie ist nicht ein Symptom, dem Patienten eigen, das ihn krank, anormal macht. Vielmehr ist schizophrenes Verhalten die Form einer Kommunikation in einem bestimmten sozialen Kontext, der in der zwischenmenschlichen Situation auch veränderbar erscheint. Die Bedeutung der Einbeziehung des Zwischenmenschlichen kann kaum überschätzt werden. Schizophrenie als unheilbar schleichende Geisteskrankheit eines Individuums definiert und Schizophrenie als die einzige mögliche Reaktion auf einen absurden und unhaltbaren zwischenmenschlichen Kontext verstanden (eine Reaktion, die den Regeln dieses Kontextes folgt und ihn daher zu verewigen hilft) sind zwar ein und derselbe Wert und beziehen sich auf ein und dasselbe klinische Bild, die ihnen zugrundeliegende Krankheitsauffassung aber könnte kaum unterschiedlicher sein. Nicht weniger different sind die sich daraus ergebenden Implikationen für Ursache und Therapie. Der Ansatz des kommunikationstheoretischen Konzeptes hat somit eine wesentliche Verflüssigung des Krankheitsbegriffes gebracht. Er zeigt einen neuen Verstehenszusammenhang bisher unverstandener und unverständlicher Verhaltensweisen auf.

Der Interpretationszusammenhang ist keineswegs auf die Kommunikationstheorie im Sinne der Kybernetik beschränkt. Die Dynamik und Dramatik dieser Entwicklung wird deutlich, wenn man sich vergegenwärtigt, daß u. a. *Laing* zu dieser Forschergruppe gehörte. Er hat diesen gleichen Ansatz der Veränderung im Verständnis der Schizophrenie in völlig anderer Weise verarbeitet. In seiner „Phänomenologie der Erfahrung" (1969) rechtfertigte er ein Vorgehen, das sich gänzlich von dem

Watzlawicks entfernt. Familie ist für ihn lediglich ein Teil des gesamten Gesellschaftssystems, in dem sich gesellschaftliche Widersprüche spiegeln. Der Weg der Heilung und Menschwerdung ist die radikale Verteidigung subjektiver Erfahrung gegen die Verfremdungsversuche auch wissenschaftlicher Modelle (z. B. auch einer Systemtheorie), die „Reise nach Innen". Das Wiedererleben der inneren Lebensgeschichte in ihren gesellschaftlichen Zusammenhängen wird zum Weg der Heilung. Im Gegensatz dazu eliminiert *Watzlawick* gerade in der Eingrenzung auf das kybernetische Modell die historische Dimension des Menschen. Die Lebensgeschichte mit ihren einmaligen Erfahrungen gerinnt dabei zu redundanten Interaktionsmustern, d. h. eine wesentliche Dimension subjektiver Wirklichkeit geht verloren. Das kybernetische Modell beschreibt die Struktur der Interaktion, kann jedoch deren Sinn nicht erklären. Es gibt keine Unterscheidungsmerkmale, die eine Trennung von sinnvoller oder sinnloser Kommunikation rechtfertigen könnten. Die Frage nach dem Sinn des Geschehens aber ist auch nach *Watzlawick* u. a. (1969) noch eine wesentliche Frage, die zum „existentiellen Nexus" gehört. Der Verlauf der weiteren Entwicklung des Konzeptes zeigt jedoch ein Festhalten an den einmal gefundenen kybernetischen Begründungszusammenhängen. Was 1969 noch als theoretischer Versuch gekennzeichnet wurde, mit dessen Hilfe bislang übersehene Dimensionen der Wirklichkeit kenntlich gemacht wurden und in therapeutische Möglichkeiten einfließen sollten, wird später in einer polemischen Abgrenzung zum Mittel der Diskriminierung von Sinnfragen. In der Veröffentlichung „Lösungen" (1975) bezeichnet *Watzlawick* das Streben, nach dem Sinn zu fragen, als Utopie-Syndrom, das die Neuregelung eines Systems verfehlt. Sinnfragen werden in diesem Zusammenhang gleichgesetzt mit Frage nach gesellschaftlichen Verursachungen. Neben der lebensgeschichtlichen Dimension des Individuums wird so auch die historisch gesellschaftliche Dimension reduziert auf den Funktionszusammenhang innerhalb eines Systems. Beratung zu einer Veränderung setzt dort an, wo das System nicht mehr den Anforderungen entsprechend funktioniert; die Anforderungen selbst werden nicht reflektiert. Diese Funktionsstörungen zeigen sich in der *Dysfunktion* der Kommunikation oder in dysfunktionalen Lösungsversuchen eines Systems, das sich verändern muß, um bestehen zu können. Gerechtfertigt ist das Eingreifen eines Beraters in ein System dann, wenn dieses selbst nicht mehr in der Lage ist, sich spontan zu verändern. Um Methode und Verfahren des kommunikationstheoretischen Konzeptes diskutieren zu können, bedarf es zunächst einmal der von *Watzlawick* u. a. aufgestellten Axiome und Interaktions-regeln[3].

5.1.1 Die Axiome

Axiome benennen nach *Watzlawick* Grundeigenschaften der Kommunikation.

„Ihrer theoretischen Schwäche können wir ihre praktische Nützlichkeit gegenüberstellen" (*Watzlawick* 1969, S. 50).

1. Man kann nicht nichtkommunizieren.

Mit diesem Axiom ist die Grundananhme formuliert, daß alles Verhalten Kommunikation ist. Will man der Kommunikation ausweichen, so ergeben sich vier Möglichkeiten:

● **Die klare Ablehnung.** Sie bedeutet für denjenigen, der die Kommunikation aufnehmen will, eine Kränkung, deren Grad davon abhängt, wieviel Erwartung er in diese Begegnung gesetzt hat.
Beispiel: Das Überweisen, Weiterverweisen an andere Fachleute stellt eine solche Ablehnung dar. Sie wird um so schmerzlicher für den Klienten, je mehr er an Beziehungsaufbau investiert hat. Die Abklärung der „Zuständigkeit" sollte deshalb zu Beginn einer jeden Kontaktaufnahme stehen.
● **Entwertung.** Man kann sich von der Kommunikation abschirmen, indem man die eigenen oder die fremden Aussagen in ihrer Bedeutung entwertet.
Beispiel: Eine Klientin, die mit dem Sozialpädagogen ein entscheidendes Gespräch mit der Gesamtfamilie verabredet hatte, empfängt diesen allein mit dem freudigen Ausruf: „Wie nett, daß Sie vorbeikommen. Ich habe uns ein Tässchen Kaffee vorbereitet!"

---

[3] Die Verbreitung der Kommunikationstheorie ist zu verstehen aus ihrer relativen Einfachheit, die *Watzlawick* selbst verblüffend nennt, sowie aus der publizierten Erfolgsbilanz. Es wird von Blitzheilungen langanhaltender Störungen berichtet. Darüber hinaus profitiert die Kommunikationstheorie sicher von der Hoffnung, die sich auch auf die Gruppendynamik richtet, daß durch Analyse und durch Übung in der Kommunikation offenbarer Kommunikationsmangel oder Kommunikationsstörungen schnell überwunden werden können.

- **Verwerfung**[4]. Darunter versteht *Watzlawick* die teilweise Ablehnung der Kommunikation, der Kommunikationspartner wird akzeptiert, aber das Bild, das er von sich in die Kommunikation einbringt, wird „verworfen".
  Beispiel: Ein Sozialarbeiter bemüht sich um Beratungsprobleme als Berater um eine Klientin. Sie sagt: „Ich möchte mit Ihnen befreundet sein, meine Probleme möchte ich in der Situation nicht besprechen."
- **Symptom als Kommunikation.** Man kann ein Symptom in die Kommunikation einführen, so daß man nicht verantwortlich ist, das den Kommunikationspartner aber zwingt, die Kommunikation zu unterbrechen, ohne selbst die Verantwortung für diesen Abbruch auf sich nehmen zu müssen.
  Beispiel: „Wissen Sie, ich spreche so gerne mit Ihnen, aber heute habe ich meine Migräne, ich kann Ihnen nicht folgen!" Schizophrene Verhaltensweisen werden von den Autoren auch als Versuch gedeutet, sich einer unmöglichen Kommunikation zu entziehen.

2. Jede Mitteilung hat einen Beziehungs- und Inhaltsaspekt.

Der Inhaltsaspekt vermittelt die Daten, der Beziehungsaspekt weist aus, wie die Daten aufzufassen sind. In der ungestörten Kommunikation tritt der Beziehungsaspekt zurück, während umgekehrt in der gestörten Kommunikation um die Bedeutung der Definition der Beziehung gerungen wird, wobei der Inhaltsaspekt zurücktritt.

Von einer gestörten Kommunikation spricht *Watzlawick*, wenn die Partner sich sowohl auf der Inhalts- wie auch auf der Beziehungsebene uneinig sind. Von besonderer Bedeutung sind Beziehungen, „in denen eine Person in der einen oder anderen Weise gezwungen wird, ihre Wahrnehmungen auf der Inhaltsebene zu bezweifeln, um eine wichtige Beziehung nicht zu gefährden" (Watzlawick 1969, S. 82). Zwischen diesen Extremformen gibt es viele Mischformen, in welchen Inhaltsaussagen als Aussagen zur Beziehung verstanden werden und Beziehungsaussagen Inhalte überdecken. Stereotype Inhalte: „Mein Mann meint auch, ..." oder „Unsere Gruppe ist stets ..." verdecken oft als „Mythos" Beziehungsungleichheit oder Beziehungskonflikte.

An einem Beispiel einer Beratung soll dies verdeutlicht werden:

Übereinstimmung in Beziehungs- und Inhaltsebene: Das Problem der Beratung ist deutlich, es ist dem Klienten klar, daß er im Rahmen der zur Verfügung ste-

---

[4]   Es ist zu beachten, daß „entwerten" (disconformation) eine stärkere und vor allem destruktivere Bedeutung hat als „verwerfen". (Der deutsche Sprachgebrauch entspricht nicht ganz diesen Übersetzungen.)

henden Zeit und der Kompetenz sein Problem erörtern kann. Konflikte entstehen dann, wenn Inhalts- und Beziehungsebene vertauscht werden. Bei einem Gespräch über eine Konfliktsituation besteht inhaltliche Übereinstimmung. Der Sozialpädagoge versteht dies als persönliche Bestätigung. Wenn er aber erfährt, daß der Klient eine andere Lösung als die gefundene durchführt, fühlt er sich in seiner Rolle entwertet.

3. Die Natur einer Beziehung ist durch die Interpunktion der Ereignisfolgen bestimmt.

Damit beschreibt *Watzlawick* in Anlehnung an *Whorf* die Struktur, die die Gesprächspartner ihrer Kommunikation geben. Die einzelnen Beiträge lösen sich nicht in einem gleichförmigen Austausch ab, vielmehr legt jeder Gesprächsteilnehmer ein Gesprächsmuster zugrunde, nachdem er die Beiträge des Kommunikationspartners einordnet und diese dann als Auslöser für seinen Beitrag betrachtet. Im Grundsatz, allein dem „Wie" zu folgen, fragt *Watzlawick* nicht nach den Faktoren, die diese Struktur bestimmen können, sondern lediglich nach deren Funktionsweise. So bringt z. B. die Zugehörigkeit zu einer bestimmten Kultur auch ganz bestimmte, ihr eigene Interpunktionsweisen mit sich, die zur Regulierung dessen dienen, was (aus welchen Gründen auch immer) als richtiges Verhalten betrachtet wird. Es geht *Watzlawick* darum, zu ergründen, an welcher Stelle der Gesprächspartner unterbricht oder welche Inhalte er als kausale Ursachen für sein Verhalten seinem Gesprächspartner anlastet.

Beispiel aus dem Konflikt einer Trinkerehe:
Ehemann: „Weil Du nicht kochst, gehe ich trinken."
Ehefrau: „Weil Du nicht heimkommst, koche ich nicht."

Beispiel: „Helfersyndrom" [5]:
Helfer: „Weil Du hilflos bist, muß ich Dich beschützen."
Opfer: „Ich muß hilflos bleiben, weil Du mich beschützt."

Watzlawick u. a. (1969) vermuten, daß den Störungen in der Interpunktion die irrige Meinung zugrunde liegt, daß jeder meint, der andere

---

[5] Helfersyndrom ist die griffige Formulierung *Schmidbauers* (1977) für die in der Psychoanalyse bekannte Interaktion von Übertragung und Gegenübertragung, die die Beziehung von Helfer und Hilfsbedürftigem blockieren kann, wenn sie nicht erkannt und analysiert wird.

müsse wissen, was er meint: Sie glauben also, die Wirklichkeit in gleicher Weise wahrzunehmen.

4. Jede Kommunikation bedient sich digitaler und analoger Modalitäten.

Unter digitalen Modalitäten fassen die Autoren (*Watzlawick/Beavin/ Jackson* 1969) die sprachlichen Mitteilungen zusammen, unter analoger Modalität verstehen sie die nichtsprachlichen Zeichen. Die Sprache dient der Verständigung auf der Inhaltsebene, während die analogen Zeichen unmittelbar über den Beziehungsaspekt der Kommunikation Auskunft geben.

In der Beschreibung analoger Modalitäten bestätigen die Autoren ein Phänomen, das in der Sozialpsychologie als nonverbale Kommunikation bekannt ist. Den Unterschied zwischen beiden Zeichensystemen sehen sie in der verschiedenartigen Logik. In der Unterscheidung der Zeichen ist deren Wirksamkeit bedeutsam. Analoge Zeichen, wie z. B. das „Umsichschlagen" oder „Tränen" wirken zwar direkt auf den Kommunikationspartner, sie lösen spontane Reaktionen aus; diese sind jedoch oft nicht zu verstehende Antworten und entsprechen also nicht dem gemeinten Sinn solcher Zeichen. Das „Umsichschlagen" wird in der Regel als Ausdruck von Wut gedeutet und löst spontan beim Partner Fluchtreaktionen oder Gegenaggression aus. Das „Umsichschlagen" kann aber auch durch akuten Schmerz ausgelöst werden. Tränen können solche der Freude, aber auch des Schmerzes und der Trauer sein. Zeichen bedürfen daher der Übersetzung. Verständigen sich die Partner nicht über Unklarheiten, so kommt es durch Fehlinterpretationen zur Kommunikationsstörung.

5. Zwischenmenschliche Kommunikationsabläufe sind entweder symmetrisch oder komplementär, je nachdem, ob die Beziehung zwischen den Partnern auf Gleichheit oder Unterschiedlichkeit beruht.

Diese Bezeichnungen stehen für Beziehungen, die entweder auf Gleichheit oder Ungleichheit beruhen. „Symmetrische Beziehungen zeichnen sich also durch Streben nach Gleichheit und Verminderung von Unterschieden zwischen den Partnern aus, während komplementäre Interaktionen auf sich ergänzenden Unterschiedlichkeiten basieren" (*Watzlawick* 1969, S. 69).

Bateson (1973) hat dieses Phänomen zunächst ,Schismogenese' genannt. Er hat die Interaktionen von Individuen innerhalb eines Kulturbereiches beobachtet und festgestellt, daß sich deren Kommunikation auch dann verändert, wenn keine Außeneinflüsse bemerkbar sind. Die Eigendynamik der beobachteten Strukturen ist kulturell vorgeformt, unterliegt jedoch von seiten der Autoren (*Watzlawick/Beavin/Jackson* 1969) keiner Wertung.

Störungen der Kommunikation bezeichnen die Autoren als „symmetrische Eskalation" und „komplementäre Erstarrung".

Beispiel:

In der verdeckten Rivalität von Fachkollegen oder Gruppenmitgliedern, die sich dem „Gleichheitsgrundsatz" verpflichtet haben, läßt sich diese Eskalation beobachten, in Bemerkungen wie: „Wir haben beschlossen ..." − „Sie sind doch auch der Meinung ..." − Gegenmeinungen werden auf das gemeinsame Ziel umgewertet: „Ich verfolge damit das, was nach unserem Beschluß auch Ihr Interesse sein muß."

In der symmetrischen Eskalation versuchen die Teilnehmer stets ein wenig „gleicher als die Gleichen" zu sein. Diese Konflikte liegen offen und beziehen sich in der Regel auf Verwerfung der Selbstdefinition. Bei der starren Komplementarität werden die Selbstdefinitionen der Partner meist entwertet. Starre komplementäre Beziehungen sind solche, in welchen es nicht gelingt, die Struktur zu verändern, weil die Selbstdefinition des einen nicht nur abhängig ist von der Selbstdefinition des Partners, sondern ihr entspricht.

Beispiel:

Ehemann: „Die Finanzsorgen lasten allein auf mir. Meine Frau versteht nichts von Finanzplanung, das müssen Sie mit mir besprechen."

Ehefrau: (bestätigend) „Es ist schrecklich, aber ich begreife das tatsächlich nie. Ein Glück, daß mein Mann da so tüchtig ist!"

5.1.2 Die paradoxe Kommunikation und die Definition des double-bind

Unter paradoxer Handlungsaufforderung verstehen die Autoren eine Anweisung, die, in sich unlogisch, gerade das verunmöglicht, was sie zugleich verlangt. Die Aufforderung z. B. „sei spontan" ist nicht erfüllbar, weil Spontaneität gerade nicht durch bewußte Steuerung erreicht werden kann.

Eine solch paradoxe Handlungsaufforderung ist auch die meist subtil formulierte Aufforderung: „Du mußt Dein Kind lieben" oder „es in seiner Eigenart akzeptieren" bei vielen Erziehungsberatern. Liebe zu Kindern kann bestenfalls ermöglicht werden, indem man die oft materiellen Hindernisse beiseite räumt oder den Umgang mit dem Kind attraktiver macht. Liebe kann nicht verordnet und nicht erzwungen werden. Dasselbe gilt für die Emanzipation von Studenten. Sie kann von Professoren nicht gelehrt und gesteuert werden (z. B. als Gefolgschaft). Sie vollzieht sich gegen diese oder an diesen vorbei.

In der Regel wird der Kommunikationspartner eine solch paradoxe Anweisung ablehnen oder sich der Kommunikation entziehen. Zum double-bind werden solche Aufforderungen jedoch dann, wenn der Anweisende die Macht hat, seinen Kommunikationspartner nicht zu entlassen oder dieser Partner aus emotionalen Gründen nicht in der Lage ist, sich dieser Beziehung zu entziehen. Um bei den Beispielen zu bleiben: Wenn der Mutter der Sorgerechtsentzug droht: „Wenn Sie sich nicht anders verhalten, muß das Kind im Heim untergebracht werden" oder wenn Studenten sich der Graduierung wegen zur Prüfung anmelden müssen.

„Zu einer Double-bind-Situation, wie wir sie sehen, gehören die folgenden Elemente:

1. Zwei oder mehr Personen
Von diesen bezeichnen wir eine, im Rahmen unserer Definition, als das Opfer. Wir nehmen nicht an, daß die Doppelbindung von der Mutter allein ausgeht, sondern daß sie entweder von der Mutter allein oder aber von irgendeiner Kombination aus Mutter, Vater und/oder Geschwistern ausgehen kann.

2. Eine sich wiederholende Erfahrung
Wir nehmen an, daß die Doppelbindung in der Erfahrung des Opfers ein immer wiederkehrendes Thema ist. Unsere Hypothese beschwört keine einzelne traumatische Erfahrung, sondern eine immer wiederkehrende Erfahrung, die dazu führt, daß das Opfer gewohnheitsmäßig mit der Doppelbindungsstruktur rechnet.

3. Ein primäres negatives Verbot
Zweierlei Formen sind möglich: (a) „Tu das nicht, sonst bestrafe ich dich" und (b) „Wenn du das nicht tust, bestrafe ich dich."

Hier wählen wir eine Lernsituation, die sich auf ein Vermeiden von Bestrafung gründet und nicht auf ein Streben nach Belohnung. Es gibt vielleicht keinen formalen Grund für diese Wahl. Wir nehmen an, daß diese Bestrafung entweder aus einem Entzug der elterlichen Liebe bestehen kann oder aus einer Demonstration von Haß oder Zorn oder aber — und das ist die verheerendste Form der Bestrafung — aus der Art der Preisgabe, die aus dem Ausdruck extremer Hilflosigkeit der Eltern resultiert.

4. Ein sekundäres Verbot, das mit dem ersten auf einer abstrakten Ebene in Konflikt steht und das wie das erste durch Bestrafungen oder Signale durchsetzt wird, die das Fortleben bedrohen. (...)

5. Ein tertiäres Verbot, das das Opfer daran hindert, „das Feld zu räumen" (*Laing* 1973, S. 155).

Die Folgerung *Laings* daraus: Die Fähigkeit des Individuums, logische Grundsymbole voneinander zu unterscheiden, bricht zusammen, sobald double-binds auftreten.

Eine solche paradoxe Situation stellt sich auch in totalen Institutionen (z. B. Strafanstalten, Psychiatrischen Kliniken) her, in welchen durch „Mitarbeit" der Insassen eine Veränderung ihres Verhaltens erzwungen werden soll. *Watzlawick* zitiert in diesem Zusammenhang *Goffman*:

„Rat an die psychiatrischen Patienten: (a) Entwickle ein blühendes Symptom, das Ärzten wie Mitpatienten auf die Nerven geht, (b) hänge Dich an einen jungen Psychiater, der dringend seinen ersten therapeutischen Erfolg braucht, (c) laß ihn Dich rasch von Deinem Symptom heilen und (d) mache ihn so zum begeisterten Verfechter Deiner wiedererlangten Normalität" (*Watzlawick* 1975, S. 92).

5.1.3 Problemlösungen, die zum Problem werden

Watzlawick unterscheidet Schwierigkeiten und Probleme. Schwierigkeiten sind „unerwünschte Sachlagen oder Situationen, die durch vernünftige Maßnahmen nicht behoben werden können" oder „alltägliche Lebensschwierigkeiten", mit denen man nach *Watzlawick* (1975) „zu leben lernen muß". Probleme nennt er die „Spiele ohne Ende, Sackgassen und Konflikte", die durch falsche Lösungsversuche erzeugt werden. Solche Probleme entstehen zumeist durch Lösungsversuche von, wie *Watzlawick* das nennt, „Mehr-demselben". Nehmen wir statt der sozialpolitischen Beispiele *Watzlawicks* solche aus der Erziehungsberatung. Eines der häufigsten Probleme sind Schulschwierigkeiten. Teilweise beruhen sie auf Überforderung der Kinder durch die Eltern, d. h. die Eltern wollen Höchstleistungen, werden diese nicht erbracht, so heißt die Lösung „mehr Arbeit", Nachhilfe; was als Folge nervöse Erschöpfung und Leistungsrückgang mit sich bringen kann. Das Problem liegt hier am Lösungsversuch der Eltern, die Kinder noch mehr arbeiten zu lassen, d. h. der Lösungsversuch selbst ist das Problem.

Soweit ist *Watzlawick* zuzustimmen. Wir denken jedoch, daß dieser Lösungsversuch wieder Ursachen hat, seien sie in persönlichen Schwierigkeiten der Eltern, in dem drohenden Numerus clausus oder in Schichtproblemen zu suchen. *Watzlawick* (1975) interessiert sich jedoch nicht für das „Warum", sondern lediglich für das „Wie".

Beispiel: Eine Mutter kommt in die Erziehungsberatung, weil ihr Junge zu aggressiv ist. Befragt nach der Aggressivität des 5jährigen, berichtet sie von altersgemäßger Expansionsfreude: Freude am Lärm, am Klopfen, am Schreien, am Hüpfen und Laufen. Ihr Lösungsversuch, Dämpfung der Expansion durch Ablenkung durch stille Spiele wurde von dem Jungen mit vermehrtem Geschrei, Schlagen und Trampeln beantwortet. Das Problem nach *Watzlawick* ist hier das Beruhigen durch die Mutter. Je stiller das Kind sein muß, desto lauter wird es. Auch hier ließen sich Gründe für das „Warum" der Verhaltensweise der Mutter finden. Zu dieser Form der Lösung und Problembeschaffung gehören die so vernünftig erscheinenden Ratschläge gegenüber Traurigen, sich doch zu freuen, die Beruhigung an Errötende, sie bräuchten sich wirklich nicht zu schämen, wodurch beiden erst recht bewußt wird, daß sie sich unerwünscht verhalten (der „circulus vitiosus" führt dann zur tatsächlichen Störung). *Watzlawick* unterscheidet drei Formen solcher Probleme:

1. Die Schwierigkeiten werden geleugnet; es entstehen Probleme, da die Schwierigkeiten nicht vernünftig angegangen werden. Leugnung von Schwierigkeiten nennt *Watzlawick* die „schrecklichen Vereinfachungen". Eine solche Vereinfachung ist der aus der Familientherapie bekannte Familienmythos. Jeder in der Familie kennt die Schwierigkeiten, es besteht aber Übereinstimmung darüber, daß nicht davon gesprochen wird. Über die Übereinstimmung selbst wird auch nicht gesprochen.

Beispiel aus der Erziehungsberatung:
Eine Mutter brachte ihren stotternden 8jährigen Jungen in die Erziehungsberatung. Erst beim Elterngespräch zeigte sich, daß der Vater schwer stotterte. Er erkundigte sich stotternd, wie man dem Jungen helfen könne. Mutter und Sohn spielten in diesem Gespräch mit. Ohne das Symptom des Vaters, das jeder kannte und in dieser Situation hörte, anzusprechen, wollten sie lediglich über das Symptom des Kindes sprechen (übrigens ohne Erfolg).

2. Es wird versucht, Schwierigkeiten zu lösen, die unlösbar sind oder nicht bestehen. Der Versuch wird dann utopisch, es entsteht das sogenannte „Utopiesyndrom". Patienten dieser Art leiden an einem Riesen-

anspruch, dem sie nie nachkommen können. Als Ergebnis sieht *Watzlawick* Entfremdung, Regression, Selbstmord und das „dropping out".

Eine Variante ist für *Watzlawick* die Art der Patienten, die „stets auf der Reise sind" und letztlich nicht ankommen wollen.

„Die dritte Form des Utopiesyndroms könnte projektiv genannt werden. Der von ihr Befallene wähnt sich im Besitz der Wahrheit und damit nicht nur des Schlüssels, sondern auch der moralischen Verpflichtung zur Beseitigung allen Übels in der Welt" (*Watzlawick* 1975, S. 73).

Da das programmatische Vorgehen *Watzlawick*s die Sinnfrage selbst als Utopie bezeichnet, können keine Normen außer den gegebenen gelten. Alle Veränderer, von Thomas Morus über Rousseau bis hin zu den revolutionären Studenten in kalifornischen Universitäten, haben deshalb nach *Watzlawick* ein Syndrom. Auf der einen Seite appelliert er an die Psychotherapeuten, bei ihrer Arbeit zu bleiben, individuelles Leid zu mildern; kann es aber selbst nicht unterlassen, die dort beobachteten Gesetzmäßigkeiten auf gesellschaftliche und historische Zusammenhänge zu übertragen (Ideologie).

3. Die dritte Form der Fehllösungen sind die Paradoxien. Sie wurden bereits im Abschnitt über „double-bind" dargestellt.

Diese hier beschriebenen Problemlösungen nennt *Watzlawick* „Lösungen erster Ordnung".

5.2 Die Methode

Watzlawick nennt die Methode der Problemlösung die „Praxis des Wandels". Das methodische Vorgehen teilt er in vier Stufen:
1. *Eine klare und konkrete Definition des Problems.*
2. *Eine Untersuchung der bisher versuchten Lösungen.*
3. *Eine klare Definition des Behandlungszieles (der Lösung).*
4. *Die Festlegung und die Durchführung eines Planes zur Herbeiführung dieser Lösung.*

Eine klare und konkrete Definition des Problems. „Zugegebenerweise schließt die Konkretisierung leider nicht aus, daß dann eine Schwierigkeit übrig bleibt, gegen die kein Kraut gewachsen ist und mit der man zu leben lernen muß" (*Watzlawick* 1975, S. 135).

Bei der Untersuchung der bisher versuchten Problemlösungen geht es um die Unterscheidung von Problemen erster und zweiter Ordnung. Es soll ein praktisch erreichbares Ziel gefunden werden, das selbst keine Fehllösung oder ein utopisches Ziel darstellt (welche selbst wieder zu einer Pathologie werden können).

„Unserer Erfahrung nach entspricht die Fähigkeit eines Patienten ein konkretes Behandlungsziel entweder selbst anzugeben oder sich mit einem ihm vorgeschlagenen einverstanden zu erklären (gleichgültig wie groß und monolithisch ihm sein Problem auch vorkommen mag) meist auch seiner Willigkeit, sich auf eine begrenzte Behandlungsdauer festzulegen; in unserem Institut meist 10 wöchentliche Sitzungen" (*Watzlawick* 1975, S. 138).

Einer besonderen Rechtfertigung bedarf nach *Watzlawick* dieses Behandlungsziel nicht, weil sich hier der Kreis von Funktion und Dysfunktion reibungslos schließt. In der Abgrenzung zu anderen Konzepten, wie z. B. dem klassischen psychoanalytischen Konzept, ergibt sich für *Watzlawick* dann doch ein Rechtfertigungsdruck. Er führt als bessere Rechtfertigungsgründe an: das größere Tempo, die kürzere Behandlungszeit (Kosten) sowie die vermutete höhere Erfolgsquote. *Watzlawick* selbst kritisiert heftig die nach seiner Meinung überholten Zielvorstellungen des klassischen psychoanalytischen Konzeptes:

„Mit Ausnahme der Lehren Alfred *Adler*s, H. *Stack*s, *Sullivan*s und Karen *Horney*s neigen die meisten klassischen Schulen (wenn auch nicht notwendigerweise ihre individuellen Vertreter) dazu, utopische Ziele zu postulieren, wie z. B. genitale Libidorganisation, Selbstverwirklichung und dergleichen, von den zu Beginn dieses Kapitels erwähnten modernen und extremen Schulen ganz zu schweigen. Mit Behandlungszielen dieser Art kann die Psychotherapie zu einem endlosen Prozeß werden, für den die Bezeichnung humanistisch vielleicht, die Bezeichnung inhuman aber bestimmt zutrifft, was das konkrete Leiden der Hilfesuchenden betrifft. In Anbetracht der Ferne des Ziels wäre es unvernünftig, konkrete und rasche Behandlungsresultate zu erwarten, und mit akrobatischer, fast Orwellscher Logik wird das Konkrete damit als utopisch und die Utopie als Wirklichkeit hingestellt. Wenn z. B. ein neurotisches Symptom lediglich als die sprichwörtliche Spitze des Eisberges gesehen wird und wenn es sich trotz vieler Monate tiefenpsychologischer Behandlung nicht gebessert hat, so beweist dies die Richtigkeit der Annahme, daß menschliche Probleme ihre Wurzeln in den tiefsten Schichten des Unbewußten haben können, was dann seinerseits nahelegt, daß der Patient weitere und noch tiefergehende Analysen braucht. Utopische Lehren behalten immer recht, so oder so, und utopische Lösungen schaffen Zwangslagen, in denen es oft unmöglich wird, klar zwischen Problemen und Pseudoproblemen und zwischen Pseudoproblemen und Pseudolösungen zu unterscheiden" (*Watzlawick* 1975, S. 78).

Gerade an diesem Zitat wird deutlich, daß *Watzlawick* offenbar zur Begründung seines Konzeptes anderer Konzepte bedarf. Diese polemischen Angriffe zeigen aber, daß der Funktionalität ein klares Wertsystem zugrunde liegt.

In den Veröffentlichungen von *Watzlawick* kann man einen Beratungsprozeß nicht verfolgen, weil es offenbar kontinuierliche Lernschritte, wie wir sie aus anderen Konzepten kennen, nicht gibt. Die Veränderung von Dysfunktion zu Funktion ereignet sich spontan durch die Beratung oder wird hergestellt durch einen qualitativen Sprung von einer Interaktionsebene auf eine andere. Es geht *Watzlawick* offenbar darum, immer wieder diesen Sprung, das Umkippen, deutlich zu machen. Er schildert Therapiesituationen, in welchen durch einfache, präzise Verfahren dieser Sprung sich vollzieht. Es mag mit daran liegen, daß die Verfahren deshalb sehr oft, im Gegensatz zu denen anderer Konzepte, trickreich anmuten.

5.3 Die Verfahren

Aus den Verfahren werden drei als Beispiel ausgewählt, die, über die kommunikationstheoretischen Beratungskonzepte hinaus, Bedeutung erlangt haben.

5.3.1 Metakommunikation

Bei den Kommunikationsstörungen beschreibt *Watzlawick* die Metakommunikation als Verfahren. In der Metakommunikation wird die Kommunikation selbst zum Thema gemacht, d. h. die Teilnehmer an einer Kommunikation versuchen, sich über Interaktionsregeln klar zu werden, um so Störungen zu entdecken und beseitigen zu können.

Metakommunikation bei Störungen der Inhalts- und Beziehungsebene

Es entspricht der Grundannahme *Watzlawick*s, daß er den Beziehungsaspekt für wichtiger hält als den Inhaltsaspekt. Inhalte werden in ihrer Bedeutung nur von dem sich äußernden Subjekt her verstanden. Mit dieser Interpretation erweist sich *Watzlawick* als Subjektivist und interpretiert letztlich alle Äußerungen ihrem Wesen nach als Selbstäußerungen. Es gibt für ihn keine Möglichkeit, sich über Inhalte auszutauschen, sondern lediglich die, den anderen von Sachen Mitteilungen zu machen (wobei das „von der Sache" jeweils eine Botschaft enthält, wie diese zu verstehen ist).

Beispiel:
Wenn ein Ehepaar sich über das Haushaltsbudget unterhält, dann wird gleichzeitig mitgeteilt, d.h. davon gesprochen, was dieses Budget für die Beziehung bedeutet, d.h. wer wem welchen Anteil zugesteht.

Die Autoren beziehen ihre Beispiele in der Regel aus Paarbeziehungen, Eltern-Kind- oder Partnerbeziehungen, bei welchen die Beziehung auch in der Tat eine wesentliche Bedeutung hat. In solchen Beispielen läßt sich dann auch leicht nachweisen, daß der Inhalt unwesentlich ist und letztlich nur der permanenten Selbstdefinition dient.

Es ist daher in solchen Gesprächen sinnvoll, vom Inhalt abzugehen, die Kommunikation zu unterbrechen und die Beziehung selbst zum Gegenstand der Kommunikation zu machen. Um beim vorherigen Beispiel zu bleiben: Die Partner streiten in der Budgetdiskussion nicht mehr um Zahlen, sondern darüber, was die Zuteilung oder Verwaltung von Geld eigentlich für die wechselseitige Wertschätzung bedeutet.

In der Kommunikation von Partnern, die dauernd im Dialog ihre wechselseitige Bedeutung füreinander klären, stimmt die Aussage der Autoren sicher, daß der Beziehungsaspekt vorrangig ist. Wird Kommunikation jedoch derart auf den Beziehungsaspekt eingeengt, so wird, wie von *zur Lippe* (1975) richtig kritisiert, gerade die von der Kommunikationstheorie an der Psychoanalyse kritisierte Einseitigkeit wieder hergestellt. Alle Kommunikation dient unter diesem Aspekt dann letztlich der Selbstinterpretation. Diese läßt sich unentwegt variieren, wobei der jeweilige Partner zum Objekt der eigenen Selbstinterpretation wird. Gerade das, was mit dem Verfahren der Metakommunikation bewirkt werden soll, wird dann nicht erreicht, nämlich den wechselseitigen Geltungsanspruch der Partner zu entwickeln. Aber gerade dieser Bezug auf den Inhalt der Kommunikation, das „Wozu", kann von einem nicht endenwollenden Kreislauf von Selbstbehauptung und Fremdinterpretation wegführen. Bei der Hervorhebung des Beziehungsaspekts durch *Watzlawick* wird die Möglichkeit nicht bedacht, daß sich an einem Inhalt als gemeinsamem Ausgangspunkt die Kommunikations- und Beziehungsstruktur entwickeln kann. Partner, die Kommunikation im Rahmen einer Aufgabe erleben, definieren in der Regel ihre Kommunikation vom Inhalt her. Solidarität entsteht z. B. nicht nur durch wechselnde Akzeptierung des Selbstbildes durch andere, vielmehr wird die Kommunikation getragen durch den gemeinsamen Inhalt, auf den man sich verpflichtet weiß (z. B. Streik). Gerade die Inhalte bringen der Beziehungsebene dann eine tiefgreifende wechselseitige Bestätigung und Anerkennung, Beziehungskonflikte (wer was in diesem Fall zu vertreten hat) können auf den Inhalt bezogen geklärt werden. Bei Beziehungskonflikten werden dann die strittigen Inhalte analysiert. Das Verfahren der Metakommunikation hat auch in diesen Beziehungen zur Klärung von Konflikten eine wichtige Funktion, es kann jedoch einer Beziehung nicht zu neuen Inhalten verhelfen.

Metakommunikation bei Störungen der Interpunktion

Auch diesen Störungen begegnen die Autoren mit dem Verfahren der Metakommunikation. In der Beratung sprechen die beiden Kommunikationspartner über ihre Befürchtungen und Ängste, ohne den Kommunikationspartner als Verursacher des eigenen Verhaltens zu belasten. Sie werden dadurch in die Lage versetzt, zu erkennen, in welchem Maße z. B. ihre Befürchtungen (Beispiel: Gemieden zu werden, nicht genug gekocht zu bekommen) den anderen zu diesem Verhalten treiben. Wie dies oben bei den Kommunikationsstörungen auf der Beziehungs- und Inhaltsebene beschrieben wurde, ist dieses Verfahren in gestörten Partnerbeziehungen erfolgreich, wobei jedoch ein Interesse an der Aufrechterhaltung der Partnerschaft und der Klärung bestehen muß.

Wir können jedoch den Autoren nicht mehr folgen, wenn sie diese „Interpunktierung der Ereignisse" auch für gesellschaftliche Interaktionen, z. B. für das Wettrüsten und die Eskalation zum Krieg, als alleinige Erklärung herbeiholen. Die Komplexität gesellschaftlicher Entwicklungen und die Verteidigung eindeutiger Machtinteressen läßt sich nicht durch fehlerhafte Interpunktion (die zumal aus Kleingruppenerfahrungen auf gesellschaftliche Ereignisse übertragen wurde) erklären.

Metakommunikation und symmetrische oder komplementäre Kommunikationsabläufe

Bei den Beispielen zum 5. Axiom wird deutlich, daß, trotz der Betonung der „Nichtwertung" in diesem Konzept, gerade die Beschreibung der Störung von undiskutierten Bewertungen ausgeht.

Eine „folie à deux" („Verrücktheit zu Zweit") steht neben der Eltern-
beziehung, wobei selbstverständlich unterstellt wird, daß Eltern z. B. zu
einer bestimmten Zeit ihren Kindern Selbständigkeit zuzubilligen haben.
Hier gehen die Autoren von einer natürlichen Norm aus. Weit problema-
tischer wird es aber, wenn die Störungsbeispiele bei Ehebeziehungen analysiert werden, ohne Rückbezug auf die Reflexion lebensgeschichtlicher
oder kultureller Daten. Es ist nicht auszumachen, wann welche Art der
Komplementarität sinnvoll ist. Männliche und weibliche Rollen z. B. sind
komplementär. Die Rolleninhalte sind damit jedoch noch nicht bewertet,
diese Bewertung scheint uns jedoch Gegenstand der Auseinandersetzung. Diese kann sich nicht in der Metakommunikation der einzelnen
Paare allein vollziehen, sie ist eingebettet in kulturelle Normen, die ihrerseits befragt und geändert werden müssen, wenn eine Umwertung der
Bewertungen in der Kommunikation vollzogen werden soll.

Metakommunikation und paradoxe Kommunikation

Das Phänomen der Doppelbindung mit seinen paradoxen Kommunika-
tionsmustern ist nicht nur in Familien nachweisbar, sondern in vielen
Zwangssituationen, die hergestellt wurden und sich nicht naturwüchsig
entwickelt haben. Fragt man sich nach dem Sinn solcher Strukturen
(psychiatrische Klinik, Prüfungssituationen), so kann man in ihnen
einen verstärkten Zwang und Repressionen erschließen. Es erscheint uns
deshalb nicht ausreichend, über die Alogik zu philosophieren, sondern
darüber nachzudenken, ob diese Beziehung so strukturiert sein muß und
in wessen Interesse es liegt, daß eine solche unausweichliche Beziehung
aufrechterhalten wird. Bei aller Akzeptierung von sich selbst steuernden
Interaktionssystemen gibt es doch zu denken, daß bei der Aufhebung
von Zwangssituationen Patienten in relativ kurzer Zeit lernten, sich in
einer sozialen Umwelt zu arrangieren, ohne die Gesetzmäßigkeiten ihrer
kranken Interaktionsmuster auf die neue Situation zu übertragen. Paradoxe Kommunikationsmuster sind häufig bedrohlich und krankma-
chend. Verantwortlich hierfür scheint nicht allein die Alogik, die Verwi-
schung von Symbolen, sondern die Abhängigkeitsbeziehung, aus der es
kein Entrinnen gibt (vgl. *Basaglia* 1973).

5.3.2 Das Einsetzen neuer Regeln

Bei situativen Störungen in sonst tragfähigen Beziehungen sind die Teilnehmer in der Lage, über ihre Kommunikation zu reflektieren. Ist die Störung jedoch zu einem „Spiel ohne Ende" geworden, dann bedarf es eines Dritten, der, von außen kommend, dazu verhilft, zunächst einmal die neue Regel der Kommunikation gegenüber der gestörten Kommunikation durchzuhalten. Ein solcher Prozeß ist oft mühsam, nicht nur weil die alten Regeln geübter sind, sondern weil sie für die Betroffenen einen Sinn haben. Trotz der Schmerzen in der gestörten Beziehung scheuen die Kommunikationspartner oft die vom Berater angebotene neue Regel, weil sie nicht wissen, ob diese Form nicht noch schmerzlichere Erfahrungen, z. B. die Notwendigkeit der Trennung oder die Aufgabe eigener geliebter Positionen, bringen wird. Es gibt also auch im kommunikationstheoretischen Beratungskonzept Widerstände. Da eine gestörte Kommunikation nach *Watzlawick* von außen nicht betrachtet werden kann, sind die Betroffenen einer gestörten Kommunikation nicht in der Lage, neue Regeln zu finden. Es ist daher die Aufgabe des Beraters, nicht nur die Lösung erster Ordnung [6] aufzuhellen, sondern auch inhaltlich Rat zu geben, wie dieser Lösung zu entkommen ist. Ob diese Lösungswege gemeinsam erörtert werden, wie es zur Aneignung solcher Lösungsvorschläge durch die zu Beratenden kommt, erörtert *Watzlawick* nicht. Wesentlich scheint, daß diese Regeln zweiter Ordnung genau befolgt werden und damit auch Erfolg zeitigen.

5.3.3 Therapeutische Doppelbindung

Paradoxer Kommunikation soll bei diesem Verfahren mit paradoxen Interventionen begegnet werden. „Mit anderen Worten, was Menschen zum Wahnsinn treiben kann, muß sie letztlich auch aus dem Wahnsinn herausholen" (*Watzlawick* 1969, S. 224).

Eine Voraussetzung für den Einsatz dieser Verfahren ist die Doppelbindung. Diese therapeutische Doppelbindung ist das Spiegelbild einer pathologischen Doppelbindung.

---

[6] Lösungen erster Ordnung sind Lösungen, die selbst zu Problemen werden.

„1. Sie setzt eine enge Beziehung voraus, in diesem Fall die psychotherapeutische Situation, die für den Patienten einen hohen Grad von Lebenswichtigkeit und Erwartung hat.

2. In dieser Situation wird eine Verhaltensaufforderung gegeben, die so zusammengesetzt ist, daß sie (a) das Verhalten verstärkt, das der Patient verändern möchte, (b) diese Verstärkung als Mittel der Änderung hinstellt und (c) eine Paradoxie hervorruft, weil der Patient dadurch aufgefordert wird, sich durch Nichtändern zu ändern. Damit aber kommt er mit seiner Pathologie in eine unhaltbare Situation. Wenn er die Aufforderung befolgt, so kann er ,es' *nicht* mehr tun, er tut ,es' absichtlich, wodurch — wie wir zu zeigen versuchten — ,es' unmöglich wird und der Zweck der Behandlung erreicht ist. Wenn er der Aufforderung Widerstand leisten will, so kann er es nur durch nichtsymptomatisches Verhalten tun, womit der Zweck der Behandlung ebenfalls erreicht ist.

3. Die psychotherapeutische Situation hindert den Patienten daran, sich der Paradoxie zu entziehen oder sie dadurch zu zerreden, daß er sie zu kommentieren versucht. Obwohl die Aufforderung also unlogisch und absurd ist, ist sie eine pragmatische Realität; der Patient kann nicht nicht auf sie reagieren, doch gleichzeitig kann er auch nicht in seiner üblichen, symptomatischen Weise auf sie reagieren" (*Watzlawick* 1969, S. 225 f.).

Watzlawick erwartet beim Einsatz dieser Verfahren Kritik von Fachkollegen. Einmal widerspricht er dem klassischen psychoanalytischen Konzept, z. B. nicht am Symptom zu arbeiten. Dagegen versucht er sich durch Abwertungen abzusichern:

„Aber selbst im täglichen, wirklichen Leben begleitet Einsicht nur selten den ständigen Wandel in uns oder geht ihm gar voraus. Viel häufiger ändern wir uns und wissen nicht wieso" (*Watzlawick* 1969, S. 223).

Damit entwertet er die Verfahren, die Einsicht fordern. Andererseits wehrt er sich gegen moralische Beurteilungen von Verfahren, die Einsicht fordern.

Es geht uns in der Kritik an dem Konzept nicht um idealistischen Purismus bezüglich der Verteidigung individueller und kollektiver Selbstbestimmung. Ein derartig repressiv dirigistisches Verfahren jedoch müßte unseres Erachtens durch eine deutlichere Diagnose und Indikation begründet werden. Eine Rechtfertigung des Verfahrens scheint uns nicht gegeben, solange die Person des „Therapeuten" so unthematisiert außerhalb des Vorgangs bleibt. Wir vermissen, daß *Watzlawick*, wenn er schon Übertragung und Gegenübertragung ablehnt, wenigstens seine Axiome oder die Interaktionsregeln für diese Interaktion zwischen Berater und Klient analysiert und mögliche Störungen dieser Interaktion ins Auge faßt. Nach der bisherigen Darstellung von *Watzlawick* ist der Berater real „unbetroffen", ein scharf und logisch denkender Akteur, der die Verfahren kennt und beherrscht. Überträgt man jedoch dieses Modell, wie auch die Verfahren der therapeutischen Doppelbindung, auf institutionelle Situationen, in denen Double-bind-Situationen kennzeichnend sind (psychiatrische Anstalten, Strafanstalten), so kann man nur hoffen, daß die Mächtigen sich dieses Machtinstrumentes nicht bedienen oder politische Regeln diese am Einsatz solcher Verfahren hindern.

5.3.4 Die sanfte Kunst des Umdeutens

Dieses Verfahren beschreibt *Watzlawick* mit anderen, nicht streng abzusondernden Verfahren, in der Kategorie der Lösungen zweiter Ordnung. Die Heilung eines Stotterers: „Ihm wurde erklärt, daß er ein idealer Werbefachmann sei, denn Stotterern höre man aufmerksamer zu, während man das Gerede der Werbefachleute gern überhöre. Der Stotterer bemühte sich zu stottern und konnte nicht mehr stottern, weil er stottern mußte."

Es geht beim Umdeuten also darum, die Situation auf eine neue Interpretationsebene zu heben. (Dazu gehört auch die Symptomverschreibung, wie sie in der Verhaltenstherapie üblich geworden ist.)

Watzlawick bringt in der Beschreibung dieses Verfahrens auch die sogenannte „Konfusionstechnik". In der Kommunikation werden die Erwartungen nicht erfüllt, vielmehr entgegengesetzte unterstellt, damit wird der Kommunikationspartner überrumpelt.

Beispiel:
Ein Schauspieler berichtet von einem Kollegen, der in fremden Städten mit Vorliebe ohne Billet in der Königsloge Opernaufführungen beiwohnte. Er ging nach dem dritten Läuten würdigen und gelassenen Schrittes auf die Logentür zu. Streckte der Portier dort die Hand nach der Karte aus, so hob er in unnachahmlicher Geste die Hand und sagte höflich und bestimmt „Oh, vielen Dank", worauf der verblüffte Portier die Tür mit einer tiefen Verbeugung öffnete.

Watzlawick bringt viele Beispiele aus der politischen Strategie und aus der Therapie.

Für Sozialpädagogen ist anzumerken, daß in Machtauseinandersetzungen — das Umdeuten steht in der Regel im Dienste der verdeckten Durchsetzung von Machtansprüchen — auch Klienten dieses Umdeuten bestens beherrschen.

Beispiele:
Ein Ehepaar, das dem zuständigen Sachbearbeiter des Sozialamtes endlich die finanziellen Unterlagen über Ausgaben vorlegen sollte, nimmt das 5jährige, blasse, schlecht gekleidete Kind mit, das „den Onkel" beschäftigt, rührt und ihn von seinem Vorhaben abbringt.

Eine junge Prostituierte bringt zum Termin mit der jungen Sozialpädagogin einen Kunden mit und zur Vorsorge noch einen zweiten für die Sozialpädagogin, wie sie sagt: „Sie sind doch auch oft allein." Beim nächsten Termin entschuldigt sie sich mit dem Hinweis, es sei Monatsende und Zahltag gewesen, und solche Situationen könne man nicht auslassen.

Eine Bewährungshelferin muß ihren Klienten mit dem drohenden Widerruf konfrontieren, er antwortet darauf: „Sie sind verteufelt hübsch, wenn Sie so ernst dreinschauen."

Das Umdeuten dieser Umdeutungen selbst würde nach unserer Auffassung zu einem Spiel ohne Ende, einem Spiel der Macht: „Wer fängt wen, wie" führen. Unserer Auffassung nach ist dem nur durch Metakommunikation zu entkommen, in welcher nicht nur das Wie der Kommunikation geklärt wird, sondern auch — entgegen *Watzlawick* — deren Ziel und Inhalt, was gleichbedeutend ist mit dem Sinn dieser spezifischen Kommunikation.

Die Forschungen über gestörte Kommunikation haben wichtige Ergebnisse für den besonderen Kommunikationsablauf in Familien gebracht. D. h. ihre Ergebnisse, die Arbeitsweise und die Frage nach dem „Wie" sind sinnvoll, wenn der „Sinn" dieser Kommunikation, z. B. in Familienoder Eheberatung, nicht problematisiert wird, d. h. wenn die Teilnehmer in diesen Gruppen ihre Zugehörigkeit nicht in Frage stellen. Für Kommunikationszusammenhänge in anderen Strukturen ist jedoch deren Sinn und Inhalt verstärkt einzubeziehen.

Ungestörte Funktionsfähigkeit als solche ist noch keine ausreichende Rechtfertigung für den Einsatz von Verfahren der Kommunikationstheorie. Es darf nicht übersehen werden, daß auch *Watzlawick* seine Rechtfertigung letztlich mit einem ärztlichen Ethos abdeckt, d. h. er rechtfertigt seine Verfahren letztlich mit dem „Heilungserfolg". Gerade diese Zielsetzung kann nicht einfach auf sozialpädagogisches Handeln übertragen werden. Werden die Verfahren aus dem therapeutischen Kontext gelöst, bedürfen sie einer weiterführenden Rechtfertigung, sonst werden sie zur Manipulation.

Dazu ein Beispiel von *Watzlawick* (1977, S. 101):

„Mein Kollege *Fisch* stand als psychiatrischer Berater in einem Heim der Jugendbehörde kürzlich vor folgendem Problem: Ein zwölfjähriger Heiminsasse pflegte den Unterricht durch dauerndes Schwätzen und anderes undiszipliniertes Verhalten zu stören. Zur Strafe wurde er dafür gewöhnlich auf sein Zimmer geschickt und, da er sich weigerte, drinzubleiben, dort eingesperrt. Seit einigen Tagen hatte er damit begonnen, mit Fäusten und Stiefeln gegen die verschlossene Tür zu trommeln, bis er wieder herausgelassen wurde — wenn nötig auch stundenlang. Alles Zureden und alle Drohungen verpufften. Den Aufsehern blieb als *ultima ratio* dann nur die Isolierzelle im Keller. Der Junge brachte es aber fertig, sein durch das ganze Gebäude hörbares Trommeln auch dort fortzusetzen. Die Lage wurde insofern kritisch, als der Junge eben wegen seiner Unerziehbarkeit ins Heim eingewiesen worden war, und sich nun auch die Heimbehörde seinem Verhalten gegenüber hilf- und ratlos erwies. Man wandte sich daher an meinen Kollegen in der immerhin plausiblen Annahme, daß es sich bei diesem Jungen um ein ‚psychiatrisches Problem‘ handeln mußte. Mein Kollege dagegen sah es als ein Interaktionsproblem zwischen den Heiminsassen und den Aufsichtspersonen und deutete die Situation für den Jungen dadurch von Grund auf um, daß er den Kindern ein Spiel vorschlug: Alle sollten schätzen, wie lange der Bestrafte sein Trommeln fortsetzen würde. Als Preis für die genaueste Schätzung schrieb er eine Flasche Coca-Cola aus. Was er damit in der einen oder anderen Weise zu erreichen hoffte, trat rasch ein. Einer der Jungen stahl sich aus der Klasse, lief zum Kellerfenster der Isolierzelle und rief hinein: ‚Bitte trommle noch sieben Minuten länger, dann gewinne ich eine Flasche Coca-Cola!‘ Das Trommeln verstummte.“

Watzlawick fragt in diesem Beispiel nur danach, wie in diesem Heim das störende Trommeln abgestellt werden könnte. Er fragt nicht nach dem Sinn dieses Trommelns für den Jungen in der Interaktion mit dessen Erziehern. Nach der Berechtigung dieses Protestes wird nicht gefragt, auch nicht nach der Bedeutung von Protesthandlungen für die Entwicklung von Jugendlichen. Es wird ebensowenig danach gefragt, welches Erziehungsziel angestrebt wird, wenn, wie hier, dieser Junge zum „Objekt" eines Spieles gemacht wird, bei dem dann ein Coca-Cola erworben werden kann, wenn er sich selbst aufgibt.

Weiterführende Literatur

Mandel, A./Mandel, K. H./Stadter, E./Zimmer, D.: Einübung in Partnerschaft, München 1971.
Die Autoren wenden das kommunikationstheoretische Konzept in der Partnertherapie an. Allerdings wird es erweitert durch die Verhaltenstherapie. Auch wird die Lebensgeschichte der Partner in den Therapieprozeß einbezogen.

Schülein, J. A.: Psychotechnik als Politik, Frankfurt 1976.
Schülein hat wohl die umfassendste Kritik am Konzept der Kommunikationstheorie erstellt. Er hat sich insbesondere mit dem politischen Anspruch der Autoren auseinandergesetzt.

Haley, J.: Direktive Familientherapie, Strategien für die Lösung von Problemen, München 1977.
Der Autor gehört zu der Gruppe von Therapeuten, die versuchen, die Ergebnisse der Kommunikationstheorie anzuwenden. Die Begründung und Rechtfertigung der vorgeschlagenen Interventionen sollten für den Bereich der Sozialpädagogik noch sorgfältig diskutiert werden.

6 Interventionen in ausgewählten Beratungssituationen

6.1 Erziehungsberatung

6.1.1 Die materiellen Rahmenbedingungen

Organisation und Aufbau der Stellen

Die Erziehungsberatungsstellen sind Institutionen der Jugendhilfe. Die Errichtung solcher Stellen gehört zu den Pflichtaufgaben der Jugendämter (§ 28 KJHG). Die Erziehungsberatung, wie wir sie heute in ihrer Organisation vorfinden, entstand nach dem 2. Weltkrieg in Anlehnung an die Child Guidance Kliniken in den USA. Sie ist in ihrer Arbeitsweise stark an diesem Modell, das eigentlich ein medizinisches ist, orientiert. Kinderpsychiater, Psychologen und Sozialarbeiter arbeiten in einem Team.

Die Verordnung für die Erziehungsberatungsstellen legt diese Teammitglieder fest. Sie bestimmt auch den weiteren Handlungsrahmen. Bei der Erstellung dieser Richtlinien haben die ersten (in Bayern tätigen) Mitarbeiter von Erziehungsberatungsstellen mitgewirkt. Sie konnten von daher gesehen ihren erprobten Handlungsrahmen legitimieren lassen. Die Erziehungsberatungsstellen strukturieren ihr Vorgehen durch ihre methodische Arbeit. Es sind dies im Ablauf: die Anamneseerhebung, psychodiagnostische Untersuchungen, Elternberatung und − wenn notwendig − auch Kindertherapie. Die Erziehungsberatung ist allein den Eltern verpflichtet.

Von der Konzeption her gesehen sind die Erziehungsberatungsstellen überwiegend an psychologisch-psychotherapeutischen Konzepten orientiert. Die materielle Ausstattung der Erziehungsberatungsstellen liegt, wenn man die Etatmittel mit den Fallzahlen in Verbindung bringt, erheblich über der anderer Jugendhilfestellen, die ambulante Betreuungsarbeit leisten. Die Mitarbeiter arbeiten in der Regel in einer räumlichen Atmosphäre, die der Zielsetzung entgegenkommt. Der Behördencharakter ist weitgehend vermieden, die Möblierung ist möglichst dem Geschmack der (Mittelschichts-)Klienten angepaßt. Jeder Mitarbeiter hat die Möglichkeit, allein mit seinem Klienten zu sprechen. Klare zeitliche Terminvereinbarungen und Zeiteinteilung verhindern das typische Warten in den Fluren. Allerdings kann der Klient auch nicht jederzeit seine Probleme vorbringen. Er muß warten können, er muß die Äußerung seiner Probleme auf eine bestimmte Zeit verschieben können, die ihm dann jedoch voll zur Verfügung steht (z. B. Donnerstag, 17.00 Uhr).

Die Erziehungsberatungsstellen haben einen hohen Zeit- und Personalaufwand, den sie in ihren Jahresberichten immer wieder rechtfertigen müssen. Als Argumente findet man: die Schwierigkeit der Störung, die eine sorgfältige Abklärung diagnostischer Art notwendig macht; die oft sehr lang eingefahrene Fehlhaltung, die dementsprechend auch eine länger andauernde Therapie braucht, und last not least die Beliebtheit der Erziehungsberatungsstellen, die sich darin zeigt, daß die Ratsuchenden oft lange Wartezeiten in Kauf nehmen.

6.1.2 Die Beziehung von Sozialpädagoge – Klient

Bei der Erziehungsberatung ist nun, was die äußere Beratungssituation angeht, eine optimale Situation geschaffen (Ratsuchender – Berater – Beratungsproblem, vgl. *Hornstein* 1976). Der grobe Rahmen für die inhaltlichen Probleme ist abgesteckt, es geht um Hilfen in Erziehungsschwierigkeiten. Die Mitarbeiter verfügen über Fachkompetenz, die Ratsuchenden suchen von sich aus die Beratungsstelle auf. Auf diese freiwillige Mitarbeit wird größter Wert gelegt. Der Sozialpädagoge in der Erziehungsberatung ist mit seiner Art der Arbeit und damit auch mit seinen Interventionen in die Gesamtkonzeption eingebunden.

Um praktische Interventionen beschreiben zu können, soll eine Beratungssituation geschildert werden.

Beispiel:
Eine Kindergärtnerin wendet sich an die Erziehungsberatungsstelle: „Können Sie sich um den Jungen Peter kümmern. Ich selbst kann keine Lösung mehr für seine Schwierigkeiten finden." Die Sozialpädagogin wird, geleitet von den der Konzeption entsprechenden Prinzipien der Eigenmotivation, der Kindergärtnerin sagen, daß sie bereit ist, mit den Eltern und dem Kind zu arbeiten, wenn diese bereit sind, sich von sich aus an die Erziehungsberatungsstelle zu wenden.

Die Aktivierung der Mutter für den Besuch bei der Erziehungsberatungsstelle ist somit Sache der Kindergärtnerin. Es hängt nun weniger vom Konzept als vom professionellen Selbstverständnis der Erziehungsberatungsstelle, als einer Stelle unter den Institutionen der Jugendhilfe ab, ob diese Sozialpädagogin die Kindergärtnerin noch berät, wie die Mutter aktiviert werden kann oder wie sie selbst die Situation entspannen kann. Die Sozialpädagogin muß jedoch der Kindergärtnerin sagen, daß der Arbeitskontakt zwischen den Eltern und der Erziehungsberatung geschlossen wird und die Kindergärtnerin nur insoweit in die Beratungssituation mit einbezogen werden kann, wie dies die Eltern ihrerseits wünschen oder erlauben.

Die psychologisch-therapeutischen Konzepte haben als Grundbestandteil diese Ausschließlichkeit und Vertraulichkeit der Beziehung, ohne die die weiteren Interventionen sinnlos werden.

Der weitere Verlauf hängt nun davon ab, ob es der Kindergärtnerin gelingt, die Mutter zu aktivieren. Sie kann der Mutter einsichtig zu machen versuchen, daß das Kind schwierig ist und daß die Erziehungsberatung in solchen Fällen kompetentere Hilfe anbieten kann als die Kindergärtnerin selbst. Sie kann die Mutter um Unterstützung über die Erziehungsberatungsstelle für ihr eigenes Handeln bitten.

Sie kann die Mutter aber auch unter Druck setzen: „Wenn Sie nicht an die Erziehungsberatungsstelle gehen, dann halte ich es nicht mehr aus" oder „dann ist ihr Kind in der Kindergruppe nicht mehr tragbar". Erlebt die Mutter die Anregung der Kindergärtnerin als Hilfe, dann wird sie sich an die Erziehungsberatungsstelle wenden; sie ist motiviert[1].

Klienten, die die Erziehungsberatungsstellen aufsuchen, sind demnach in der Lage, sich teilweise soweit von ihrer Verflechtung in die konkrete Konfliktsituation zu distanzieren, daß sie diese als konflikthaft in einem Gespräch darstellen können und dies zu einer bestimmten, vorher festgelegten Zeit. Sie sind gleichsam in der Lage, ihre Konflikte zu organisieren und zu kanalisieren, so turbulent und eingefahren die Situation auch sein mag. Vergleichende Untersuchungen haben ergeben, daß diese Organisation von Konflikten Mittelschichteltern leichter fällt als Unterschichteltern. Demnach ist auch die Population der Erziehungsberatungsstellen weitgehend von Mittelschichteltern geprägt.

---

[1] Die Korrelation von Motivation und Beratungserfolg ist, unabhängig von der Provenienz der Methoden, hoch. D. h. in allen empirischen Untersuchungen über Erfolge von Institutionen oder Behandlungskonzepten kann nur über diejenigen eine Aussage gemacht werden, die sich dieser Behandlungsmethode unterziehen. Wenn behandelte und nicht behandelte Gruppen verglichen werden, so wäre noch zu unterscheiden, ob die unbehandelten Klienten auch bereits motivierte Klienten waren.

Die Sozialpädagogin ist in der Erziehungsberatungsstelle in der Regel zuständig für alle Außenkontakte der Erziehungsberatungsstelle zu anderen Institutionen, für Anamneseerhebung, einen Teil der Elternberatung und – wenn sie sich dafür weitergebildet hat – für die Betreuung von Kindern.

6.1.3 Die Intervention in der Eingangssituation

Ist nun eine Mutter, wie oben beschrieben, motiviert, in die Erziehungsberatungsstelle zu kommen, um über ihre Probleme zu sprechen, so kann die Sozialpädagogin das Gespräch einleiten mit der Frage: „Was führt Sie zu uns?" oder „Was möchten Sie mit uns besprechen?" Die Erziehungsberatungsstellen sind in der Regel psychoanalytisch, zumindest entwicklungspsychologisch, orientiert. Neben der Abklärung der aktuellen Konfliktsituation ist die Lebensgeschichte zu erfragen; bei der psychoanalytischen Orientierung werden die Daten der frühen Kindheit erfragt.

Die Interventionen bei dieser Anamneseerhebung sind nun wieder davon abhängig, ob das Schwergewicht auf der Abklärung der sozialen Sachverhalte liegt, die einem anderen Mitarbeiter weitergegeben werden, oder ob es darum geht, ein Eingangsgespräch so zu führen, daß es den Auftakt zu einer länger dauernden Beratungsphase bildet. Das hängt davon ab, welche Funktion der Sozialpädagogin in diesem Rahmen zugebilligt wird. Im ersten Fall, der Erhebung einer sozialen Anamnese, bleiben die Fragen stärker am Konflikt, d. h. es sind Fragen auf der Inhaltsebene. Dem Ratsuchenden muß am Anfang des Gespräches offengelegt werden, daß die Sozialpädagogin in diesem Gespräch eine bestimmte Aufgabe hat und daß die weitere Behandlung dann durch einen anderen Mitarbeiter des Teams erfolgt, damit sich die Mutter darauf einstellen kann.

Der inhaltliche Mittelpunkt ist die Symptomatik und deren Entstehungsgeschichte. Die Fragen richten sich nach der psychologischen Logik des Konfliktes. In einer psychoanalytisch orientierten Beratungsstelle zielen die Fragen nach der Entwicklung in der frühkindlichen Phase (z. B. beim kindlichen Diebstahl Fragen nach der Entwicklung in der oralen Phase, nach Eßgewohnheiten, Gewichtszunahme, Zärtlichkeit, möglicher und erwarteter Zuwendung).

Von einem Interview unterscheidet sich ein solches Gespräch durch seine Intention zur Selbstreflexion. Die Fragen dienen der Information, regen jedoch die Mutter an, den Zusammenhängen selbst nachzusinnen, Verbindungen herzustellen, Fragen nach Problembereichen zu stellen. Die Befragung muß immer wieder durch Begründungen der Sozialpädagogin unterbrochen werden, mit denen sie erklärt, warum sie diese Frage in einem psychologisch-logischen Zusammenhang stellt.

Die detaillierten Fragen bringen, wenn die Mutter nicht vorher schon unter starkem seelischen Druck steht, Gefühle und Empfindungen, die nach Äußerung drängen. Die Interventionen, die auf die Abklärung des Problems gerichtet sind, müssen daher begleitet werden von Interventionen, die die Gefühlslage der Mutter verstehend reflektieren, dies gelingt z. B. durch Techniken der VEE (vgl. Kap. 4.2.2). Bei dieser Technik im ersten Anamnesegespräch ist jedoch darauf zu achten, daß die verstehenden Antworten auf einem „oberen Level" bleiben und die emotionalen Probleme nicht zu tief berührt werden. Die Absicht nämlich, zu möglichst brauchbaren Informationen über das Kind zu kommen, läßt sich nicht mit der Aufarbeitung der emotionalen Probleme der Mutter in einem Gespräch vereinigen. Die Bevorzugung spiegelnder Rückfragen gegenüber Inhaltsfragen zum Problem führt von der Intention ab. Die Verbalisierung von emotionalen Erlebnisinhalten hat in der Anamnese stützenden Charakter. Es wird akzeptiert, daß die besprochenen Themen die Mutter emotional betreffen. Zu diesem Zeitpunkt können jedoch die Probleme selbst nicht bearbeitet werden. Die Anamnese ist ein problemorientiertes Gespräch und dient zunächst der diagnostischen Abklärung. Techniken, wie die freie Assoziation, das freie Sichaussprechen, sind in dieser Situation *nicht* indiziert, weil das „Zuviel" an Preisgabe im Erstgespräch eher belastend als entlastend für die weitere Beziehung wirkt. Die Mutter kann in einer solchen Erstsituation noch nicht wissen, wie der Gesprächspartner reagiert und ob er bereit ist, sie in dem Ausmaß, wie sie es nötig hat, zu akzeptieren.

Die Gestaltung der Intervention in bezug auf die Beziehungsebene

Der Sozialpädagoge in der Erziehungsberatungsstelle kann sich in seiner Beziehung zum Klienten, gesichert durch die Institution, öffnen. Der Klient kann alles sagen. Die Informationen gehen, ohne seine Zustimmung, nicht aus der Erziehungsberatungsstelle hinaus. Daher ist ein relativ hohes Maß an Offenheit institutionell abgesichert. Da die Beziehung keine länger andauernde, geschweige denn eine Übertragungsbeziehung intendiert, wird der Sozialpädagoge seine Funktion innerhalb des Gesprächs immer wieder situationsangemessen artikulieren: „Ich frage das, weil ...; „Für die weitere Bearbeitung durch den Kollegen ist es wichtig zu wissen ..."; „Meine Aufgabe innerhalb der Stelle ist ...". Mit der Äußerung eigener Betroffenheit wird er in der Erstsituation zurückhaltend sein, weil er noch nicht wissen kann, wie der Klient auf solche Informationen reagiert. Unklare Interventionen, z.B. „interessant", ein vieldeutiges „Hm" oder „Aha" im Sinne von „da haben wir es", sollte er vermeiden. Solche Interventionen lassen den Klienten im unklaren, fordern dessen nicht förderlichen Phantasien über die möglichen Schlußfolgerungen des Sozialpädagogen heraus.

Ein Anamnesegespräch in dieser Weise abzugrenzen ist schwierig. Gerade die Intensität auch abklärender Fragen reißt so viel an emotionalen Problemen an, daß es, unabhängig von den klärenden Interventionen zur Beziehung, kaum als abgeschlossen gelten kann. Gerade in diesem Erstgespräch ereignet sich soviel in bezug auf beginnende Reflexion, die ja nicht unabhängig vom Berater ist, so daß viele Erziehungsberatungsstellen von der früheren klassischen Trennung abgehen. Nach Vorabklärung der Problematik wird die Erhebung der Anamnese in der Regel von den Mitarbeitern durchgeführt, die nach der diagnostischen Abklärung auch die Beratung der Eltern durchführen.

Selbstreflexion des Sozialpädagogen

Zu jeder Form der Intervention gehört die Reflexion, die nachträgliche Überlegung über das Was und Wie des Ablaufs: „Habe ich das erreicht, was ich wollte?", „Wie hat der Klient darauf reagiert?" — aber auch die Selbstreflexion über die „eigenen Anteile" am Gespräch, über Art und Ausmaß der Selbstbetroffenheit. Das ist eine Form psychoanalytischer Technik, die Gegenübertragung zu steuern, die uns unabdingbar erscheint. Die Teamarbeit in der Erziehungsberatung erlaubt in der Regel dieses „Sichaussprechen" zur Klärung der eigenen Position und der eigenen Emotionen in fest geregelten Teamsitzungen.

Das Anamnesegespräch wurde gewählt, weil es das Eingangsgespräch in der Erziehungsberatung darstellt. Die Anamnese ist im Kontext des Behandlungsablaufes begründet und gerechtfertigt. Inwieweit einzelne

Bereiche im Detail „überzogen" erfragt werden und mehr dem Ausweis wissenschaftlicher Gründlichkeit als der sozialpädagogischen Zielsetzung entsprechen, müßte im einzelnen untersucht werden. Die detaillierte Erfassung von Sachverhalten ist im therapeutischen Kontext gerechtfertigt, sie kann in ihrem pädagogischen Sinn jedoch total verkehrt werden, wenn sie als Kontrollinstrument frei verfügbar in Akten eingeht.

6.2 Krisenintervention bei Verdacht auf Kindesmißhandlung

6.2.1 Rahmenbedingungen

Eine der persönlich und fachlich belastendsten Situationen für den Sozialpädagogen ist die Intervention bei drohender Gefährdung des Kindes durch Kindesmißhandlung.

Beispiel Kindertagesstätte:
Eine Sozialpädagogin stellt fest, daß ein 11jähriges Mädchen blutunterlaufene Stellen hat, die – so vermutet sie – nicht von einem Sturz herrühren können, sondern die Folge von Schlägen sind. Das Kind ist still, verschüchtert und zurückgezogen. Von der Mutter weiß die Sozialpädagogin, daß sie sich vor kurzem scheiden ließ und erst vor einem Jahr in den Bezirk zugezogen ist. Die Mutter, von der Sozialpädagogin angesprochen, wehrt heftig ab. Nach dem Gesprächsversuch fehlt das Kind zwei Tage. Ein Anruf bei der Dienststelle der Mutter ergibt, daß sich diese krank gemeldet hat. Die Frage entsteht: „Sind Mutter und Kind gefährdet?" Die Sozialpädagogin wendet sich an das Jugendamt. Das Jugendamt bittet auf alle Fälle den Sozialpädagogen der Familienfürsorge um einen Hausbesuch und Bericht. Solche kontrollierenden Eingriffe und Interventionen bedürfen einer sorgfältigen Begründung und Rechtfertigung.

6.2.2 Zur psycho-sozialen Situation bei der Kindesmißhandlung

Ambivalente Beziehungen, d. h. Wünsche der Trennung, Ablehnung etc. finden sich in jeder konflikthaften Eltern-Kind-Beziehung. Ob die Einstellung zu einem Kind sich positiv entfalten kann, hängt auch von den äußeren Bedingungen der Sozialisation ab. Todeswünsche, aggressives Verhalten gegenüber Kindern sind, das hat die Psychoanalyse gezeigt, meist unbewußte Faktoren der konflikthaften Eltern-Kind-Beziehung. Ihr Durchbruch in körperliche Mißhandlung des Kindes ist abhängig von den Bedingungen des Lebenszusammenhanges, die eine Verarbeitung oder wenigstens Verdrängung nicht mehr ermöglichen. Direkte Kindesmißhandlungen finden sich von daher gesehen häufig im Unterschichtsmilieu (*Mende/Kirsch* 1968, *Biermann* 1969). Wie beim Beispiel der Erziehungsberatung schon aufgezeigt wurde, ist gerade in der akzeptierenden therapeutischen Situation die Bearbeitung solcher Gefühle und Wünsche möglich. Die nicht verurteilende Haltung gibt die Chance, sich mit solchen aggressiven Regungen auseinanderzusetzen.

Nach einer solchen Durcharbeitung darf erwartet werden, daß die Mutter aus der neu gewonnenen Einsicht Konsequenzen für ihr Verhalten gegenüber dem Kind zieht. Hier zeigt sich wieder die unterschiedliche Chance der Konfliktverarbeitung von Mittelschichteltern gegenüber Unterschichteltern. Die Bedrängnis durch die Lebensbedingungen erschwert der Unterschichtmutter diese Distanzierung. Sie neigt dazu, sich in Überlastungssituationen direkt abzureagieren, und zwar an jenem Mitglied ihrer Familie in ihrem Lebensraum, das sich am wenigsten gegen den Druck wehren kann. Ein solcher Abklärungsprozeß, wie in der eben beschriebenen psychischen Situation, sollte sich eigentlich in der Beratung mit dem Klienten vollziehen. In der geschilderten Krisensituation, die dem Sozialpädagogen vorgelegt wird, dient eine solche Überlegung allein ihm – zu seiner Vorbereitung auf das Gespräch.

Kindesmißhandlungen, das ist augenfällig, sind direkt gefährdend für das Kind. Ihre psychologische Wirkung auf die Eltern-Kind-Beziehung wurde lange Zeit überschätzt. Die Abhängigkeit des Kindes von seinen Eltern führt dazu, daß diese den Eltern weit mehr Macht und Machtmißbrauch zugestehen, als Erwachsene dies zu akzeptieren vermögen. Auch eine schwere Kindesmißhandlung muß noch nicht bedeuten, daß das Kind den Wunsch verspürt, sich von diesen Eltern zu trennen. Es muß auch bei Kindesmißhandlungen die Beziehung zwischen Eltern und Kind gesehen und respektiert werden; das Kind kann nicht nur als hilfloses Opfer behandelt werden, sondern muß in die Überlegung der Trennung oder Nichttrennung mit einbezogen werden.

In die Überlegungen wird der Sozialpädagoge immer die schmerzliche Erkenntnis einbeziehen müssen, daß dieser Hausbesuch eine Intervention ist, die im Grunde viel zu spät kommt, nicht im Sinne eines persönlichen Schuldeingeständnisses, aber eines Eingeständnisses der mangelnde

Reichtweite des sozialpädagogischen Handelns. Es darf angenommen werden, daß die erzieherischen Hilfen für Mutter und Kind zu spät kommen, d. h. sie waren nicht früh genug da, um diese Eskalation zu verhindern. Es ist auch zu spät in dem Sinne, daß für das Kind dieses Erlebnis nicht vermieden werden konnte.

In die Gefühlslage des Sozialpädagogen gehen, bei der Übernahme eines solchen Auftrages, Zorn und Empörung mit ein und mischen sich mit realer Furcht vor dieser unüberschaubaren Situation. Es ist deshalb notwendig, diese Gefühle zu reflektieren, damit sie nicht die Situation strukturieren. Die vielleicht moralische Empörung des Sozialpädagogen über die Mutter oder die Wut über die Verhältnisse, die die Mutter in diese Situation treiben, können ihr in diesem Zusammenhang keine Hilfe bringen.

Die Reflexion vor dem Hausbesuch dient zunächst der emotionalen Sicherheit und Stabilisierung des Sozialpädagogen. Dem Klienten kommt dies insofern zugute, als der Sozialpädagoge nicht mit moralischem Zorn oder mit einer Vorwurfshaltung diesen Auftrag bewältigt. Kann der Sozialpädagoge seinen Auftrag soweit akzeptieren, so ist damit die Situation für die Mutter noch nicht entlastend. Die Einsicht in die mögliche Konfliktkonstellation und die Kontrolle der eigenen Affektlage ist in dieser so asymmetrischen Situation zunächst ein Machtzuwachs für den Sozialpädagogen. Sie unterstützt den beruflichen Auftrag und gibt ihm ein Stück persönlicher Sicherheit. Alle Geschicklichkeit des Sozialpädagogen in der Gesprächsführung erhöht in dieser Situation seine Dominanz. Ein solches Gespräch kann nicht vorstrukturiert werden durch mögliche Interventionen, da völlig ungewiß ist, ob dem Sozialpädagogen eine kranke, eine niedergeschlagene, eine heftig sich wehrende oder eine Hilfe erwartende Mutter gegenübersteht. Doch gerade in solchen nicht zu strukturierenden Situationen ist es notwendig, sich Leitlinien für ein Gespräch klar zu machen:

- Das Gespräch dient der Abklärung der Situation, d. h.: Ist das Kind augenblicklich gefährdet? Wie ist seine Versorgungs- und Lebenssituation? Wie ist seine Beziehung zu seiner Mutter?
- Muß das Kind sofort aus der Familie herausgenommen werden oder kann es vorläufig bleiben?
- Das Gespräch hat nicht die Schuldfrage zu klären, denn das obliegt dem Gericht.

- Die Mutter bleibt auch dann, wenn sie augenblicklich nicht in der Lage ist, ihre Rolle auszufüllen, die Person, an der das Kind die eigene Identität entwickelt. Jede Demütigung und Kränkung der Mutter trifft deshalb auch das Kind und kann Schädigungen setzen, die schwerer wirken als eine übermäßige körperliche Züchtigung.
- Die Mutter muß auch in der für sie belastenden Situation die Möglichkeit behalten, ihre Identität als Mutter und ihre Beziehung zu ihrem Kind zu verteidigen.

6.2.3 Interventionen

Die einzelnen Interventionen im Gespräch haben sich an diesen Leitlinien zu orientieren. Die Sozialpädagogin hat in dieser Situation zwar einen Auftrag vom Jugendamt, sie hat aber auch hier noch die Unverletzlichkeit der Wohnung zu wahren und die Mutter nach dem Klingeln zu bitten, daß sie sie zu einem Gespräch in die Wohnung läßt.

Beispiel (Gesprächsabschnitt):
Sp.: „Ich komme vom Jugendamt. Von der Sozialpädagogin haben wir gehört, daß Ihr Töchterchen krank ist. Wir sind besorgt, weil sie in der letzten Zeit sehr verhaltensauffällig war, und ich möchte mich erkundigen und sehen, wie es ihr geht."
M.: „Kümmern Sie sich doch um die Kinder anderer Leute. Bisher hat das Jugendamt mir auch nicht geholfen. Das mit dem Schlagen des Kindes ist eine Lüge, die sich die Kindergärtnerin ausgedacht hat.
Sp.: „Nach dem, wie das Kind aussah, hat die Kindergärtnerin tatsächlich gefürchtet, daß es vermehrte Spannungen zwischen Ihnen und dem Kind gibt, die Sie nicht bewältigen."

In diesem kurzen Eingangsdialog wird deutlich, daß der Sozialpädagoge nicht auf die aktuelle emotionale Lage, nämlich die Aggressivität und Ablehnung eingeht, sondern die Frage nach dem Kind und dessen Ergehen in den Vordergrund stellt und die Mutter auffordert, zum Ergehen des Kindes selbst Stellung zu nehmen. Sozialpädagogen, die gewohnt sind, „klientenzentriert" zu arbeiten, widersprechen solchen Interventionen mit dem Hinweis, daß die Mutter an dieser Stelle als Person mit ihrer emotionalen Lage nicht akzeptiert wird.

Das Eingehen auf die Affekte wäre in verschiedener Weise möglich:
1. Die unkontrollierte affekt-reziproke Antwort wäre die: „Sie wissen sehr genau, daß ich zu Recht da bin." Eine solche Antwort würde die Eskalation eines Wortgefechtes einleiten, das der Situation nicht nützt. Die Zurückweisung, mit dem Hinweis auf den amtlichen Auftrag, kann auch die Situation nicht entspannen, sie gibt dem Sozialpädagogen einen „kleinen Vorsprung" durch Einschüchterung.

2. „Sie sind überrascht und verärgert, daß man ihnen solche Behandlungsweisen unterstellt." Die meisten in Gesprächsführung geschulten Sozialpädagogen bevorzugen in dieser Situation das verstehende „Unterlaufen". Durch diese Intervention wird die Mutter auf sich selbst zurückgeworfen, sie muß sich jetzt mit ihren Gefühlen des Ärgers, auch mit ihrer Angst beschäftigen. Die Person, die sie angreifen wollte, bringt ihr Verständnis entgegen. Ihre Angriffe kommen nicht an, sie fällt gleichsam in Watte. Es wird der Mutter nicht abgenommen, daß sie in der Lage ist, sich aktiv gegen Übergriffe des Jugendamtes zur Wehr zu setzen, sich zu verteidigen. Mit dieser therapeutischen Antwort wird das Sich-Wehren zur psychologischen Abwehr als Ausdruck von Schuldgefühlen umgedeutet. Fragt man sich, in wessen Dienst diese Intervention und die damit vollzogene Wendung der Interaktion steht, so wird unmittelbar deutlich, daß sie geeignet ist, dem Sozialpädagogen die Arbeit zu erleichtern. Es ist eine Form der „Geschicklichkeit" in der Gesprächsführung, die auch in der Literatur oft gepriesen wird. Junge Sozialpädagogen und Studenten nennen diese Form der Anwendung unverhüllter die „nützlichen Tricks" oder das „Schmieröl", mit dem sie verhindern, aus der Wohnung geworfen zu werden. Abgelöst von der Zielsetzung steht hier die akzeptierende und verstehende Grundhaltung im Dienste der Durchsetzung des Sozialpädagogen. Die Reflexion solcher Verhaltensweisen macht deutlich, daß Sozialpädagogen, die helfen wollen, in dieser Kommunikation sehr viel besser mit hilflosen, gebrochenen Klienten zurechtkommen als mit aggressiven, sich beschwerdenden.

In dieser Zwangs- und Kontrollsituation kann sich aber das Verstehen nicht therapeutisch auswirken, es führt notgedrungen zur Entmächtigung und Unterwerfung des Klienten. Die letzten Reste seiner Standfestigkeit in dieser Situation werden ihm durch Eingeständnis von Ärger, Angst und Schuld genommen.

3. Wir bevorzugen deshalb in dieser Situation eher sachlich konfrontierende Interventionen, mit welchen sich der Klient auseinandersetzen

kann. Das Interesse ist gerichtet auf das Kind und die Beziehung der Mutter zu diesem Kind. Der Besuch und die Fragen richten sich nach dessen Befinden. Das ist der Inhalt, über den gesprochen werden kann. Die Mutter kann sich an der eventuell noch vorhandenen Sorge für das Kind – auch das, was sie tatsächlich tut in diesem Fall: das Kind pflegen, den Arzt herbeiziehen, sich von der Arbeitsstelle Urlaub nehmen, um das Kind zu pflegen – unter Beweis stellen, daß sie sich auch nach allem, was geschehen ist, zumindest bemüht, der Situation gerecht zu werden.

Ein solches Gespräch kann aber auch zutage bringen, daß die Kontrolle der Mutter weiterhin gering ist, daß das Kind gefährdet ist, daß sie nicht in der Lage ist, den alltäglichen Lebensablauf für das Kind zu ordnen. Die Mutter kann auch selbst den Wunsch äußern, sich zumindest eine Zeitlang von dem Kind zu trennen. Unabdingbar ist ein Gespräch mit dem Kind, bei dem wichtig ist, daß das Bild von der Mutter, das das Kind· hat, nicht verletzt wird. In einem solchen Gespräch steht der Sozialpädagoge häufig unter einer Lawine von Vorwürfen, „Warum haben Sie sich nicht gekümmert, als ...", z. T. wird er sie als berechtigt bejahen müssen. Die persönliche Bedrängnis durch alle die Vorwürfe und Klagen ist jedoch nur ein schwacher Ausdruck all der Versagungen, die die Mutter zu ihrer Handlungsweise gebracht haben. Die Konfrontation durch einen Sozialpädagogen ist in einer solchen Situation oft so heftig, daß er der Mutter die Abreaktion im Schimpfen gewähren muß. Eine solche Entladung sollte aber dort unterbrochen werden, wo die Mutter die Kontrolle verliert und ihre eigene Identität für sich und dem Kind gegenüber zu zerstören droht. Es ist nicht Aufgabe des Sozialpädagogen, in dieser Situation möglichst „alles" zu erfassen. Es ist nicht seine Aufgabe, den Hergang der Mißhandlung, wenn sie sich bestätigt, aufzuklären, sondern dies ist die des Gerichtes. Nach der Beendigung eines solchen Gespräches muß er selbst die Informationen haben, die ihn bei der sofortigen Weitergabe des Berichtes zu dem Vorschlag bringen, das Kind vorläufig bei der Mutter zu belassen oder eine andere Unterkunft vorzuschlagen. Kann das Kind bei der Mutter bleiben und bedarf diese einer weiteren Beratung, so ist zu erwägen, ob dies nicht durch einen anderen Sozialpädagogen geschieht. Dies hängt davon ab, wie das Gespräch verlief. Es kann sein, daß die Mutter zu einer Sozialpädagogin, mit der sie diese „Situation" durchstand, Zugang gewinnt, es ist jedoch auch möglich, daß sie diese Situation so als demütigend empfand, daß sie diese „Person" nicht mehr sehen möchte.

Bei allem Bemühen, Konflikte zu bearbeiten, Beziehungen zu klären, gibt es für den Sozialpädagogen Grenzen, die nicht so sehr in seiner Person als in dem Grad der faktischen Unlösbarkeit von Konflikten liegen. Vermeidung und massive Verdrängung von Konflikten sind für Klienten oft die letzten Mittel, ihre Identität zu wahren, und sie müssen dann respektiert werden. Letztlich geht es ja auch um den Klienten und nicht um die Perfektionierung einer methodisch sauberen Arbeit. Schließlich kann massive Gegenaggression auch gegen den konfrontierenden Sozialpädagogen der Beginn eigenverantwortlicher Initiative sein. Es ist eine Frage der Identität des Sozialpädagogen, wieweit er auf eine harmonische Ablösung seiner Klienten angewiesen ist oder darauf verzichten kann.

Reflexion

Gerade bei Interventionen in Krisen, bei welchen der berufliche Auftrag meist nur mit Überwindung übernommen wird und die reale Furcht selbst groß ist, ist eine begleitende und auswertende Reflexion notwendig. Derartig affektbesetzte Aufträge, sowohl für den Klienten als auch für den Sozialpädagogen, bringen die eigene Person unausweichlich ins Spiel. Ohne Kenntnis der Zusammenhänge beim Klienten und bei sich selbst sind solche Interventionen nicht situationsadäquat zu bewältigen. Hier hat die Kenntnis psychodynamischer Zusammenhänge aus dem klassischen psychoanalytischen Konzept ihren besonderen Stellenwert. Auch die Distanz von den persönlichen Affekten ist hier gefordert. Die Wut der Mutter weckt Gegenaggressionen, zumindest verleitet sie zu Interventionen der Verteidigung, z. B.: „Ich tue nur meine Pflicht", oder (auf der Über-Ich-Ebene): „Sie wissen schon, warum ich da bin." Sie sind der persönlichen Angst des Sozialpädagogen angemessen, jedoch nicht der Konfliktsituation. In Krisensituationen hat die Möglichkeit des Sozialpädagogen, mit seinen eigenen Ängsten umzugehen, eine ausschlaggebende Bedeutung (siehe das Kapitel über berufliche Identität).

Weiterführende Literatur
Hege, M./Schwarz, G.:
Gewalt gegen Kinder, Zur Vernetzung sozialer Unterstützungssysteme im Stadtteil, München 1992

6.3 Erziehungsbeistandschaft

6.3.1 Rahmenbedingungen

Die Erziehungsbeistandschaft ist eine Maßnahme der Jugendhilfe, die in das Kinder- und Jugendhilfegesetz (KJHG) von 1991 übernommen wurde. Sie wird dort in § 30 wie folgt formuliert:

„§ 30 Erziehungsbeistand, Betreuungshelfer
Der Erziehungsbeistand und der Betreuungshelfer sollen das Kind oder den Jugendlichen bei der Bewältigung von Entwicklungsproblemen möglichst unter Einbeziehung des sozialen Umfelds unterstützen und unter Erhaltung des Lebensbezugs zur Familie seine Verselbständigung fördern."

Erziehungsbeistandschaft ist eine ambulante erzieherische Hilfe, die angefragt, aber nicht mehr, wie im Jugendwohlfahrtsgesetz (JWG) von 1961, durch das Vormundschaftsgericht verordnet wird:

„§ 27 Hilfe zur Erziehung
(1) Ein Personensorgeberechtigter hat bei der Erziehung eines Kindes oder eines Jugendlichen Anspruch auf Hilfe (Hilfe zur Erziehung), wenn eine dem Wohl des Kindes oder des Jugendlichen entsprechende Erziehung nicht gewährleistet ist und die Hilfe für seine Entwicklung geeignet und notwendig ist.
(2) Hilfe zur Erziehung wird insbesondere nach Maßgabe der §§ 28 bis 35 gewährt. Art und Umfang der Hilfe richten sich nach dem erzieherischen Bedarf im Einzelfall; dabei soll das engere soziale Umfeld des Kindes oder des Jugendlichen einbezogen werden.
(3) Hilfe zur Erziehung umfaßt insbesondere die Gewährung pädagogischer und damit verbundener therapeutischer Leistungen. Sie soll bei Bedarf Ausbildungs- und Beschäftigungsmaßnahmen im Sinne von § 13 Abs. 2 einschließen."

Die Erziehungsbeistandschaft ist nur mit Zustimmung der Betroffenen durchführbar. Das KJHG erwartet Mitwirkung und die Kooperation für einen Hilfeplan:

„§ 36 Mitwirkung, Hilfeplan
(1) Der Personensorgeberechtigte und das Kind oder der Jugendliche sind vor ihrer Entscheidung über die Inanspruchnahme einer Hilfe zur Erziehung und vor einer notwendigen Änderung von Art und Umfang der Hilfe zu beraten und auf die möglichen Folgen für die Entwicklung des Kindes oder des Jugendlichen hinzuweisen.
(2) Die Entscheidung über die im Einzelfall angezeigte Hilfeart soll, wenn Hilfe zur Erziehung voraussichtlich für längere Zeit zu leisten ist, im Zusammenwirken mehrerer Fachkräfte getroffen werden. Als Grundlage für die Ausgestaltung der Hilfe sollen sie zusammen mit dem Personensorgeberechtigten und dem Kind

oder dem Jugendlichen einen Hilfeplan aufstellen, der Feststellungen über den erzieherischen Bedarf, die zu gewährende Art der Hilfe sowie die notwendigen Leistungen enthält; sie sollen regelmäßig prüfen, ob die gewählte Hilfeart weiterhin geeignet und notwendig ist."

Erziehungsbeistände sind Sozialpädagogen bei freien Verbänden oder Angestellte des Jugendamtes. (Ein Erziehungsbeistand betreut beim Stadtjugendamt München z. B. 20–25 Familien und Jugendliche.)

Die Entstehungsgeschichte der Erziehungsbeistandschaft ist jünger als die der Erziehungsberatung. *Haaf* (1976) beschreibt Begriff und Zielgruppe der Erziehungsbeistandschaft:

„Erziehungsbeistandschaft hat prophylaktischen und therapeutischen Charakter und ergänzt die familiäre Situation. Den Eltern und ihrem Kind soll ein pädagogischer Berater und eine kontinuierliche Bezugsperson zur Seite stehen. Eine enge Zusammenarbeit ist dabei die Voraussetzung. Erziehungsbeistandschaft bedeutet grundsätzlich freiwilliges Hilfeersuchen und Hilfeangebot. Sie ist nicht Aufsicht, Kontrolle oder Überwachung."

In der 3. Auflage von 1985 formulierten wir noch:

„Dieser letzte Satz folgt mehr pädagogischen Zielvorstellungen als dem rechtlichen Auftrag, der zumindest eine Überwachung ermöglicht."

Nicht nur die Vorstellung der Praxis hat sich in diesem Bereich durchgesetzt, die Praxis selbst hat den Gesetzgeber veranlaßt, die Vorschriften zugunsten des Erziehungsgedankens zu verändern (siehe 6.3.5).

Was unterscheidet die Hilfe der Erziehungsberatung von der des Erziehungsbeistandes?

Beispiel: Nehmen wir den Fall von S. 116 noch einmal auf. Die Kindergärtnerin hat bei ihrem Besuch bei der Mutter erfahren, daß diese nicht motiviert ist, eine Erziehungsberatung aufzusuchen. Sie sei so beschäftigt, habe keine Zeit und werde mit ihrem „Verhau" von Schulden, Ehekrise, Beruf und dem schwierigen Buben einfach nicht mehr fertig. Sie kann sich auch nach Schilderung der Kindergärtnerin, was eine Erziehungsberatungsstelle ihr an Hilfen anbieten kann, nicht vorstellen, daß „so eine Behandlung" ihr helfen kann. Sie erwartet ganz konkrete Dinge:

— „Wie geht es besser mit den Hausaufgaben?"
— „Wie bekomme ich die Unterhaltskosten von meinem Mann?"
— „Wie überhaupt werde ich fertig mit dem Haushalt und dem Beruf?"

Die Klientin ist nicht in der Lage, ihre Probleme so zu organisieren, daß das Angebot einer Erziehungsberatungsstelle für sie annehmbar wäre. Es ist verfehlt, solchen Eltern die Motivation zu einer Änderung ihres Verhaltens oder zur Änderung ihrer Einstellung absprechen zu wollen, wenn sie dies nach ihrer Alltagserfahrung ungewohnte Angebot ablehnen. Solche Eltern brauchen eine andere, aktivere Form der Unterstützung.

6.3.2 Die Beziehung Sozialpädagoge – Klient – Familie

Das Verhaltens- und Interpretationsrepertoire des Erziehungsbeistandes ist weit größer als das des Sozialpädagogen in der Erziehungsberatung. Der Erziehungsbeistand sucht den Klienten auch in seinem Zuhause auf. Er wartet nicht grundsätzlich ab, bis der Klient zu ihm kommt, er geht auf ihn zu. Nähe und Distanz dieser Beziehung bestimmen sich dann auch nicht durch die Kategorien der Beziehung in bezug auf Offenheit, das Aussprechen von seelischen Problemen. Der Erziehungsbeistand ist nicht nur Bezugsperson im Sinne eines Befähigers. Er ist jemand, den man anrufen kann, der vorbeikommt, mit dem man etwas zusammen unternimmt. Er ist in den Lebenszusammenhang des Klienten einbezogen. Er kann jedoch nicht alle Lücken in diesem Lebenszusammenhang füllen, da seine Zeit begrenzt ist und er ja für eine größere Anzahl von Klienten und Eltern zuständig ist.

Die Zielsetzung, Eltern oder einem Elternteil beizustehen, konstelliert die Beziehung anders als in einer Erziehungsberatungsstelle. Er übernimmt ein Stück der Verantwortung für die Erziehung. Er hat durch seine Aktivität mehr Möglichkeiten, seine eigene Kreativität zu entfalten. Er wird als Person deutlich und für den Klienten faßbar. Seine Informationen erhält er nicht nur, wie der Sozialpädagoge in der Erziehungsberatung, durch das, was der Klient ihm sprachlich mitteilt. Kommt er in die Wohnung und lernt den Jugendlichen z. B. bei einer gemeinsamen Unternehmung kennen, so sieht er mehr als ihm mitgeteilt wird, vielleicht auch Dinge, die ihm der Klient nicht mitteilen möchte[2].

---

[2] So wichtig es in unserem Beruf ist zu sehen und zu beobachten, so wichtig ist es aber andererseits auch, Dinge zu übersehen und wieder zu vergessen. Nicht alles, was aufschlußreich ist, muß registriert, geschweige denn festgehalten werden.

6.3.3 Auswahl des Konzeptes

Die Zielsetzung, der materielle Rahmen sowie die Beziehung von Klientensystem und Sozialpädagogen bestimmen auch die Auswahl des Konzeptes. Es kann in diesem Fall keines sein, das pathetische Grundhaltungen fordert und die Kommunikation auf verbale Kommunikation beschränkt. Bei der Erziehungsbeistandschaft, die von der Mutter beantragt wird, muß angenommen werden, daß die Beziehung zwischen ihr und dem Kind gestört ist. Zugleich ist anzunehmen, daß ein Erziehungsbeistand in dieses Beziehungsgefüge einbezogen werden wird. Es soll deshalb versucht werden, die Eingangssituation nach dem Konzept der Kommunikationstheorie zu strukturieren.

Die ersten Gespräche des Erziehungsbeistandes dienen dem Ziel, die Erwartungen der Mutter und des Kindes abzuklären, eine Beziehungsebene (d.h. Kontakt) zu finden sowie einen vorläufigen Plan zu formulieren, nach dem man arbeiten kann. Vom Erziehungsziel her gesehen sollte gleich zu Beginn des Kontaktes größtmögliche Offenheit in bezug auf Rolle und Anlaß einer Aktivität und die Begründung für Tätigwerden herrschen. Es gehört mit zum Aufbau einer gedeihlichen Beziehung, daß der Jugendliche erfährt, warum der Erziehungsbeistand da ist. Mitunter findet man bei Juristen und auch bei Pädagogen noch die Vorstellung, daß ein Kind ein positives, unbeschädigtes Bild seiner Eltern braucht, daß es so etwas gibt wie: „eine etwaige Begründung aus der sich Nachteile für die Erziehung des Minderjährigen ergeben können" (*Palandt-Diedrichsen,* § 57 Anm. 4; zit. nach *Mrozynski* 1977). Dabei wird jedoch übersehen, daß schon das Kleinkind, um so mehr Schulkinder oder gar Jugendliche aus ihrer alltäglichen Erfahrung ein präzises Bild von der Erziehungsfähigkeit und der Erziehungsunfähigkeit ihrer Eltern haben. Das Kind einer Alkoholikerin z.B. weiß sehr wohl, daß die Mutter nicht immer in der Lage ist, die Sorge für ihre Kinder wahrzunehmen. Es stellt in der Regel für die Kinder geradezu eine Erleichterung dar, wenn diese Tatsachen benannt werden, d.h. daß Eltern aus dem einen oder anderen Grund einen Erziehungsbeistand beantragen, weil sie sich selbst nicht in der Lage fühlen, die Erziehungsverantwortung zu übernehmen. Die Meinung von Kindern wird sehr oft an gesellschaftlichen Leitvorstellungen einer guten Familie gemessen und nicht an den Erfahrungen der Kinder. Wird mit einem Aufdecken der partiellen Unfähigkeit von Eltern gleichzeitig eine Konfliktlösungsmöglichkeit angezeigt, so entspannt das die Situation ganz wesentlich. Gerade die Arbeit in der Erziehungsberatung hat gezeigt, daß oft das Eingeständnis der Eltern, sich Rat holen zu müssen, ihr Erziehungsverhalten gegenüber den Kindern ohne weitere Interventionen des Erziehungsberaters grundsätzlich veränderte, weil der Konflikt als einer zwischen beiden Beteiligten genannt wurde und nicht weiter verdeckt werden brauchte. Kinder sind von daher gesehen, was ihre eigenen Ansichten über ihre Eltern und deren Erziehung betrifft, durchaus „grundrechtsmündig" (siehe *Mrozynski* 1977, S. 32).

Das Kind und der Jugendliche haben also ein Recht darauf, zu erfahren, warum der Erziehungsbeistand da ist. Wir haben formuliert, daß es von Anfang an eine größtmögliche Offenheit geben soll. Eine totale Offenheit — so es diese überhaupt gibt — ist in der Anfangssituation nicht zu fordern. Offenheit läßt sich nur im Laufe eines Prozesses erreichen. Sei es, daß die Mutter um ihre Autorität fürchtet, wenn sie zugibt, daß sie um Beistand gebeten hat. Sei es, daß sie um das Vertrauen des Kindes fürchtet, wenn das Kind erfährt, daß sie sich an das Jugendamt um Rat gewendet hat. Gerade im ersten Kontaktgespräch mit der Mutter ergeben sich meist wichtige Hinweise für Beziehungswünsche gegenüber dem Erziehungsbeistand. Eine Mutter, die z. B. dem Erziehungsbeistand anträgt, einfach mal so vom Jugendamt vorbeizukommen oder als Nachhilfelehrer zu erscheinen, gibt damit wichtige Hinweise, wie sie gewohnt ist, die Konfliktsituationen zu umgehen. Sie wird sich nicht auf einmal umstellen können und dem Kind „klaren Wein" einschenken. In der Erziehungsbeistandschaft muß jedoch dieser Beziehungsappell verworfen werden, weil der Erziehungsbeistand mit dieser Beziehungszuweisung direkt die Lösungsversuche der Mutter übernehmen würde. Der Erziehungsbeistand muß einen minimalen gemeinsamen Nenner mit der Mutter finden, was dem Jugendlichen nun gesagt werden kann. Zu diesem Mimimum gehört, daß die Mutter sagen kann, daß sie diese Hilfe gewünscht hat, daß er von der Institution X kommt und nicht als privater Bekannter und daß er wegen bestimmter Schwierigkeiten, z. B. Schulschwierigkeiten, kommt.

Handelt es sich um Jugendliche, die in starken Spannungen zu den Eltern stehen, so kann indiziert sein, mit der Benachrichtigung an die Eltern, das erste Gespräch mit dem Jugendlichen selbst zu führen und mit ihm das vorläufige Ziel auszuhandeln. Auch hier kann es sehr schnell zu Zuschreibungen über die Rolle des Erziehungsbeistandes kommen, sei es, daß man dem Erziehungsbeistand anlastet, „endlich den Alten mal

Bescheid zu sagen", für ein Zimmer außerhalb der elterlichen Wohnung zu sorgen usw.

Die günstigste Lösung ist die, daß das erste Gespräch zur Abklärung der Erwartungen an den Erziehungsbeistand sowie das, was durch oder mit ihm erreicht werden soll, zusammen mit Eltern und Kindern geführt wird. Dies kann vereinbart werden, wenn ein Miminum an Beziehungsklarheit da ist, d. h. die Eltern bereit und in der Lage sind zu sagen, daß sie den Antrag gestellt haben. Welche Ziele nun im einzelnen ausgehandelt werden sollen, das richtet sich nach der gemeinsamen Analyse der Lebenssituation und nach der Kompetenz des Erziehungsbeistandes, die „Betroffenheit" des Klienten zu erkennen (siehe dazu *Koschorke* 1975, *Gerstenberger* 1977).

Dieses Aushandeln eines Minimalplanes (z. B. zunächst für Verbesserungen der Schulleistungen zu sorgen, ein Gespräch mit dem Lehrer zu führen) hat für den weiteren Ablauf eine Modellwirkung. Es zeigt, wie man bei einer auch „total verfahrenen Situation" ein Stück Hoffnung für den weiteren Ablauf setzen kann.

6.3.4 Interventionen in der Eingangssituation

Zum Inhalts- und Beziehungsaspekt

Fragt man in einem solchen Erstgespräch direkt nach den Erwartungen, z. B. „Was erwarten Sie von mir als Person", so wird man ausweichende oder nichtssagende Antworten bekommen. Reflexion über Beziehungen ist in Alltagsbeziehungen ungewohnt und dem Klienten fremd. Er wird aber inhaltlich sehr wohl formulieren, was er möchte, z. B.: „Zu helfen, daß es in der Schule besser wird." Diskutiert man diese Probleme der Schule, so kann man daran schon selbst die Erwartung der Mutter erkennen, d. h. die Beziehungsappelle werden meist in der Formulierung, sehr oft aber lediglich in der Betonung eines Satzes genannt.

Beispiel: „Es wäre gut, wenn Sie dafür sorgen könnten, daß er nicht sitzen bleibt." Das kann gesagt werden in dem Ton: „Hilf mir, ich kann nicht mehr weiter" oder: „Mach Dich an die Arbeit, dafür bist Du bestellt" oder: „Was gemacht wird, das bestimme ich." In einem Erstgespräch ist es nun nicht sinnvoll, diese Appelle auf der Beziehungsebene zu beantworten, etwa mit den Formulierungen: „Ich bin nicht bereit,

Nothelfer zu sein". „Wir können das Problem nur zusammen lösen" oder: „Die Aufträge, die ich übernehme, möchte ich gerne selbst mitformulieren."

Die Beziehungsappelle müssen bezogen auf inhaltliche Antworten verworfen werden, z. B.: „Auch mir liegt viel daran, daß Peter in die nächste Klasse versetzt wird. Wie das erreicht werden kann, müßten Peter und auch Sie mit überdenken."

Wenn in diesem Zusammenhang öfter vom „Aushandeln", von „Vereinbarungen" gesprochen wird, so ist das nicht so zu verstehen, daß hier verhandelt wird, gleichsam in Begriffen eines klaren Vertrages. In einem Erstgespräch sind auch die inhaltlichen Bestimmungen meist vage; wie bei jedem ersten Kennenlernen werden Vorschläge gemacht, meist nicht zu weit gehende, denen man dann zustimmen kann, ohne ein Risiko einzugehen oder die man noch ablehnen kann, z. B. „Finden Sie nicht auch, daß die Jugendlichen heute viel frecher sind als früher."

In diesen vagen Formulierungen werden Beziehungsappelle ausgesandt. Wird das erste Gespräch mit Eltern und Kind zusammen über das alltägliche Geschehen geführt, so lassen sich in diesem Gespräch oft schon wichtige *Interpunktionen der Ereignisfolgen* (vgl. Kap. 5.1.1) erkennen, d. h. die Beziehungsstrukturen werden deutlich.

Typische Interpunktionen sind z. B.: „Auf Dich ist kein Verlaß" — „Nie kommst Du heim" — „Was soll ich mir jeden Abend Dein Nörgeln anhören".
Zugleich ergeben sich mit diesen Interpunktionen oft wichtige Versuche der Einvernahme durch einen Partner, z. B. „Hilf mir gegen den bösen Jungen" oder von seiten des Jungen „Sie sind noch jung, Sie verstehen mich besser, helfen Sie mir gegen die Mutter".

An dieser Stelle wird noch einmal deutlich, was dem Erziehungsbeistand geschieht, wenn er sich für einen Konfliktpartner einvernehmen läßt. Er wird in die *Interpunktion* der gestörten Beziehungen einbezogen und reagiert hilflos mit.

Ist auch das Aufnehmen einer Beziehung Voraussetzung für jede weitere Arbeit, so muß hier nochmals betont werden, daß es ja nicht um die Beziehung um der Beziehung willen geht, vielmehr sollen mit dieser Beziehung neue Möglichkeiten der Entwicklung eingeleitet werden. Wird zu rasch auf gestörte Interpunktion eingegangen, läßt sich der Erziehungsbeistand in den Konflikt einbeziehen, so begibt er sich selbst der Möglichkeit, Veränderungen zu bewirken.

Um im Konzept der Kommunikationstheorie fortzufahren, lassen sich auch bestimmte Rollenerwartungen in einem solchen Erstgespräch analysieren, z. B. wenn der Sohn vom Saubermachen sagt, daß dies Weibersache sei, oder daß die Mutter typische Aussagen über ihren Sohn macht, „für einen Mann sei er nicht durchsetzungsfähig genug".

Solche Aussagen sind in der Eingangssituation diagnostisch wichtig, aber an dieser Stelle noch nicht zu problematisieren. Solche Rollenerwartungen, das wurde in der Kritik an *Watzlawick* deutlich, sind nicht nur wichtig in bezug auf ihre Dynamik, auf ihre Eskalation oder Kollision, sondern sie sind eingebunden in die Geschichte der Sozialisation und müssen, wenn dies notwendig wird, in diesem Zusammenhang problematisiert werden. Dies ist aber in einem Erstgespräch nicht möglich.

Fragt man nach den Anwendungsmöglichkeiten des nicht-direktiven Konzeptes, so ist dies für diese Beziehungskonstellation in der Regel nicht geeignet. Die Beziehung, die nach diesem Konzept gefordert ist, ist durch Akzeptierung und gleichzeitige Zurückhaltung für diesen Aufgabenbereich nicht gegeben. Dies heißt nicht, daß nicht in bestimmten Situationen der Problembewältigung im Gespräch nicht-direktive Gesprächstechniken, z. B. das *VEE* (vgl. Kap. 4.2.2) benutzt werden können. Es erscheint uns dann aber auch unumgänglich, daß dies dem Klienten gesagt wird.

Beispiel:
„Frau X, wenn Sie über die Spiele, die Sie am Abend mit dem Jungen noch machen, gesprochen haben, da könnte ich Ihnen sagen, was ich an Spielen gut finde, Ihnen Spielbücher empfehlen und mit Ihnen zusammen Spiele einüben, wenn Sie sich für diese Spiele entschieden haben. Wenn Sie mich aber jetzt fragen, ob es gut für Sie ist, daß Sie Ihren Mann wieder sehen oder nicht, dann kann ich nur helfen, mit Ihnen zusammen herauszufinden, was das für Sie bedeutet, weil das Treffen mit Ihrem Mann nur für Sie eine Bedeutung hat."

So kann die Mutter begreifen, daß sich der Sozialpädagoge bei dieser Besprechung anders verhält als bei andern Diskussionen und Argumentationen.

Nach der Analyse der Situation in der Erziehungsbeistandschaft ist deutlich, daß die Aktivität weitaus größer ist als z. B. in der psychoanalytischen Beratungssituation, und auch hier hat das psychoanalytische Konzept jedoch seine Bedeutung für die begleitende Selbstreflexion des Erziehungsbeistandes. Gerade weil er in dieser Beziehung aktiver ist und aktiver sein muß, sind folgende Fragen zu überdenken:

„Wo habe ich mit meinen Bedürfnissen die Situation mitkonstelliert?"
„Ist die Aktivität dem Konflikt angemessen?"
„Brauche ich für mich die weitere Hilflosigkeit, um helfen zu können?"
„Wo können in stärkerem Maße Entscheidungen und Aktivitäten dem Klienten überlassen werden?"

6.3.5 Erziehungsbeistandschaft und Kontrolle

Die Erziehungsbeistandschaft ist eine Maßnahme der Jugendhilfe, die die Schutzaufsicht abgelöst hat. Die Schutzaufsicht konnte auch von ehrenamtlichen Kräften durchgeführt werden. Diese Maßnahme hatte sich nicht bewährt.

Wie schon der Name zeigt, ging es in der Novellierung des JWG von 1961 bereits darum, der Erziehung der Familie „beizustehen". Die Rechte der Eltern sollten nicht eingeschränkt werden. Die Erziehungsbeistandschaft sah jedoch vor:

- die Anordnung durch das Vormundschaftsgericht,
- die Bestallung eines Erziehungsbeistandes,
- das gesetzliche Zutrittsrecht zur Wohnung,
- die Feststellung der Gefährdung des/der Minderjährigen.

Im KJHG von 1991 fallen diese kontrollierenden Einschränkungen weg. Die Erziehungsbeistandschaft ist ein Leistungsangebot im Rahmen der Hilfen zur Erziehung geworden.

In der Begründung des Regierungsentwurfes heißt es dazu: „Die Erziehungsbeistandschaft hat sich zunehmend zu einer pädagogisch fundierten ambulanten Erziehungshilfe weiterentwickelt, die von Fachkräften freier oder öffentlicher Träger geleistet wird. Sie wird daher auch künftig als eine typische Art ambulanter Hilfen in das Gesetz aufgenommen; die Regelungen des geltenden Rechts über die Bestellung des Erziehungsbeistands haben sich jedoch in der Praxis als zu starr erwiesen, was dazu geführt hat, daß dieses Rechtsinstitut häufig unter Zuhilfenahme anderer Bezeichnungen umgangen wird. Der Gesetzentwurf sieht daher — wie bei den anderen Arten ambulanter Erziehungshilfen — von der Normierung besonderer Verfahrensvorschriften ab."

Es wird mit der Neufassung durch das KJHG nicht nur vermieden, daß Kinder und Jugendliche durch die Feststellung ihrer Gefährdung stigmatisiert werden. Für die pädagogische Arbeit ausschlaggebend ist die Veränderung der Rolle des Erziehungsbeistandes. Er muß nicht einer Anordnung des Vormundschaftsgerichtes folgen, er ist diesem gegenüber nicht mehr zur Berichterstattung verpflichtet. Das Jugendamt gibt dem Hilfeersuchen statt. Art und Ausmaß der Hilfe wird jetzt gemäß § 36 mit den Eltern und Kindern zusammen vereinbart.

Ob der geforderte „Hilfeplan" zu einem neuen Kontrollelement bürokratischen Vorgehens entwickelt wird, liegt nicht mehr in der Verantwortung des Gesetzgebers. Hierarchische Organisationsstrukturen, d. h. die Kontrolle der Basis-Sozialpädagogen durch Vorgesetzte, können sich hemmend und kontrollierend auf die Beziehung zu Klienten auswirken. Ähnliches gilt, wenn konkurrierende Erziehungsvorstellungen bei unterschiedlichen pädagogischen Institutionen herrschen, die eigentlich zum Wohle des Kindes zusammenarbeiten sollten. Das neue KJHG gibt neuen Organisationsformen nicht nur Raum, es fördert die Kooperation der unterschiedlichen Institutionen.

Wie dargelegt, hat die Praxis pädagogisch fundierten Handelns dazu geführt, daß wesentliche Kontrollelemente beseitigt wurden. Jetzt gilt es durch Öffentlichkeitsarbeit, Entwicklung von Kooperation innerhalb der Ämter (Teamarbeit) und Kooperation mit anderen Berufsgruppen, die Arbeit mit Kindern und Jugendlichen weiter zu qualifizieren.

Sicher werden an die Erziehungsbeistandschaft, wenn sie von Mitarbeitern des Jugendamtes durchgeführt wird, Kontrollerwartungen herangetragen werden. Geht nun ein Sozialpädagoge auf die Kontrollerwartungen ein, d. h. werden bei jedem Besuch Formalien abgehakt oder wird über regelwidriges Verhalten diskutiert (z. B. „Was hat sich ereignet?", „Was ist schlecht geblieben, was ist besser geworden?"), dann festigt er die Kontrollerwartung, und seine Bedeutung als Kontrolleur wird fixiert. Richtet er sich im Gespräch und Verhalten aber auf seine pädagogische Zielsetzung aus, wie z. B. die Bewältigung der Alltagssituationen, dann erhält die Kommunikation einen anderen Sinn. Das kontrollierende *und* das professionelle Element läßt sich nicht weginterpretieren. *Peters* und *Cremer-Schäfer* (1975) meinen in diesem Zusammenhang, Sozialpädagogen wären „sanfte Kontrolleure", weil sie in ihrem Handeln mit Klienten die Kontrolle gleichsam unterlaufen, d. h. über ihren Berufsauftrag möglichst wenig sprechen. Wir möchten dies lieber pädagogisch formulieren: Der Sozialpädagoge nützt die ihm gegebenen Möglichkeiten aus, um ein Sozialisationsdefizit auszugleichen.

7 Das gruppendynamische Konzept

Es kann nicht unsere Aufgabe im Zusammenhang der Darstellung des gruppendynamischen Konzeptes sein, alles das, was mit dem begrifflichen Aushängeschild „Gruppendynamik" an Angeboten auf den „Psychomarkt" drängt, hier auch darzulegen. Zu sehr ist die gesamte Nachfrage nach einschlägigen Veranstaltungen mit unerfüllbaren Hoffnungen der Nachfragenden belastet, als daß der darauf reagierende „Markt" überhaupt noch übersehbar wäre.

Es ist daher eine notwendige erste Aufgabe, mit Hilfe der im vorderen Teil vorgestellten Systematik (vgl. Kap. 2) Konturen zu setzen, die Teil eines Maßstabs sein sollen, mit dem sinnvolle Initiativen von solchen gruppendynamischen Aktivitäten deutlich abgegrenzt werden können, die verschiedensten, oft undurchschaubaren, Absichten und Interessen dienen.

Neben einer begrifflichen Abgrenzung ist auch ein kurzer historischer Abriß für diese Aufgabe unverzichtbar.

7.1 Zur begrifflichen Präzisierung

Die gebräuchlichste und am häufigsten in der Literatur auftauchende Definition, ein Ordnungsversuch dessen, was als „Gruppendynamik" bezeichnet wird, stammt von *Cartwright* und *Zander* (1968, S. 4 ff.). Von den beiden Autoren wird der Bedeutungsgehalt unter drei Aspekten gesehen:

a) „Gruppendynamik" als eine Art politischer Ideologie über die Organisation und den Umgang mit Gruppen. Ausdrücklich in diesem Zusammenhang wird der demokratische Führungsstil erwähnt mit seinen Folgerungen, wie z. B. der Mitwirkung der Gruppenmitglieder an Entscheidungen und den Effekten (z. B. die Vorteile für die Gesellschaft und den Einzelnen, die sich aus der demokratischen Kooperation ergeben).

b) „Gruppendynamik" als Sammlung von Techniken im Hinblick auf die strategische Veränderung von zwischenmenschlichen Beziehungen. Als Beispiel führen *Cartwright* und *Zander* hier die Trainingsprogramme an, die zur Verbesserung der Fertigkeiten im mitmenschlichen Bereich, so z. B. bei der Durchführung von Konferenzen, dienen.

c) In einem dritten Aspekt sehen die genannten Autoren den Begriff der „Gruppendynamik" bei der Bezeichnung eines Forschungsbereiches verwendet. Grundlegend hierfür ist die Erforschung der psycho- und soziodynamischen Vorgänge und Regelmäßigkeiten (Gesetzmäßigkeiten) innerhalb von Gruppen und zwischen Gruppen verschiedenster Art.

Diese Dreiteilung ist für unsere weiteren Ausführungen nur bedingt brauchbar, da wir hier nicht nur den Anspruch haben, eine Beschreibung dessen zu geben, was sich als Gruppendynamik in der Realität darstellt, sondern auch einen Vorschlag machen wollen, wie sinnvollerweise − im Hinblick auf sozialpädagogische Interventionen − Gruppendynamik in ihrer begrifflichen Ausprägung zu sehen und zu verwenden ist. Unsere Kritik an der Differenzierung, wie sie von *Cartwright* und *Zander* dargestellt wird, richtet sich speziell gegen die Trennung der Aspekte (a) und (b), also von Rechtfertigungsfragen (sogenannte „Ideologie" bei *Cartwright* und *Zander*) gegenüber den Verfahren der Gruppendynamik. Wir haben immer wieder deutlich gemacht, daß Überlegungen im Hinblick auf Normen und Werte nicht vom Einsatz von Verfahren grundsätzlich getrennt werden können. Im Begriff des ‚gruppendynamischen Konzeptes', so wie wir es verstehen, sind Verfahren mit Rechtfertigungs- und Begründungsdimensionen eng und untrennbar verknüpft.

Bei der von *Cartwright* und *Zander* versuchten Gliederungssystematik wird das gegenstandskonstituierende Moment des Verfahrens (und der Methode) vernachlässigt; sonst könnten die Definitionsaspekte (a) und (b) nicht voneinander getrennt werden. Versuchen wir eine alternative begriffliche Differenzierung, so müssen eben diese beiden Ebenen (a) und (b) zusammenfallen:

Definition 1

Gruppendynamik ist ein spezifisches Lernkonzept (gerechtfertigt und begründet) mit verschiedenen Methoden und Verfahren im Hinblick auf die Intervention in Gruppen; mit dem Ziel, die Gruppenprozesse zum Lerngegenstand zu machen und als Lernmöglichkeit zu nutzen.

An diesem „Definitionsaspekt" von Gruppendynamik orientieren sich die weiteren Ausführungen. Daneben hat jedoch die dritte von

Cartwright und *Zander* aufgeführte Begriffsvariante, nämlich Gruppendynamik als Forschungsgebiet, Relevanz[1].

Definition 2

Gruppendynamik meint Theorien über Entwicklungs- und Veränderungsgesetzmäßigkeiten in Gruppen.

Gruppendynamik in diesem Sinne stellt relativ abgesichertes Wissen über Gruppenphänomene (speziell jenes von Kleingruppen) zur Verfügung. Systematisch wissenschaftlich angegangen wurden z. B. Fragen nach der Entwicklung von Kleingruppen (z. B. Phasenmodelle für Gruppen wie das von *Bennis* und *Shepard*, vgl. *Spangenberg* 1969, S. 60 ff.), Fragen nach den Interaktionsformen von einzelnen Gruppenmitgliedern und der Reaktion hierauf (vgl. z. B. *Gibb* in *Spangenberg* 1969, S. 68 ff.), Fragen des Lernprozesses in Gruppen (vgl. *Ernsperger* 1973, S. 73–124) oder Fragen von Macht und Vertrauen in Gruppen (vgl. *Luhmann* 1973 b).

Kurt *Lewin* hat den Begriff „Gruppendynamik" in den dreißiger Jahren in diesem Sinne, als wissenschaftliches Studium kleiner Gruppen, eingeführt. Inzwischen beschäftigen sich Wissenschaftler verschiedenster Bereiche systematisch mit gruppendynamischen Phänomenen. Die Sozialpsychologie tut dies in besonderem Maße. Zu bedauern ist, daß umfassende Theorien über Gruppenprozesse bis jetzt noch nicht vorliegen. Experimente, die Hypothesen stützen oder verwerfen, gibt es in Hülle und Fülle, leider sind diese häufig zusammenhangslos und manchmal auch ziemlich realitätsfremd. Nicht zuletzt soll unsere Definition von Gruppendynamik (der zweite Aspekt) deutlich machen, daß die experimentelle Kleingruppenforschung in stärkerem Maße als bisher auf eine Theorie über Gruppenprozesse hin auszurichten wäre.

---

[1] Kritisch anzumerken wäre dabei aber der Sachverhalt, daß Gruppendynamik als Forschungsgebiet allein ausgewiesen wird. Diese Formulierung aufs Methodische (nämlich die Forschung) signalisiert eine unseres Erachtens reduzierte Sichtweise. Forschung nämlich ist der Sammelbegriff für Methoden, die mehr oder weniger abgesichert zu Erkenntnissen führen sollen. Solche systematisierten Erkenntnisse sind Theorien. Daher auch die Berücksichtigung dieser uns wichtig erscheinenden Modifikation in der zweiten Definition.

Unser dritter Definitionsaspekt, den *Cartwright* und *Zander* unverständlicherweise überhaupt nicht erwähnen, müßte, geht man nach dem Kriterium der praktischen Relevanz, eigentlich an erster Stelle stehen. Der Schwerpunkt wissenschaftlichen Arbeitens mit Gruppen besteht im Finden von Erklärungen über Gruppenstrukturen und Gruppenprozesse (unser zweiter Definitionsaspekt). Sozialpädagogen beschäftigen sich primär mit der Entwicklung von Konzepten, Methoden und Verfahren zur Intervention in Gruppen (unser erster Definitionsaspekt). Ist die Tätigkeit von Wissenschaftlern und Pädagogen nicht sinnloser Selbstzweck, muß es auch Gruppendynamik als Praxis geben.

Definition 3

Gruppendynamik ist das (spezifische) Handeln in und mit Gruppen.
Wichtig ist dieser Aspekt, um einen deutlichen Unterschied zwischen *Konzept als Handlungsentwurf* und der *Handlung selbst* machen zu können (vgl. hierzu den Abschnitt 2.3: Situation und Intervention). Die gruppendynamische Praxis ist immer vielfältiger, als Konzepte und Theorien sie einfangen und darstellen können. Wäre dies nicht so, bestünde das Handeln von Sozialpädagogen allein in der Anwendung von Vorgefertigtem, die berufliche Verantwortung wäre reduziert auf fremdbestimmte Anpassung. Jede Intervention kann nur zum Teil konzeptionell abgesichert sein (sie erfordert aber *auch* eine konzeptionelle Absicherung). Und es macht verantwortliches und professionelles gruppendynamisch orientiertes Handeln aus, daß dieser Teil an Offenheit positiv für die Veränderung bei der Zielgruppe seitens der Sozialpädagogen genutzt wird.

Damit wird deutlich, daß die drei dargelegten Definitionsaspekte nicht voneinander isoliert zu sehen sind. So wie praktisches Handeln theoretischer Reflexion bedarf und durch diese bewußter und planbarer wird, wird die Theorie immer auch durch die Probleme der Praxis angeregt und legitimiert sich letztlich durch sie. Diese Wechselwirkung von Theorie und Praxis ist ein Ideal, das gerade bei der Gruppendynamik häufig durch eine mißbräuchliche Trennung von systematischer wissenschaftlicher Reflexion einerseits und praktischem Handeln (Veranstaltung von Seminaren) andererseits verletzt wird.

7.2 Zur Entwicklung des gruppendynamischen Konzeptes

Wir haben schon zu Beginn dieses Abschnittes deutlich zu verstehen gegeben, daß kaum überschaubar ist, was alles unter der Chiffre „Gruppendynamik" firmiert. Die Entwicklung dazu läßt sich historisch nachzeichnen und auch erklären. Beides kann hier nur in Ansätzen geschehen.

Gruppendynamik wurde in den dreißiger Jahren durch den von Deutschland in die Vereinigten Staaten emigrierten Psychologen Kurt *Lewin* für die sich entwickelnde Kleingruppenforschung als Bezeichnung verwendet. Dieser Wissenschaftszweig, der sich mit Gruppenphänomenen befaßte, wurde in den Vereinigten Staaten durch spezifische historische, gesellschaftliche und ökonomische Bedingungen in seiner Entwicklung begünstigt. Die industriellen Veränderungen in den Vereinigten Staaten und die sich in diesem Zusammenhang ergebenden Wettbewerbsverschärfungen machten es notwendig, über die Erforschung und Entwicklung neuer maschineller Technologien hinaus, nach Möglichkeiten zur Erhöhung der Produktivität auch im sozialen Bereich zu suchen. Als ein Ergebnis der sogenannten *Hawthorne-Experimente* (die Bezeichnung stammt von dem Ort nahe Chicago, wo die Western Electric Company eine Fabrik hatte, in der zwischen 1927 und 1932 intensive sozialpsychologische Untersuchungen und Experimente stattfanden) wurde deutlich, daß *informellen* Gruppen im Arbeitsprozeß ein wichtiger Einfluß im Hinblick auf die Produktivität zukam.

Neben der Verwertung der Ergebnisse der Sozialwissenschaften durch Industrie und Handel, besonders im Hinblick auf Produktivitätssteigerungen durch die Verwissenschaftlichung der Arbeitsorganisationen und durch soziale Rationalisierung (vgl. dazu *Scharmann* 1972, S. 35), hatten militärische und bürokratische Institutionen Bedarf, Probleme psychodynamischer Prozesse (z. B. Fragen der Beeinflussung) in Soldatengruppen und innerhalb von bürokratischen Hierarchien systematisch wissenschaftlich anzugehen. Finanzielle Mittel, die in großem Ausmaß zur Verfügung gestellt wurden, regten die Forschung und die Theoriebildung in den Sozialwissenschaften generell und besonders auch in der Gruppendynamik an (Kleingruppenforschung). Neben diesen ökonomisch orientierten Impulsen gab es weitere Anstöße und Umstände, die bewirkten, daß sich Wissenschaftler in besonderem Maße den Gruppenphänomenen zuwandten. So ist u. a. ein weiterer, diesen Trend anregender Faktor in den Integrationsanforderungen von Einwanderergruppen und den gesellschaftlichen Problemen der Rassenintegration zu sehen.

Im deutschen Sprachraum wurde Gruppendynamik als Wissenschaftsbereich im Nachvollzug amerikanischer Erkenntnisse erst ca. 20 Jahre später in breiterem Maße publik. In der Öffentlichkeit fanden (und finden) einschlägige Ergebnisse der Kleingruppenforschung ein zunehmend breiteres Echo. Als abgeschlossen kann diese Entwicklung in der heutigen Situation nicht bezeichnet werden.

Wichtiger für das im Zusammenhang der Darstellung des gruppendynamischen Konzeptes Abzuhandelnde ist die Betrachtung eines historischen Abrisses jener Veranstaltungen, die die Entwicklung konzeptioneller Orientierungen für Veränderungen in Gruppen zum Ziel hatten. Der erste Versuch eines gruppendynamischen Seminars (in Amerika und zuerst auch in Deutschland „gruppendynamisches Laboratorium" genannt) fand im Sommer 1946 auf dem „Campus des State Teachers' College" in Connecticut statt, mit dem erklärten Ziel, bessere Führungskräfte für eine Institution heranzubilden.

Ab 1947 wurden dann in Bethel/Maine bis heute regelmäßig für die verschiedensten Zielgruppen sogenannte „Gruppendynamische Laboratorien" durchgeführt. Dabei sind die Aktivitäten ab dem Jahre 1949 durch eine breite Vielfalt an experimentellen Versuchen zur Entwicklung von Methoden und Verfahren gekennzeichnet. Bethel blieb zwar lange Zeit das Zentrum angewandter gruppendynamischer Experimente (im Sinne unserer ersten Definition), mehr und mehr aber verbreiterte sich das Angebot, die Kommerzialisierung schritt mit den Verwertungsmöglichkeiten des Konzeptes (der Methoden und der Verfahren) voran, so daß die Szene in den USA sehr schnell unüberblickbar wurde.

Die unendliche Vielfalt der Konzeptmodifikationen ist letztlich Ausdruck und Resultat der spezifischen gesellschaftlichen Verhältnisse, so wie die Praxis des gruppendynamischen Handelns auch immer auf ganz bestimmten sozialen und materiellen Voraussetzungen fußt. Dies gilt nicht nur für die Situation in den USA, sondern in gleichem Maße auch für die Entwicklung in der Bundesrepublik Deuschland (vgl. hierzu *Hüppauff* 1979).

Kann man die Anfänge der gruppendynamischen Seminare in den Vereinigten Staaten in einem sehr engen Zusammenhang mit den Bedingungen und den Problemen von Veränderungen im ökonomischen Bereich sehen, so ist dies anfänglich — wenigstens was die Zielgruppen betrifft — in der Bundesrepublik Deutschland nur bedingt so festzustellen. Hierzulande wurden die Lernmöglichkeiten gruppendynamischer Veranstaltungen zu Anfang besonders für „soziale Berufe" (im weitesten Sinne) nutzbar gemacht. Neben ersten Initiativen der „Pädagogischen Arbeitsstelle Berlin" 1961 und des „Deutschen Volkshochschulverbandes" 1963 fand im September 1963 ein vom Frankfurter „Institut für Sozialforschung" initiierter „erster Einführungskurs in die Arbeitsweise der Gruppendynamik" in Schliersee/Obb. statt. An dieser Veranstaltung, die in ihrer Methode weitgehend an den Arbeitsformen des amerikanischen Laboratoriums ausgerichtet war, nahmen 30 Lehrerinnen und Lehrer allgemeinbildender Schulen teil. Die mit dem Projekt verbundenen Ziele waren vornehmlich auf politisch-gesellschaftliche Erziehungsprozesse im Sinne zunehmender Demokratisierung im Unterricht der teilnehmenden Lehrerinnen und Lehrer ausgerichtet. Die Ergebnisse dieses Versuches stimmten die Beteiligten hoffnungsvoll (so *Minssen* 1965), besonders im Hinblick auf die Erhöhung der Sensibilität und des Zuwachses an theoretischen Einsichten bezüglich Interaktionsproblemen. Mit der Publizität dieses Versuches und der Verbreitung einschlägiger Berichte aus den Vereinigten Staaten nahm die Aktivität, speziell von Bildungsträgern der Aus- und Fortbildung, stark zu, gruppendynamische Seminare in ihrem Programm anzubieten. Mit dem breiten Angebot hat sich auch eine Vielzahl von Veranstaltungsformen entwickelt, die bei weitem nicht mehr alle an den gesellschaftspolitischen Zielsetzungen der ersten Seminare orientiert sind.

Das noch am ehesten an die ursprünglichen politischen Intentionen anknüpfende Projekt ist z. Zt. die von der Hessischen Landeszentrale für Politische Bildung getragene gruppendynamische Lehrerfortbildung (vgl. hierzu *Geißler* 1979). Ein schillerndes Spektrum ist auch in sozialpädagogischen Aus- und Fortbildungsmöglichkeiten anzutreffen. Eine spezifisch an sozialpädagogischer Arbeit orientierte Methode zeichnet sich bis jetzt jedoch noch nicht ab; dies deshalb, weil das gruppendynamische Konzept bis jetzt nur in Ansätzen und wenig systematisch auf die sozialpädagogische Problembearbeitung hin ausgearbeitet wurde.

7.3 Rechtfertigung und Begründung

Ein systematisches Handlungsmodell haben wir Konzept genannt. Dabei wurden die Ziele, die Inhalte, die Methoden und die Verfahren des Handelns (hier: des gruppendynamisch orientierten Handelns) über Aussagen der Rechtfertigung und der Begründung in einen mehr oder weniger sinnvollen Zusammenhang gebracht.

In dieser von uns vorgeschlagenen Systematik wurde das Konzept der Gruppendynamik noch an keiner Stelle dargelegt (vgl. dazu *Geißler* 1976b). Daher werden wir im folgenden versuchen, exemplarisch einzelne Aspekte zu analysieren, die die Rechtfertigungsfrage und die Begründungsfrage der Gruppendynamik wenigstens in Ansätzen beantwortet.

Rechtfertigung

Soll das gruppendynamische Konzept als gerechtfertigt gelten, müssen dazu die normativen Argumente und Prämissen deutlich ausgewiesen werden.

Selbstverständlich gibt es verschiedene moralische, ethische, politische und anthropologische Antworten auf die Rechtfertigungsfrage, oft sind diese jedoch nicht gesondert ausgewiesen und können nur interpretatorisch erarbeitet werden.

Antworten auf die Rechtfertigungsfragen in der Gruppendynamik betreffen meistens Aussagen zum Verhältnis von Individuum, Kleingruppe und Gesellschaft. Systematische Darstellungen und ein von allen Vertretern dieses Konzeptes getragener inhaltlicher Grundkonsens bestehen nicht. Relativ durchgängige Aussagen gibt es fast ausschließlich nur auf einer unverbindlichen generellen Ebene. Die Betonung demokratischer Werte, speziell im Hinblick auf den Abbau autoritärer Interaktionsstrukturen in Gruppen und Organisationen, ist zwar eine gemeinsame (aber auch nur formale) übereinstimmende Basis der Rechtfertigung bei den Vertretern des gruppendynamischen Konzeptes. Die Breite der Interpretation dieser Wertorientierung läßt, dies wird bei der Analyse der Vielfalt gruppendynamischer Veranstaltungen sehr schnell deutlich, eine heterogene und weitläufige Konzeptausprägung zu.

Die von *Bradford* u.a. dargelegten Intentionen der Begründer des gruppendynamischen Konzeptes machen exemplarisch deutlich, daß die für die Rechtfertigung des Konzeptes unverzichtbare Antwort nach dem Gesellschafts- und Menschenbild unseres Erachtens bis jetzt weitgehend unzureichend und meist nur formal beantwortet wurde:

„Die Begründer des ersten Laboratoriums verstanden die Gruppe als das Bindeglied zwischen der Einzelperson und der weiteren Sozialstruktur. Sie sahen sie daher als ein Medium für zwei Bündel miteinander verknüpfter Funktionen an: einmal die Umerziehung (re-education) des Individuums in Richtung auf größere Integrität, besseres Verständnis für seine gesellschaftlichen Lebensbedingungen und für sich selbst, effizienteres Verhalten bei der Planung und Verwirklichung von Änderungen seiner selbst und seiner gesellschaftlichen Umwelt; zum anderen die Erleichterung von Veränderungen der übergreifenden sozialen Strukturen, von denen das Leben der Individuen abhängt.

Können die Menschen lernen, sich der Gruppen zum Zweck individueller Rehabilitation und zur Umgestaltung ihrer gesellschaftlichen Umwelt zu bedienen? Und können Gruppen entwickelt werden, die sich gleichzeitig der Bedürfnisse ihrer Mitglieder nach persönlicher Entfaltung und der Bedürfnisse der gesellschaftlichen Umwelt nach Verbesserung und Umgestaltung bewußt sind? Die Begründer des Laboratoriums bejahten dies. Das Laboratorium wurde zu einem Ort gestaltet, wo Menschen lernen könnten, auf experimentelle Weise Gruppen zu bilden, die beiden Zwecken dienten, und wo sie im weiteren Fortgang die Fähigkeit erwerben könnten, ähnliche experimentelle Vorgehensweisen auch in Situationen außerhalb des Laboratoriums hinauszutragen" (*Bradford* u. a. 1972, S. 23 f.).

Es gibt zwar detailliertere Aussagen zur Rechtfertigungsproblematik als die von *Bradford* u. a. dargelegte (so z. B. bei R. *Cohn* 1975), doch sind diese ebensowenig in einen stringenten Zusammenhang mit den Methoden und den Verfahren der Gruppendynamik gebracht wie die jener, die das Laboratorium maßgeblich entwickelten. Eine Kritik am gruppendynamischen Konzept, die an dieser Stelle ansetzt und dieses Defizit benennt, ist unseres Erachtens berechtigt[2].

Die in der gruppendynamischen Praxis häufig anzutreffende sogenannte „pragmatische Rechtfertigung", jene nämlich, die eine Initiative schon alleine durch den Sachverhalt für gerechtfertigt hält, daß es dafür Bedürfnisse von Personen und Gruppen gibt, greift zu kurz. Berufen sich z. B. Veranstalter von gruppendynamischen Seminaren, wenn man sie

---

[2] Ein konkretes Beispiel einer Rechtfertigung und deren Kritik werden wir im Zusammenhang mit der Darstellung der themenzentrierten interaktionellen Methode (R. *Cohn*) detailliert ausführen (vgl. Kap. 7.5.4).

nach der Rechtfertigung ihres Angebotes fragt, auf das Vorhandensein eben der Bedürfnisse für solche Veranstaltungen, so brechen sie die Rechtfertigungsfrage an einer Stelle ab, wo sie erst aktuell wird.

Die Qualität und die Quantität der individuellen und der kollektiven Bedürfnisse und deren Artikulation ist nämlich eingebettet in den gesellschaftlichen Prozeß der Unterstützung, der Unterdrückung, der Vernachlässigung und der Suggestion von Bedürfnissen (vgl. hierzu besonders *Badura* 1972). Bedürfnisse sind immer gesellschaftlich und historisch vermittelt.

Die Analyse, auf deren Grundlage man möglicherweise zu ganz anderen Handlungskonsequenzen kommt als zu jener, gruppendynamische Seminare anzubieten, müßte die gesellschaftlichen Herrschaftsverhältnisse mit in die Reflexion der Bedürfnisentwicklung und Bedürfnisartikulation einbeziehen.

Das deutlichste Defizit bei der sehr vernachlässigten Beschäftigung mit Rechtfertigungsproblemen der Gruppendynamik liegt in der weitgehenden Ignoranz, den gruppendynamischen Markt (in seinen jeweils spezifischen Ausprägungen) mit der Entwicklung der qualitativen und quantitativen Veränderung materieller Lebens- und Arbeitsbedingungen in einem engen Zusammenhang zu sehen. In jüngster Zeit ist H. *Hüppauff* (1979) in einer Arbeit, bei der er die gruppendynamische Tätigkeit mit dem politisch-gesellschaftlichen Zusammenhang (der die Dynamik unseres Alltags bestimmt) in eine enge Beziehung bringt, der Frage nachgegangen, wieweit die Gruppendynamik psycho-soziale Defizite der bundesrepublikanischen Nachkriegsgesellschaft kompensiert. Dies ist der bisher deutlichste und fundierteste Versuch, gesellschaftliche Zwänge, soziale und politische Konflikte, die sich durch die schnelle Veränderung der Lebenswelt und deren Institutionen ergebenden Widersprüche sowie die Umwandlung und Außerkraftsetzung traditioneller Sinnzusammenhänge, zusammenhängend mit der Notwendigkeit des Erlernens neuer Interaktionsmodi und Bewältigungsformen zu verstehen. Hierdurch wird dann auch deutlich unterscheidbar, was auf dem gruppendynamischen Markt als seriöses Angebot und was als bizarre Ablenkung von den Problemen (bzw. als sozial-technologische Anpassung an diese) zu gelten hat.

Aufgrund der sonst sehr mangelhaften Antworten auf die Rechtfertigungsfrage liegen die Ziele jener, die gruppendynamische Veranstaltungen durchführen, auf einer weiten Bandbreite. Utopische, weltverbesserische Vorstellungen bilden das eine Extrem, platte Sozialtechnologie das andere.

Gruppendynamik, das werden wir bei der Darstellung der Methode und auch bei den Ausführungen zur Begründung noch deutlich machen, ist in ihren Möglichkeiten beschränkt auf die Reduktion von Zwängen (z. B. den Abbau des verdingtlichten Bewußtseins und von unreflektierten Handlungsritualen) in *überschaubare Interaktionen* (Kleingruppen). In diesem Sinne können die Ergebnisse gruppendynamischer Veranstaltungen politische Veränderungen flankieren und unterstützen; um solche jedoch maßgeblich zu initiieren, bedarf es anderer Konzepte, Methoden und Verfahren (vgl. hierzu besonders *Giere* 1973)[3]. An solchen (beschränkten) Möglichkeiten muß sich dann eine noch im Detail auszuarbeitende Rechtfertigung des gruppendynamischen Konzeptes notwendigerweise orientieren.

Begründung

Die Begründungen für die verschiedenen gruppendynamischen Lernabsichten, Methoden und Verfahren sind fast so verschieden und ebenso breit gefächert wie diese selbst. Daher können wir hier keinen vollständigen Überblick und auch keine Detailkritik von in der Literatur vorhandenen Begründungen für einschlägige gruppendynamische Initiativen geben.

Spezifische, für gruppendynamische Methoden und Verfahren plausible Begründungen liefern z. B. psychoanalytische Erklärungsmodelle sowie Erkenntnisse und Systematiken mikrosoziologischer Reflexion (z. B. aus der Rollentheorie, aus der Organisationstheorie u. a. m.).

Den wohl wichtigsten und häufigsten Bezug liefert jedoch die Sozialpsychologie. Erkenntnisse über die Phänomene der Gruppe, besonders über Gruppenstrukturen und Gruppenentwicklungen (Gruppenpro-

---

[3] So kann z. B. die Gruppendynamik durchaus einen Beitrag zur rationaleren und möglichst viele Bedürfnisse berücksichtigenden Konfliktaustragung in Kleingruppen leisten. Sind solche Konflike jedoch nur „Narben" gesellschaftlicher Grundkonflikte, können sie mit der Anwendung dieses Konzeptes nicht gelöst werden. So z. B. kann es nur als ein Verlust an Realitätsbewußtsein bezeichnet werden, wenn manche Vertreter dieses Konzeptes glauben, mit ihm gesellschaftliche Konflikte, wie z. B. jenen zwischen Lohnarbeit und Kapital, zu lösen (wie etwa *Blake/Mouton/Sloma* 1969).

zesse), sind unverzichtbar für die Konkretisierungsschritte des gruppendynamischen Konzeptes in den Methoden und den Verfahren (vgl. z. B.
Verfahren der Prozeßanalyse, Kap. 7.6). Zahlreiche wichtige Arbeiten
liegen über die Stadien der Gruppenentwicklung vor. Als Beispiel geben
wir das von *Tuckman* entwickelte und bei *Argyle* (1972, S. 215) referierte
Modell wieder:

Phasenmodell der Gruppenentwicklung nach B. W. Tuckman

	Gruppenstruktur	Aufgabenaktivität
1. *Formie-rungsphase* (Forming)	Es besteht Angst, Abhängigkeit von einem Führer, man prüft die Situation und die Frage nach dem angemessenen Verhalten.	Die Gruppenmitglieder erkennen die Aufgabe, die Regeln und die angemessenen Methoden.
2. *Konflikt-phase* (Storming)	Konflikt zwischen Untergruppen, Rebellion gegen Führer, gegensätzliche Meinungen, Widerstand gegen Kontrolle durch die Gruppe; Konflikte über die Intimität der Gruppe.	Emotionaler Widerstand gegen die Anforderungen der Aufgabe.
3. *Normie-rungsphase* (Norming)	Entwicklung der Gruppenkohäsion, Aufkommen von Normen, Widerstand ist überwunden und Konflikte sind beigelegt, gegenseitige Unterstützung und Entwicklung von Gruppengefühl.	Offener Austausch von Ansichten und Gefühlen: Kooperation entwickelt sich.
4. *Arbeits-phase* (Performing)	Interpersonale Probleme sind gelöst, die interpersonale Struktur steht im Dienst der Aufgabenaktivität, die Rollen sind flexibel und funktional.	Auftauchen von Lösungen für Probleme, konstruktive Anstrengungen, die Aufgabe zu beenden, die Energie ist jetzt für effektive Arbeit verfügbar; dies ist die Hauptarbeitsperiode.

Auf der Basis dieses Modells können Verfahren im Hinblick auf deren
Einsetzbarkeit in bestimmten Phasen der Gruppenentwicklung erstellt
werden. So z. B. orientiert sich auch unser Anwendungsbeispiel über „In-

terventionen in Initialphasen" an Erkenntnissen über Anfangsphasen (von *Tuckman* „Formierungsphase" genannt) in Lehr- und Lerngruppen (vgl. Kap. 9).

Da K. *Lewin* den größten Einfluß auf die Entwicklung des gruppendynamischen Konzeptes hatte, werden wir als ein zweites Beispiel das von ihm entwickelte Lernverlaufsmodell vorstellen, das für konkrete Interventionen einen guten Begründungsaspekt, speziell einen lerntheoretisch orientierten, abzugeben in der Lage ist.

Das Lernmodell von Lewin

Lewin konzipiert ein Dreistufen-Modell des Lernens im Verhaltens- und Einstellungsbereich (vgl. *Hege* 1974, S. 90). Dabei geht er von dem Sachverhalt aus, daß der Mensch, bevor er etwas Neues lernen kann, zunächst einmal alte Verhaltens- bzw. Einstellungsweisen verlernen muß. Weitaus die meisten Änderungen, die z.B. von Sozialpädagogen angestrebt werden, betreffen Einstellungen und Verhaltensweisen, die stark von der Person integriert sind, d.h. diese sind häufig zur Routine geworden und laufen quasi-automatisch ab. Das bedeutet für eine Veränderung, daß der Lernende einen Teil von sich, also von dem für ihn Selbstverständlichen, aufgeben muß (mit möglichem partiellem Identitätsverlust). Die dabei auftretenden emotionalen (affektiven) Abwehrkräfte können durch den Verlust gewohnter Verhaltens- und Einstellungsmuster und die daraus resultierenden Verhaltensunsicherheiten und Desorientierungen erklärt werden. Im Rahmen von Veränderungen des „alltäglichen Gleichgewichts" wird die bestehende kognitive und motivationale Balance ins Wanken gebracht.

Lewin sieht diesen Veränderungsprozeß dreiphasig:

Erste Phase

Lewin nennt die erste Phase, deren Symptome oben schon angesprochen wurden, das *„Unfreezing"* (Auftauen). Kräfte im personalen System geraten in Bewegung. Dies ist eine konfliktäre Situation. Der Lernende stößt auf Barrieren, erlebt Dissonanzen zu seinen bisherigen Erfahrungen; er kommt mit jenen alltäglichen Gewohnheiten, die bisher „funktioniert" haben, in Konflikt. In einer nicht-leiterzentrierten Interaktion sind alle an der Interaktion Beteiligten auch an dem Auslösen von solchen Widersprüchen und Defiziterfahrungen mitbeteiligt. Auch der Sozialpädagoge als Gruppenleiter wird dann Dissonanzen erfahren (die er bei einer nicht-autoritär strukturierten Situation offen sichtbar werden lassen kann und sie nicht durch Machtdemonstrationen kompensieren und verdecken muß). Häufig aber ist der Sozialpädagoge Auslöser von Dissonanz-Erlebnissen, besonders dann, wenn er unrealistische Erwartungen, die auf seine Person zielen, bzw. die mit bestimmten falschen Problemlösungshoffnungen verbunden sind, zurückweist. Solche Widersprüche, Konflikte und Verunsicherungen, die das „Auftauen" zu fördern vermögen, können z. B. verursacht werden durch:

— Mangel an Bestätigung seitens der übrigen Gruppenteilnehmer (z. B. des Leiters)
— Schuldgefühle
— Mißerfolgserlebnisse
— Erfahrung erfolgreicherer Handlungen (z. B. bei anderen Interaktionspartnern)
— Konfrontation mit alternativen Verhaltens- und Einstellungsformen.

Zweite Phase

Die zweite Phase nennt *Lewin* das „*Changing*" (Verändern). Dies ist die Phase, in der neues Verhalten (Einstellungen) probiert wird. Dazu braucht der Interaktionsteilnehmer (Lernende) Alternativen. Diese können ihm durch die Interaktionspartner (z. B. Sozialpädagogen) aufgezeigt werden, sie können aber auch indirekt durch den Lernenden aus der Qualität der Interaktion gefolgert werden.

Sozialpädagogisch sinnvoll ist es, den Lernenden den Freiraum und die Möglichkeit zu geben, die für sie jeweils beste Einstellungs- bzw. Verhaltensalternative selbst zu entwickeln. Werden die Alternativen den Lernenden aufgezwungen, ist die Motivation zur wirklichen Veränderung relativ gering bzw. meist nur von kurzer Dauer. Da der einzelne das jeweils neu zu Lernende mit seinen übrigen Verhaltens- und Einstellungsmustern in ein relativ widerspruchsfreies Verhältnis bringen muß, dies aber dem Sozialpädagogen und den Mitlernenden nur in sehr unzureichendem Maße bekannt ist, kann im Verhaltens- und Einstellungsbereich nur in sehr geringem Maße nach den Kategorien „richtig" / „falsch" gelernt und verlernt werden.

In dieser zweiten Phase, in der neue Reaktionen durch alternative Erfahrungen entwickelt werden, geschieht die Veränderung durch:

- Neudefinition der Situation
- Erweiterung der Wahrnehmung
- Neustrukturierung der Bewertungskategorien.

Dritte Phase

In der dritten Phase, von *Lewin "Refreezing"* (Festigung, Stabilisierung) genannt, stellt sich das Problem, die neuerworbenen Einstellungen und Verhaltensweisen in den Bestand der alten Verhaltens- und Einstellungsmuster einzugliedern. Dieser Stabilisierungs- und Integrationsprozeß (z. B. durch Anerkennung) bedeutet die Wiedererlangung von Identität (persönlicher und/oder sozialer Identität). Dies kann und sollte auch durch aktive Umgestaltung der sozialen Umwelt geschehen (z. B. Vorschlagen und Realisieren von anderen Interaktionsformen). Die Stabilisierung der Verhaltensweisen − Refreezing − muß dabei auch über die Lernsituation hinaus als verändertes Verhalten in der weiteren interaktiven Praxis (z. B. Berufspraxis) für den Lernenden Bestand haben.

Nimmt man für das gruppendynamische Konzept dieses relativ formale Lernverlaufsmodell in Anspruch, muß jeder Verfahrenseinsatz (wie z. B. die Anwendung eines Soziogrammes) mit jenem Modell in möglichst widerspruchslosem Einklang stehen. Konkret: Gegenüber alternativen Verfahren müßte unter Berücksichtigung der situativen Bedingungen begründet werden, warum das Soziogramm das sinnvollste Verfahren ist, um spezifische "Unfreezing-Prozesse" in Gang zu setzen. Nehmen wir das Prozeßmodell der Gruppenentwicklung von *Tuckman* als weitere Begründung in Anspruch, dann wären Soziogramme in der Formierungsphase nicht sinnvoll einzusetzen, da ja dort Verunsicherungen genug vorhanden sind. Sie wären (unter Vernachlässigung der übrigen situativen Faktoren) eher für solche "Unfreezing-Prozesse" anzuwenden, wo eine Stabilität (oder wenigstens eine Teilstabilität) in der Rollenverteilung der Gruppe bereits entwickelt ist. Dies würde im *Tuckman*schen Modell eher die dritte Phase der Gruppenentwicklung signalisieren, so daß dort, unter Vernachlässigung weiterer notwendiger Überlegungen, ein Soziogramm begründeter als Verfahren zur Lernförderung eingesetzt werden könnte als in der Anfangsphase eines Lernprozesses.

Gibt dieser Bezug zu wissenschaftlichen Erkenntnissen verschiedener Richtungen einen relativ weiten Begründungsrahmen ab, so sind quasi auf einer Zwischenstufe zwischen Konzept und Methode (die ja in unserem Verständnis immer auch Ziele und Inhalte konstituieren) die *Prinzipien* der Gruppendynamik anzusiedeln, die für die konkrete Entscheidung im Hinblick auf Methoden- und Verfahrensalternativen eindeutigere Hinweise geben.

7.4 Die Prinzipien

Prinzipien stellen das Zwischenglied, das die Begründung des Konzeptes mit den Methoden verbindet, dar. In ihnen weist sich das Konzept aus, auf ihnen basieren Methoden und Verfahren.

Zwei Grundprinzipien sind für das gruppendynamische Konzept konstitutiv:
— das Hier-und-Jetzt-Prinzip
— das Feedback-Prinzip.

7.4.1 Das Hier-und-Jetzt-Prinzip

Beim Hier-und-Jetzt-Prinzip geht man von dem Sachverhalt aus, daß in Lernprozessen auch der Lernfortgang selbst für das Lernen der Beteiligten fruchtbar gemacht werden kann. Die Aufhellung, die Reflexion und die Veränderung von Situationen, deren Strukturen und deren Verläufe, sind hierfür unverzichtbar. Dabei steht der bewußte Umgang der Gruppenmitglieder mit der Wechselwirkung von Erkenntnissen, Erfahrungen und Werten innerhalb der Interaktion im Mittelpunkt. Die hierdurch verursachte individuelle und kollektive Betroffenheit setzt u. a. Motivationen für alternative Erkenntnisse und Erfahrungen frei. Lernen, so die u. a. auf dem Lernmodell von *Lewin* basierenden Überlegungen, setzt bei konkreter Selbst- und Situationserfahrung an und nicht bei der erfahrungsdistanzierten Aneignung theoretischer Einsichten. Erkenntnisse und Erklärungsmuster resultieren vielmehr aus der Betroffenheit durch eigene Erfahrungen. Systematische und konzeptualisierte Erkenntnis orientiert sich dabei an erlebter konkreter Erfahrung und ist auf diese im Moment der Veränderungsbedürftigkeit von Situationen immer wieder rückbezogen. Damit wird Theorie unmittelbar den aktuellen sozialen Prozessen integriert; die Momente der Aktivierung und die der Konstruktion werden für eine solche Lerninitiative konstitutiv. Dies bedeutet für die Praxis von gruppendynamisch orientierten Veranstaltungen, daß möglichst alle Fragen und Probleme von der abstrakten Ebene der wissenschaftlichen Erklärung und aus der distanzierten Dort-und-Damals-Perspektive (z. B. Familie, Betrieb usw.) in das Hier-und-Jetzt der aktuellen Interaktionssituation verlagert werden. Das gegenüberstehende Schema soll dies verdeutlichen.

Das Hier-und-Jetzt-Prinzip bedeutet aber keine grundsätzliche Vernachlässigung der beiden Ebenen: „Abstrakte Erklärung" und „Dort-und-Damals", jedoch eine deutliche Nachordnung in dem Sinne, daß das Hier-und-Jetzt der Lernsituation Maßstäbe für die Selektion und die Brauchbarkeit von Lerninhalten setzt.

Erst über die kritische Reflexion der im Seminar gegenwärtigen Probleme der Interaktion können, so die Logik dieses Prinzips, abstrakte Erklärungen sowie Bezüge zu vergangenen oder zukünftigen Alltagssituationen als hilfreich und sinnvoll erfahren werden[4].

Beispiel:
In einem Fortbildungsseminar für Sozialpädagogen sollen Fähigkeiten entwickelt und geübt werden, Rollenstrukturen und Formen der Rollenausübung erkennen zu können und entsprechend so zu verändern, daß von einer gelingenden Interaktion gesprochen werden kann.
In Anwendung des Hier-und-Jetzt-Prinzips geschieht dies folgendermaßen: Im Verlauf des gruppendynamischen Seminars nehmen die Beteiligten innerhalb der Gruppe unterschiedliche Rollen ein. Aufgrund der Rollenausübung entstehen mehr oder weniger gelingende Interaktionen. Der Anlaß einer mißlungenen Interaktion in der Gruppe kann es nun als sinnvoll erscheinen lassen, die Rollenstruktur, die Rollenverteilung, die Form der Rollenausübung transparent zu machen (z. B. durch das Verfahren „Soziogramm") und verändern zu wollen. Das aktuelle Problem ist also die Verbesserung der Interaktionsqualitäten im Seminar. Anhand dieser Problemlösung könnten dann, aufgrund der Seminarerfahrung, Bezüge zur Alltagssituation der Beteiligten hergestellt werden. Erklärungsmodelle der Sozialpsychologie könnten zudem anhand des erlebten Problems besser mit eigenen Erfahrungen in einen Zusammenhang gebracht werden.

Das Hier-und-Jetzt-Prinzip als Lernprinzip darf jedoch nicht für alle Lernprozesse als einzig sinnvolles in Anspruch genommen werden. Es ist

---

[4] Und auf der anderen Seite kann damit auch der ,Fluchtanteil' wohlklingender theoretischer Ausführungen an den aktuell zur Bearbeitung anstehenden Problemen festgemacht werden.

Beispiel: Schema zur Prozeßanalyse

Frage		1	2	3	4	5	6	7	
1. Wieviel konnte ich über mich lernen?	wenig								viel
2. Wieviel habe ich über Gruppenphänomene lernen können?	wenig								viel
3. Wieviel Erfahrung konnte ich für mich persönlich gewinnen?	wenig								viel
4. Wie schätze ich die Möglichkeiten ein, meine neugewonnenen Erfahrungen in meinem Tätigkeitsbereich anzuwenden?	schlecht								gut
5. Wie konnte ich mich verwirklichen?	gut								schlecht
6. Wie weit waren die Gruppenziele klar?	unklar								klar
7. Wie habe ich mich in der Gruppe während dieser Veranstaltung erlebt und gefühlt?	gehemmt								gelöst
	produktiv								unproduktiv
	einflußreich								einflußlos
	abgelenkt								konzentriert
	verstanden								unverstanden
	abhängig								selbständig
	angenommen								abgelehnt
	gelangweilt								interessiert
	verantwortlich								nicht verantwortlich
8. Wie war die Beteiligung der Mitglieder in der Gruppe?	breit								vereinzelt
9. Wie gern bin ich in der Gruppe gewesen?	gern								ungern

in seinen Möglichkeiten begrenzt, da es auf das Lernen in der Kleingruppe weitgehend beschränkt ist. Nicht alle Probleme aber können auf die Perspektive überschaubarer Gruppen eingeengt werden. Probleme der gesellschaftlichen Dynamik z. B. können kaum auf unmittelbare Erscheinungsformen in kleinen Gruppen reduziert und aus ihnen abgeleitet werden. Ihre Reflexion bedarf einer Abstraktionsleistung, dem der Konkretismus des Hier-und-Jetzt-Prinzips oft entgegensteht (vertiefend hierzu *Geißler* 1979, S. 92–98).

7.4.2 Das Feedback-Prinzip [5]

Feedback ist im hier verwendeten Sinne die ausdrückliche und beabsichtigte Mitteilung der Wahrnehmung des Verhaltens und Erlebens von einer Person an eine bzw. mehrere andere Personen [6].

Dabei kann unterschieden werden:
— ein Feedback über die Selbstwahrnehmung (z. B. „Ich bin ärgerlich, weil . . .“)
— ein Feedback über die Fremdwahrnehmung (z. B. „Sie bemühen sich sehr, fehlerlos zu sprechen“)
— Feedback über die Wahrnehmung der Gruppenprozesse (z. B. Wahrnehmung, daß zwei Untergruppen miteinander rivalisieren).

Mit Feedback wird der situative Interaktionsprozeß zwischen Gruppenteilnehmern öffentlich gemacht, und zwar zugunsten einer „Versubjektivierung“ des Gruppenablaufes (die jeweils persönlichen Anteile der Gruppenmitglieder werden deutlich gemacht).

Die Funktion des Feedback kann in drei Aspekten gesehen werden:
— *Feedback als Lernchance für den Empfänger*
— *Feedback als Lernchance für den Geber*
— *Feedback als Chance der Reflexion der Veränderung von Interaktionsformen in Gruppen.*

---

[5] Feedback, ein Begriff aus der Kybernetik, heißt wörtlich übersetzt: zurückfüttern. Häufig wird der Begriff aber auch als Rückwirkung, Rückkoppelung, Rückmeldung übertragen.
[6] Als Feedback wird in der Gruppendynamik häufig auch die Technik des Feedback-Gebens bezeichnet.
Dies fällt in unserer Systematik unter die gruppendynamischen Verfahren (vgl. dazu Kap. 7.6).

Lernchancen ergeben sich bezüglich des Informationsgewinnes sowie der Vergleichs- und der Veränderungsmöglichkeiten. Feedback bezieht sich dabei auf das wahrgenommene Verhalten in der Hier-und-Jetzt-Situation.

Dieses Prinzip muß, das ist offensichtlich für gruppendynamische Seminare, noch in Verfahrensimperative umgesetzt werden. Oder besser: Das Prinzip materialisiert sich im Verfahren. Dies geschieht häufig in Form von Regeln über die Form und den Einsatz von Feedback (vgl. dazu Kap. 7.6).

Um das Hier-und-Jetzt-Prinzip und das Feedback-Prinzip möglichst ohne störende Bedingungen der Umwelt realisieren zu können, bedarf es konsequenterweise einer Lernsituation, die die Beteiligten wenigstens teilweise vom Ernstcharakter ihres Alltagshandelns entlastet. Die Seminare werden daher meist in abgeschiedener Gegend in Internatsform durchgeführt. Hierdurch wird durch eine teilweise Außerkraftsetzung des privaten und beruflichen Systems von Belohnung und Bestrafung ein eher experimenteller Umgang mit Verhaltensalternativen ermöglicht, der weniger risikobehaftet ist als die alltägliche Situation in Familie und Beruf. In diesem Sinne haben die gruppendynamischen Veranstaltungen noch heute, obgleich dieser Begriff an Popularität verloren hat, Laboratoriumscharakter.

7.5 Methoden

Die beiden Grundprinzipien des gruppendynamischen Konzepts geben, wie schon angedeutet, nur einen Rahmen für die Entwicklung und die Klassifikation von Methoden ab. Sie lassen − und das zeigt die Praxis sehr deutlich − ein breites Spektrum an Methoden zu, die alle (manchmal aber auch dann, wenn sie in Widerspruch zu den Prinzipien stehen) als „Gruppendynamik" firmieren.

Wenn wir im folgenden einige Methoden des gruppendynamischen Konzepts, die in den letzten dreißig Jahren entwickelt wurden, darlegen, so geben wir damit kein genaues Abbild dessen, was im Augenblick an Angeboten einschlägiger Veranstaltungen auf dem „Markt" vorhanden ist. Wir beschränken uns auf jene Methoden, die in relativ nachprüfbarer Weise ihre Strukturen (Ziele, Inhalte, Verfahren) offenlegen. Wir stellen folgende Methoden vor:

- Sensitivity-Training
- Encounter
- Organisationstraining
- Themenzentrierte Interaktion.

Dabei versuchen wir, diese Methoden, die in der Literatur auch häufig Arbeitsformen genannt werden, hier so darzustellen, daß die Leser eine informative Orientierung erhalten. Ihr spezifisches Interesse für einzelne Methoden müssen sie über die einschlägige Literatur und durch die Teilnahme an entsprechenden Veranstaltungen befriedigen.

7.5.1 Sensitivity-Training

Das Sensitivity-Training ist die klassische Methode der Gruppendynamik. *Däumling* definiert: „Sensitivity-Training ist eine Methode, eigene und fremde Verhaltensweisen subtil aufeinander abzustimmen" (*Däumling* 1968). Grobe Zielrichtung dieser Methode ist die Persönlichkeitsentwicklung im Sinne der Reifung durch Gruppenerfahrung. Sensitivity als Begriff meint die Fähigkeit, Kommunikationssignale und Kommunikationsinhalte situations- und personadäquat aufzufangen und zu beantworten. Die Lernziele des Sensitivity-Trainings sind stark anwendungsorientiert, wie z. B. die Verbesserung der Kontakt- und Durchsetzungsfähigkeit, die Einsicht in fremde und eigene Verhaltensweisen und Verhaltensalternativen, die Erhöhung der situationsangemessenen Flexibilität des Rollenhandelns, das Verstehen von spezifischen Interaktionsqualitäten in Kleingruppen, die Entwicklung von Fähigkeiten zur Verhaltens- und Interaktionsdiagnose u. a. m. (vgl. hierzu *Bradford* u. a. 1972, S. 36–39).

Weschler, Massarik u. *Tannenbaum* sehen in der Methode „ein Mittel, die individuelle Weiterentwicklung von Menschen zu ermöglichen, die zwar unter den meisten kulturellen Normen als normal gelten, die aber von eben diesen Normen auf subtile und komplexe Weise beeinträchtigt werden" (zit. nach *Spangenberg* 1969, S. 78).

Das Sensitivity-Training ist auf die Analyse und die Bearbeitung von interaktionellen Kleingruppenproblemen ausgerichtet, die Inhalte ergeben sich aus den Erfahrungen der Qualitäten der Beziehungen zwischen den Personen in kleinen Gruppen (ca. 7–12 Personen und ein bis zwei Trainer, häufigste Dauer: 5–7 Tage). Die Teilnehmer der Gruppen stehen in einem engen wechselseitigen Beziehungsverhältnis, das durch die gezielte Unterstützung der Trainer immer wieder in seiner qualitativen Entwicklung offengelegt und partiell auch interpretiert wird. Die im Sensitivity-Training angewandten Verfahren firmieren unter dem Sammelbegriff der „Trainingsgruppen-Techniken". Daher auch die häufige Bezeichnung der Kleingruppe als T-Gruppe (= Trainingsgruppe), durch die gleichzeitig die Anwendung spezifischer Verfahren zum Ausdruck gebracht werden soll. Das dabei wichtigste Verfahren ist die Feedback-Technik.

In letzter Zeit wurden Sensitivity-Trainings häufig in das Ausbildungsangebot für Sozialpädagogen aufgenommen. Dies sowohl im Hinblick auf die Überprüfung und Entwicklung sozialer Fähigkeiten der auszubildenden Sozialpädagogen als auch mit dem Ziel, die instrumentelle Kompetenz der Methodenbeherrschung zu vermitteln. (Zur Vertiefung: *Däumling* u. a. 1974, S. 226–233, *Bradford* u. a. 1972, *Däumling* 1968, 1970.)

7.5.2 Encounter

Diese Gruppenmethode – die geläufige, aber recht ausdruckslose Übersetzung ist „Begegnungs-Training" – wird unter verschiedenen, recht exotisch anmutenden Chiffren, wie z. B. Marathon, Bioenergetik, dynamische Meditation u. a. m. auf dem „Psychomarkt" angeboten.

Veranstaltungen dieses Methodentyps stellen das affektive Erleben und den Austausch von stark emotionalen Momenten menschlicher Interaktion wie z. B. Freude, Aggression, Begegnung, Echtheit, Liebe, Angst u. a. m. als Inhalte in den Mittelpunkt. Die Lernziele sind weitgehend auf intrapsychische Erlebnisse und Veränderungsprozesse ausgerichtet, im Sinne der Vertiefung individueller Erlebnismöglichkeiten. Als pauschale Ziele werden genannt: persönliche Weiterentwicklung und Reifung, Freude, Entfaltung eigener Möglichkeiten, aber auch Hilfe gegen Vereinsamung und Isolierung (vgl. *Däumling* u. a. 1974, S. 235).

Die Verfahren der Encounter-Methode sind weitgehend ritualisierte (häufig nonverbale) Übungen, die sehr stark das körperliche Ausdrucksverhalten ansprechen. Diese persönlich-expressiven Techniken werden speziell auf die Erlebnisaktivierung und auf die Selbsterfahrung ausgerichtet. In Marathon-Gruppen (18–32 Stunden ohne Unterbrechung) wird der Effekt psychischer Ermüdung und ununterbrochener räumlicher Nähe zum beschleunigten Abbau von Abwehrhaltungen genutzt, um elementaren Gefühlen zur Entfaltung zu verhelfen. Die Encounter-Methode bietet jedoch keinen integrativen Rahmen für den Einsatz von Verfahren, so daß in Seminaren oftmals die Techniken rein additiv nebeneinander stehen. Hierdurch wird konzeptions- und richtungsloses situatives Herumprobieren sehr leicht ermöglicht, und die Verfahren werden, nicht zuletzt wegen ihrer hohen Ritualisierung, zum Ersatz für befriedigende langfristige Beziehungen (die allein soziale Isolation zu überwinden vermögen).

Das zentrale Problem der Encounter-Methode ist der Transfer. Werden im Encounter reale Konflikte auf die Ebene des Spiels (des Verfahrens) übertragen, so geschieht dies unter der relativ problematischen Voraussetzung, daß sich die Teilnehmer hierdurch eine Wirkung in entgegengesetzter Richtung erhoffen können: nämlich einen befreienden, konfliktlösenden Effekt durch das Erlebte im Hinblick auf die das Leiden verursachende Realität. Nicht die äußere, sondern nur die innere Realität ist Gegenstand der Encounter-Methode. (Weiterführende Literatur: *Däumling* u.a. 1974, S. 234–252, *Schutz* 1971, *Perls* 1975.)

7.5.3 Organisationstraining

Inhalte gruppendynamischer Organisationstrainings sind die Analyse und die Veränderung von Strukturen und Prozessen in Organisationen. Probleme von Macht, Herrschaft, Vertrauen, Kontrolle, Partizipation, Kompetenzen, Delegation und Information stehen im Mittelpunkt. Als globales Ziel von Organisationstrainings werden Fähigkeiten angestrebt, in institutionellen Zusammenhängen (größeren Gruppen) situationsadäquat im Hinblick auf den Abbau von Herrschaft zu handeln und sozial-organisatorische Entwicklungen eigenaktiv zu beeinflussen. Die Vermittlung der individuellen Bedürfnisse der Organisationsmitglieder mit dem Zweck der Organisation soll dabei erlebt und zu einem situativen Optimum gebracht werden. Ein zentrales Anliegen ist die Erfahrung, daß Organisationen beeinflußbar und veränderbar sind, sowie die Entwicklung von Fähigkeiten, diese Veränderungsmöglichkeiten auch konkret auf der Basis individueller und kollektiver Interessen anzugehen. Die größere Gruppe (ca. 50–60 Personen) und die Intergruppenkontakte stellen dabei das zentrale Erfahrungsfeld für die Lernzielrealisierung dar. Interventionen im Sinne des Einsatzes von Verfahren richten sich speziell auf Strukturprobleme (z. B. Überprüfen und Veränderung von Entscheidungsstrukturen).

Organisationstrainings finden (wie die vorher genannten Methoden ebenfalls) in einer vom ernsten Charakter der Alltagssituation entlastenden Form statt. Neben diesen „Schonraumveranstaltungen" ist die Methode des Organisationstrainings wenigstens partiell auch auf Organisations- und Institutionsberatung von bestehenden und weiter existierenden formalen Organisationen übertragen worden.

Im sozialpädagogischen Arbeitsfeld hat die Methode „Organisationsberatung" besonders dort ihre Anwendung gefunden, wo organisatorisch-institutionelle Bedingungen pädagogisches und therapeutisches Handeln behindern und in ihrem Erfolg beeinträchtigen. In einzelnen pädagogischen Fortbildungseinrichtungen wird daher auch im Rahmen eines einschlägigen Angebotes eine Kompetenz zu fördern versucht, durch die den Organisationsmitgliedern auf der Grundlage einer tragfähigen Beziehung bei der aufdeckenden Analyse der institutionellen Struktur geholfen werden kann und Veränderungsprozesse eingeleitet werden können (weiterführende Literatur: *Däumling* u. a. 1974, S. 254–261, *Gebert* 1972, *Wellendorf* 1979).

7.5.4 Themenzentrierte Interaktion

Die themenzentrierte interaktionelle Methode (TIM) geht davon aus, daß ein Sachthema für den Lernablauf (z. B. für eine Erwachsenenbildungsveranstaltung) vorliegt, daß aber Beziehungsprobleme zwischen den Gruppenmitgliedern im Störungsfalle thematisiert und angegangen werden. Interventionsschwerpunkte in der themenzentrierten interaktionellen Methode sind demnach die Schwierigkeiten der Gruppenlernsituation. Ziele, die mit dieser Methode verbunden sind, beziehen sich auf die Erleichterung der Verarbeitung der Lerninhalte (Thema), auf die individuelle Entfaltung der Teilnehmer (Ich) und auf die Entwicklung zunehmender Offenheit in der Kommunikation zwischen den Teilnehmern der Lerngruppen (Wir). Die dynamische Balance von „Ich-Wir-Thema" stellt dabei Inhalt und Ziel aller Interventionen dar. Um dieses Gleichgewicht zu erreichen, wurden Regeln (Postulate) entwickelt, die die normativen Verhaltensansprüche ihrer Verfasserin (Ruth *Cohn)* deutlich zum Ausdruck bringen.

Die themenzentrierte interaktionelle Methode ist von den dargelegten Methoden jene, die von ihren Verfahren her am präzisesten ausgearbeitet ist. Anwendung hat sie – auch mit Modifikationen – besonders im pädagogischen Bereich (speziell in der Fort- und Weiterbildung, vgl. *Ebert* 1978) gefunden. Dabei meist in jenen Bildungsveranstaltungen, bei welchen nicht verzichtet werden soll, durch die Reflexion und die Veränderung der Interaktionsqualitäten des Lehr-Lernprozesses selbst Lernimpulse zu setzen und Bildungsprozesse zu intensivieren.

Exemplarisch soll an dieser Methode – diese Auswahl ist vor allem in dem Sachverhalt begründet, daß die themenzentrierte interaktionelle Methode im Bereich der Sozialpädagogik einen sehr breiten Anhängerkreis gefunden hat – kritisch zu den Arbeitsformen der Gruppendynamik Stellung genommen werden.

R. *Cohn* macht den Rechtfertigungszusammenhang der von ihr maßgeblich entwickelten Methode an verschiedenen Stellen ihrer Publikationen deutlich. So z. B.: „Aus einer als axiomatisch postulierten Wirklichkeitsschau, daß der Mensch sowohl eine Einheit, ein psychologisches Ganzes, als auch ein An-Teil größerer Einheiten (sozialkosmisch) sei, leite ich hypothetisch ab, daß diese Tatsachen sich auch in seinem psychologischen Sein spiegeln und er sowohl selbstbezogene als auch gemeinschaftsbezogene Antriebe in sich erlebt. Die Balance dieser sich oft widersprechenden, oft miteinander durchwebten Bedürfnisse in der Realität zu verwirklichen, ist Aufgabe bewußter Existenz" (1973, S. 500 f.).

Deutlich wird in dem Zitat von R. *Cohn*, wie auch an verschiedenen anderen Stellen ihrer Aufsatzsammlung (1975), daß der themenzentrierten interaktionellen Methode ein individualistisches Menschen- und Weltbild zugrundeliegt. Dieses orientiert sich, wie aus dem Zusammenhang ihrer Veröffentlichungen hervorgeht, weitgehend an der von C. *Rogers* und Ch. *Bühler* ausgearbeiteten und vertretenen „Humanistischen Psychologie".

Für die Grundlegung ihrer Methode faßt R. *Cohn* diese Ausgangssituation in drei Axiomen zusammen (vgl. *Cohn* 1975, S. 120):

– der Mensch als psycho-biologische Einheit und Teil des Universums ist autonom und interdependent zugleich
– das Humane ist wertvoll

— innerhalb bedingender, grundsätzlich aber als veränderbar geltender Grenzen sind freie Entscheidungen möglich.

Der unseres Erachtens die gesellschaftliche Realität weitgehend unterschlagende und die politische Dimension individuellen und kollektiven Handelns vernachlässigende normative Bezugsrahmen kommt insbesondere in den Postulaten (die in unserer Systematik zu den Verfahren zu rechnen sind) sehr deutlich zum Ausdruck.

Das Verhaftetbleiben in der Unmittelbarkeit der Erlebnisdimension unterschlägt den Zusammenhang zwischen sozioökonomischer Gesellschaftsstruktur, Herrschaft und Interaktion und reduziert diesen komplexen Zusammenhang auf Probleme von (weitgehend) isolierten Einzelinteraktionen zwischen Individuen in relativ beliebig austauschbaren Situationen. Die individuell mögliche und die individuell wirkliche Entwicklung, dies wird nicht gesehen, hängt aber in spezifischem Maße von der gesellschaftlichen Situation und der gesellschaftlichen Dynamik, besonders aber von den Konflikten und Widersprüchen in der Gesellschaft ab. Die Freiheit des Individuums wird dagegen weitgehend verabsolutiert, so daß auch dort, wo es möglich wäre, individuelle Reaktionsweisen strukturell mit gesellschaftlichen Prinzipien und Prozessen in einen Zusammenhang zu bringen, die meisten Phänomene einseitig (oberflächlich und durch Regeln ritualisiert) dem einzelnen Subjekt innerhalb der kleinen überschaubaren Gruppe zugeschrieben (bzw. aufgelastet) werden.

Beispiel:

Eine der Grundregeln, die im Lehr-Lernprozeß lt. *Cohn* zu beachten sind, heißt: Sprich nicht per „man" oder „wir", sondern per „ich". Diese Regel soll dazu dienen, die persönliche Verantwortlichkeit dessen, was gesagt wird, deutlich auszudrücken. Dafür mag sie auch durchaus in manchen Situationen sinnvoll einsetzbar sein. Mit einer solchen Regel wird aber gleichzeitig dazu aufgefordert, alles jene, was mit dem „man" von der eigenen Person auch ein Stück auf Distanz gehalten wird, ausschließlich selbst zu verantworten. Diese, in eine Regel gegossene, sprachliche Beschwörung vergewaltigt letztlich denjenigen, der das, was er durch das „man" bezeichnet und auszudrücken versucht (also das, mit dem er sich nicht oder nur teilweise identifiziert), für sich (auf jeden Fall gegenüber dem Interaktionspartner) zu akzeptieren und zu verantworten. In der Praxis heißt dies nichts anderes, als daß das gleiche, was per „man" ausgedrückt wird, jetzt per „ich" gesagt wird, bis schließlich das „man" zum „ich" wird, ohne daß sich substantiell etwas geändert hätte. Jedes Problem ist damit auf die schlichte Formel „selber schuld" oder „tu doch Du was" reduziert. Gesellschaftliche Defizite sind hierdurch auf Individuen abgewälzt und diese zur Fassadenpersönlichkeit angehalten, die ein Selbst dort vorspiegelt, wo es keines gibt (vgl. *Bittner* 1980).

Neben der Kritik, die wir bereits an dem auf weitgehend identischen normativen Grundlagen basierenden Konzept von C. *Rogers* (klientenzentriertes Beratungskonzept, vgl. Kap. 4) anbrachten, kann der themenzentrierten interaktionellen Methode eine didaktische Naivität nachgewiesen werden. Dies besonders aufgrund der dort vollzogenen Trennung von Lerninhalt und Interaktionsform.

Konkreter: Die themenzentrierte interaktionelle Methode wird nicht am Sachthema des Lehr- und Lernprozesses orientiert, sie hat, dies ist der von uns kritisierte Anspruch, Gültigkeit und damit auch Anwendungsmöglichkeiten für alle möglichen Lehr- und Lerninhalte. Daß Interaktionsprobleme und auch die Art der Bearbeitung von Interaktionsproblemen nicht unabhängig von der Sache (Thema), die zu bearbeiten ist, gesehen werden können, wird dabei vernachlässigt. Da der Berater im Lehr-Lernprozeß, der auf der Basis der themenzentrierten interaktionellen Methode interveniert, manchmal vom zu bearbeitenden Inhalt sehr wenig versteht, entwickeln sich diese Gruppen häufig auf eine „themenlose" Interaktion zu, d. h. nicht mehr die Sachthemen stehen im Mittelpunkt, sondern die Beziehungsprobleme der Interagierenden. Soll der Anspruch der themenzentrierten interaktionellen Methode wirklich realisiert werden, muß der Berater (Trainer) von den zu erarbeitenden Inhalten der Lerngruppe ebensoviel verstehen wie von möglichen und realen Interaktionsproblemen.

Unberücksichtigt bleiben ebenso die Spezifika der pädagogischen Aufgaben jener Institutionen, in denen die Methode eingesetzt wird. Die Methode enthält weder formale noch substantielle Aussagen über einsatzbereichsspezifisch zu leistende Transformationen.

In gleicher Weise gilt die Kritik auch gegenüber den Postulaten, was deren Formulierung und die vermeintlich relativ unbeschränkten Einsatzmöglichkeiten in verschiedensten Interaktionszusammenhängen mit den unterschiedlichsten Themen betrifft. Der allgemeindidaktische (Bezug zur Lehr-Lernsituation) und auch der fachdidaktische (Bezug zum Inhalt) Stellenwert bleibt völlig unerwähnt, so daß technokratischer Verwendung bei der Anwendung allzu leicht nachgegeben werden kann. (Weiterführende Literatur: R. *Cohn* 1975, *Genser* u. a. 1972, *Prokop/ Geißler* 1974, S. 26–47, *Olszowi-Müller* 1976)

7.6 Verfahren

Über Verfahren der Gruppendynamik ist, das läßt schon die Darstellung der Methoden vermuten, kaum ein Überblick zu erlangen. Täglich werden neue, meist „gruppendynamische Übungen" genannt, auf dem Buchmarkt und im informellen Austausch schriftlich und/oder mündlich angeboten. Selbstverständlich können wir in unserer Systematik nur eine subjektive und sehr kleine Auswahl treffen, die sich an den bereits dargelegten Aspekten des Konzeptes zu orientieren versucht.

Beispiel: Feedback-Technik

Wir werden zuerst die sogenannte „Feedback-Technik" vorstellen, da dieses Verfahren an die Prinzipien (speziell das Feedback-Prinzip) des gruppendynamischen Konzeptes sehr eng anschließt. „Feedback" ist eine Mitteilung, die eine Person oder mehrere Gruppenmitglieder darüber informiert, wie Verhaltensweisen einzelner oder mehrerer von anderen wahrgenommen, verstanden und erlebt werden. Mit Hilfe des Feedbacks sollen die psychosozialen Wirkungen von im Gruppenprozeß sichtbar gewordenen Verhaltensweisen transparent gemacht werden, mit dem Globalziel, dysfunktionales Verhalten zu reduzieren. Die Ziele des Feedbacks wurden im einzelnen von *Prim* (1977, S. 20) formuliert:
Feedback kann gegeben werden:
- um die soziale Fremd- und Selbstwahrnehmungsfähigkeit zu fördern
- um die Verständigungsbereitschaft und -fähigkeit von Personen zu verbessern
- um soziale Vorurteile sichtbar und revidierbar zu machen
- um Fähigkeiten als Gruppenmitglied zu entwickeln
- um Gruppen als soziale Einheit erfolgreicher und kohärenter werden zu lassen.

Feedback-Techniken können dabei individuumzentriert (auf das Verhalten eines Teilnehmers gerichtet) und/oder gruppenzentriert (auf die gesamte Gruppe oder auf Teilgruppen), z. B. auf die Gruppenatmosphäre, ausgerichtet sein. Für beide Formen gelten „Feedback-Regeln".
Nach *Däumling* u. a. (vgl. 1974, S. 92 f.) bezieht sich Feedback auf:
- wahrgenommene Verhaltensweisen, wie mimische, pantomimische oder stimmliche Ausdrucksweisen, Bewegungen, Handlungen, sprachliche Äußerungen usw.

— situative Gegebenheiten (z. B. Nichtreagieren auf das Angesprochensein), z. B.: „Walter, die Art, wie Du in den Pausen auftrittst, steht für mich in krassem Gegensatz zu Deinem schweigenden Verhalten in der Gruppe hier."

Für die Person, die Feedback gibt, gelten folgende (formale) Regeln:

— möglichst nachprüfbare Beschreibung anhand konkreter Beispiele, keine Verallgemeinerung, keine moralische Bewertung, möglichst knappe Aussagen (z. B. „Zum dritten Mal bleibst Du während unserer Arbeitspause allein im Gruppenraum zurück.")
— Ergänzung der Verhaltensbeschreibung durch die Beschreibung jener Gefühlsresonanz, die die jeweilige Handlung beim Feedbackgeber ausgelöst hat (z. B. „Dein Verhalten hat mich geängstigt.")
— deutlich werden lassen, was mit Feedback bezweckt wird (z. B. „Ich möchte, daß Du in die Gruppe besser integriert wirst.")
— vergewissern, ob und wann Feedback entgegengenommen wird (kein Bedrängen!) (z. B. „Hat Dich meine Aussage getroffen?")
— Kontrolle, inwieweit das Feedback akzeptiert wird (z. B. „Kannst Du mit dem, was ich über Dein Verhalten sagte, etwas anfangen?")

Für die Person, die Feedback erhält, gelten folgende (formale) Regeln:

— zuhören, aufnehmen
— nicht verteidigen, nicht argumentieren und nicht abwerten
— bestätigen, falls erforderlich, sachliche Richtigstellung.

Diese Regeln können den Kursteilnehmern, falls es aus der Situation heraus als sinnvoll und zweckmäßig erscheint, schriftlich gegeben werden. Wir schlagen, um Feedback-Prozesse zu intensivieren, flankierende Techniken vor. Ein solches Verfahren, das über die Stärkung der Beobachtungsfähigkeit der Teilnehmer Erfahrungen und Erkenntnisse in Gruppenprozessen zu vermitteln vermag — die dann eventuell den Anstoß zu Verhaltensänderungen geben — wäre z. B. mit folgendem Text, der den Teilnehmern vor einer Beobachtungsübung an die Hand gegeben werden kann, einzuleiten.

Beispiel: Beobachtungsanleitung

These 1: Beobachten kann man Verhaltensweisen, und zwar Verhaltensweisen, die auffällig sind.

These 2: Eigenschaften kann man *nicht* beobachten. Eigenschaften sind (sehr oft vereinfachte) Schlußfolgerungen aus Verhaltensweisen.

Folgerung aus These 1 und 2:

Wenn Sie beobachten, nehmen Sie immer subjektiv die Verhaltensweisen anderer wahr. D. h. Ihre Beobachtung ist durch die Erfahrungen von Ihnen selbst ,gefärbt' (= selektive Wahrnehmung). Geben Sie daher Ihre Beobachtung als Angebot weiter und nicht als „objektiven Tatbestand". Versuchen Sie, Verhaltensweisen zu beschreiben, geben Sie möglichst keine Interpretationen (das ist die Schlußfolgerung von Verhaltensweisen auf Eigenschaften). Dies macht die Beobachtung akzeptabler.

These 3: Ein einzelner hervorstechender Eindruck einer Person überlagert bei der Beobachtung der Person alle weiteren Eindrücke. Die Wahrnehmungsverzerrung (Halo-Effekt) wirkt bei positiven und bei negativen Eigenschaften.

These 4: Hat der Beobachter ein festes Bild (einen deutlichen Gesamteindruck der zu beobachtenden Person), sieht er eher und häufiger solche Verhaltensweisen, die mit seinem Eindruck übereinstimmen, und er übersieht jene leichter, die nicht zu seinem Bild von der beobachteten Person passen.

Folgerung aus These 3 und 4:

Vergleichen Sie Ihren eigenen Eindruck mit dem eines anderen Beobachters. Beobachten Sie nur jene Personen, von denen Sie nicht einen „fertigen Eindruck" haben. Lehnen Sie die Beobachtung ab, wenn Sie glauben, daß Sie Schwierigkeiten haben, Beobachtung und Interpretation auseinanderzuhalten.

Verfahren der Situationsanalyse und der Prozeßanalyse können Feedback-Prozesse noch weiter verfahrensmäßig unterstützen und intensivieren (vgl. zu solchen Verfahren *Doerry* 1972, S. 12–28; *Sader* 1977, S. 82–89; *Prior/Oelkers* 1975, S. 102–104; *Brocher* 1967).

Solche Verfahren üben erfahrungsgemäß eine Attraktivität aus, die die Anwendenden den notwendigen und unverzichtbaren Bezug zu den methodischen und konzeptionellen Überlegungen allzu schnell vergessen lassen; daher unser deutlicher Hinweis, daß z. B. die Feedback-Technik in engem Zusammenhang mit dem Feedback-Prinzip, den gewählten gruppendynamischen Methoden sowie dem Rechtfertigungs- und Begründungszusammenhang gesehen werden muß.

An einem Verfahren, das jedoch nicht nur innerhalb des gruppendynamischen Konzeptes seine Anwendung findet, nämlich der *Prozeßanalyse*, soll dieser Bezug hier deutlich gemacht werden. Die Literatur über Formen und Gestaltung der Durchführung und der Auswertung von

Prozeßanalysen in verschiedenen Lehr-Lernsituationen ist relativ breit und detailliert (vgl. *Frielingsdorf* 1973, *Brocher* 1967), was aber fast völlig fehlt (*Brocher* 1967 und *Prior* 1970 sind hier Ausnahmen), sind Auskünfte darüber, wie das Verhältnis von Methode und Verfahren sowie die Beziehung von Zielen/Inhalten einerseits und Verfahrensanwendung andererseits sich darstellt. Der Einsatz von Prozeßanalysen muß, bei unserer normativen Ausrichtung, immer im Hinblick auf die gerechtfertigten Ziele in der Planung und in der Realisation ausgewiesen werden. So z. B. wäre die Anwendung in bezug auf unseren in der Einleitung dargelegten normativen Anspruch sinnvoll, wenn die Prozeßanalyse das Erreichen folgender Ziele ausgewiesenermaßen fördern könnte[7]:

— die Rückmeldung von Phänomenen, die die Gruppenentwicklung beeinflußten
— die Realitätskontrolle der Teilnehmer (z. B. durch die Aufklärung über interaktionshemmende Verhaltensweisen)
— das Verständnis der Interaktionssituation als veränderbar und flexibel
— die Handlungsbereitschaft der Gruppenmitglieder auf Veränderungen hin
— die Initiation von Metakommunikation
— die Selbst- und Fremdeinschätzung des Verhaltens der Subjekte im aktuellen Interaktionsprozeß und die Reflexion der Wechselwirkung von Aktion und Reaktion
— die Thematisierung und die potentielle Integration von Situationsverständnis, Aufgabenbewußtsein und Bedürfnisdisposition aller Mitglieder
— das Verständnis von Interaktion als Entwicklungsprozeß.

Stehen diese Ziele mit einem noch unzureichend ausgearbeiteten Rechtfertigungszusammenhang des gruppendynamischen Konzeptes in Einklang und kann das Verfahren „Prozeßanalyse" in begründeter Weise diese Ziele auch fördern, dann ist ein Einsatz im Hinblick auf die konzeptionellen Vorüberlegungen als sinnvoll anzusehen. Selbstverständlich macht die Komplexität der Praxis innerhalb gruppendynamischer Veranstaltungen weitere Überlegungen notwendig, die die Rechtfertigung und

---

[7] *Brocher* (1967, S. 128) behauptet, ohne den detaillierten Nachweis zu führen, daß der Begriff der Demokratisierung durch dieses Verfahren konkret würde.

die Begründung des Einsatzes mehr oder weniger positiv oder negativ beeinflussen und die Sinnhaftigkeit der Intervention wieder neu in Frage stellen.

Beispiel: Prozeßanalyse

Als grundsätzliche Bemerkung gilt: Die Anwendung des Verfahrens sollte für jedes Gruppenmitglied durchschaubar sein. Der Einsatz kann in verschiedenen Formen geschehen. Die Fragestellungen in der Prozeßanalyse sowie die Schwerpunkte der Auswertung hängen von den spezifischen Zielen des Einsatzes ab, so daß es kein allgemeingültiges und überall anwendbares Schema der Prozeßanalyse geben kann. Die beiden Phasen der Durchführung: *Erhebung der Informationen* und *Auswertung der Informationen* sind jedoch generell gültig.

Nur als das Beispiel einer Abfolge der Verfahrensanwendung ist folgender Einsatz zu verstehen:

1. Schritt: Die Ziele des Verfahrens und des Verfahrenseinsatzes zu jenem bestimmten Zeitpunkt werden erläutert.

2. Schritt: Das Verfahren wird in seiner Handhabung erklärt (z. B. mit der Aufforderung verknüpft, jeweils eine festgelegte Zeiteinheit – ca. 3 Stunden – als Bezugsdimension zu verwenden und in jede Zeile an einer dem subjektiven Eindruck entsprechenden Stelle ein Kreuz zu machen).

3. Schritt: Die Schemata werden an die einzelnen Mitglieder verteilt und werden ausgefüllt (bei unserem Beispiel ca. 10 Minuten Zeit lassen).

4. Schritt: Die ausgefüllten Schema werden eingesammelt, ausgewertet und veröffentlicht (besonders bei einer Verwendung für die weitere Seminarplanung)
oder:
die ausgefüllten Schemata bleiben bei den Mitgliedern der Gruppe. Ein individueller Feedback-Prozeß wird anhand der Fragen in Gang gesetzt (besonders bei der Verwendung als Instrument individueller Steuerung des Verhaltens).

Der Einsatz von gruppendynamischen Verfahren, der – so unsere Erfahrung – in der sozialpädagogischen Praxis oftmals allzu unbekümmert und problemreduziert erfolgt, bedarf intensiver Vorüberlegungen und profunder Situationskenntnis (auch weit intensiverer, als wir sie hier dargestellt haben). Unter dieser Perspektive fällt es uns auch schwer, in diesem Abschnitt sogenannte „erfolgreiche" gruppendynamische Übungen anzupreisen.

7.7 Zur Kritik am gruppendynamischen Konzept

Die kritischen Anmerkungen zum gruppendynamischen Konzept, die wir hier anbringen, erfüllen nicht den Anspruch, alle Kritik, die in verschiedenster Weise an der Gruppendynamik jemals geübt wurde, möglichst vollständig zusammenfassend wiederzugeben. Dies würde eine gesonderte Arbeit notwendig machen. Uns geht es hier besonders um solche zu kritisierenden Aspekte, die sich auf der Basis unserer vorgeschlagenen Systematik ergeben.

- Ein erster wichtiger Ansatzpunkt zur Kritik ergibt sich aus der immer wieder angedeuteten Situationsbeschreibung des Mißverhältnisses zwischen dem Stand der Konzeptentwicklung und der Verbreitung gruppendynamischer Seminarangebote. In dieser Asymmetrie liegt der Grund vieler, auch mißverständlicher Kritik am Konzept der Gruppendynamik. Unsere weiteren Kritikpunkte lassen sich zum Teil auf solche Defizite zurückführen. Mit zunehmender Verwendung der Bezeichnung „Gruppendynamik" für viele unterschiedliche Veranstaltungsangebote hat die Schärfe der Begrifflichkeit gelitten, um so mehr als Gruppendynamik, mit werbewirksamen Ambitionen belastet, in das Konkurrenzgerangel auf dem Psychomarkt einbezogen wurde. Ein entwickeltes Selbstverständnis, das sich nicht nur an dem kurzfristigen Erfolg und an der Quantität der ausgearbeiteten Methoden und Verfahren orientiert, fehlt der Gruppendynamik noch weitgehend.

- Zu kritisieren ist weiter der oftmals überhöhte Anspruch, der an das gruppendynamische Konzept angelegt wird. Gruppendynamik kann, speziell von den Methoden und Verfahren her, Basisnormen und Grundstrukturen des gesellschaftlichen Handelns nicht grundständig ändern. Hoffnungen in dieser Richtung sind unerfüllbar. Die emanzipatorischen Möglichkeiten der Gruppendynamik sind beschränkt, nämlich auf die Reduktion von Zwängen in überschaubaren Interaktionen. Emanzipatorische Prozesse, auch im politischen Sinne (z. B. revolutionäre Veränderung), von ihr zu erwarten, ist unrealistisch; im besten Fall kann die Gruppendynamik politische Bestrebungen und Veränderungen flankierend unterstützen.

- Zu kritisieren ist aus unserer Sicht aber auch die im Übergewicht der Ausarbeitung von Methoden und besonders von Verfahren begründete Orientierung an individuumzentrierten Lernmöglichkeiten. Unsere Kritik läuft auf die geringe konzeptionelle Absicherung gegen jene Bestrebungen hinaus, die das Kurieren von Symptomen schon als Heilung verstehen. Klaus *Horn* hat dieses treffend „Konfliktmanagement im Rahmen konflikterzeugender Verhältnisse" genannt. Es geht uns also um die, speziell bei der Encounter-Methode und auch tendenziell bei der themenzentrierten interaktionellen Methode anzutreffende, Gleichgültigkeit gegenüber gesellschaftlichen Zusammenhängen in Konfliktursachen und um den verkürzten, entpolitisierten Subjektbegriff (vgl. hierzu besonders *Horn* 1969, 1972, *Giere* 1973).

● Ein auch in der Literatur häufig erwähnter Kritikpunkt ist jener des „Elitarismus". Dieser besagt, daß, nicht zuletzt aufgrund der oftmals hohen Gebühren, gruppendynamische Veranstaltungen von Teilnehmern besucht werden (und auch nur solche ansprechen), die gesellschaftlich der begüterten Mittelschicht zuzurechnen sind. Nachweisbar gilt dies für jene Seminare, die in der betrieblichen Weiterbildung angeboten werden, wo fast ausschließlich hierarchisch an der Unternehmensspitze anzusiedelnde Führungskräfte an gruppendynamischen Seminaren teilnehmen (vgl. die Analyse von *Geißler* 1977 b). Diese Teilnehmerselektion hat eine für das gruppendynamische Konzept unseres Erachtens sehr wichtige und zu kritisierende Auswirkung. Die konzeptionellen Überlegungen, Methoden und Verfahren, die meist über die Erfahrungen in den Seminaren entwickelt werden, bauen eben gerade auf den Erfahrungen mit solchen Teilnehmern auf, die jener spezifischen Selektion unterliegen, so daß gerade für die sozialpädagogische Arbeit sehr kritisch geprüft werden muß, inwieweit sich im gruppendynamischen Konzept, in den Methoden und in den Verfahren (Übungen) ganz spezifische, nämlich mittelschichtspezifische Normen einer bürgerlichen Gesellschaft durchgesetzt haben. Um so mehr gilt dies, als die Trainer fast alle ebenso aus der Schicht der Teilnehmer stammen. Der Gegenbeweis zur kritischen These, daß das gruppendynamische Konzept nur ein spezifischer Versuch zur Realitätsbewältigung des bürgerlichen Mittelstandes sei, ist noch nicht überzeugend gelungen.

Unsere angeführten Kritikpunkte sind, wie die gesamte Darstellung des gruppendynamischen Konzeptes, ergänzungsbedürftig. Auch hier verweisen wir wieder auf weiterführende Literatur (*Theis* 1976, *Sieland* 1976, *Horn* 1972, *Geißler* 1976 b).

Die dargelegten Kritikpunkte, und auch jene weitergehenden, die in der Literatur geäußert werden, reichen unseres Erachtens nicht aus, das gruppendynamische Konzept für die sozialpädagogische Praxis als sinnvolles Lernkonzept grundsätzlich abzuqualifizieren.

Viele Tendenzen in verschiedenen Veranstaltungen können wir nicht teilen, andere wieder lassen die Gruppendynamik für spezifische Veränderungserwartungen als durchaus sinnvolles und wertvolles Konzept erscheinen. Und jenes Konzept, das gegen Verfälschungen und Mißbrauch abgeschottet wäre, gibt es nicht[8].

Ausgewählte Literaturhinweise

Brocher, T.: Gruppendynamik und Erwachsenenbildung, Braunschweig, 15. Aufl. 1980.

Die Schrift ist der „Klassiker" der gruppendynamischen Literatur im deutschen Sprachraum. *Brocher* hat darin die Phänomene benannt und dargestellt, die für die Schwierigkeiten und die Wirkungen bei Lehr-Lernprozessen eine wichtige Rolle spielen. Unter psychoanalytisch orientierter Perspektive erörtert er die affektiven Voraussetzungen allen Lernens.

Shaffer, J. B. P./Galinsky, M. D.: Handbuch der Gruppenmodelle, Band 1 und 2, Gelnhausen 1977.

Diese aus dem Amerikanischen übersetzte Abhandlung versucht in 14 Kapiteln die verschiedenen Ansätze und Ausprägungen von elf unterschiedlichen Gruppenmodellen (in unserer Terminologie: Methoden) systematisch darzulegen. Die Perspektive, die dabei angelegt wird, geht von der Relevanz dieser Modelle für die in helfenden Berufen arbeitenden Personen aus.

Geißler, Kh. A. (Hrsg.): Gruppendynamik für Lehrer, Reinbek 1979.

In diesem Sammelband wird von mehreren Autoren unter jeweils spezifischer Problemstellung der Frage nach der Bedeutung und der Beschränkung des gruppendynamischen Lernkonzeptes für die Gestaltung sozialer Erziehungsprozesse nachgegangen. Die Leser erhalten hierbei einen umfassenden Einblick in die Praxis und die Konzeptdiskussion gruppendynamischer Aktivitäten in der Lehrerfortbildung.

---

[8] Und man muß daran zweifeln, ob dies überhaupt wünschenswert wäre, da damit auch die Chance der Weiterentwicklung in bezug auf historisch veränderte Verhältnisse weitgehend reduziert wäre.

Prior, H./Oelkers, J.: Sozialpädagogisches Training mit Lehrern, Heidelberg 1975.

Die beiden Autoren legen in ihrer Schrift Erfahrungs- und Arbeitsmaterialien für die Durchführung von gruppendynamischen Trainings mit Lehrern vor. Ergänzend kommen noch Sitzungsprotokolle und Standpunktpapiere von Arbeitsgruppen hinzu. Diese Dokumentation gibt einen guten Einblick in die Praxis gruppendynamischer Veranstaltungen.

Fengler, J.: Soziologische und sozialpsychologische Gruppenmodelle. In: *Petzold, H./Frühmann, R.* (Hrsg.): Modelle der Gruppe in Psychotherapie und psycho-sozialer Arbeit, Bd. I, Paderborn 1986, S. 33–108.

Die Qualität von Interventionen in Gruppen basiert zuallererst auf Sichtweisen, die man sich von Gruppen macht. Die (Mikro-)Soziologie und die Sozialpsychologie haben unter wissenschaftlichen Kriterien solche Sichtweisen systematisiert und diese dann als Modelle formuliert. *Fengler* referiert diese in seinem ausführlichen Aufsatz. Wichtig für gruppendynamische Interventionen sind insbesondere die Ausführungen zum Gruppenprozeß und dessen Grundmuster (S. 92 ff.). Hieran muß sich die Arbeit in und mit Gruppen orientieren.

Pagès, M.: Das affektive Leben der Gruppen. Eine Theorie der menschlichen Beziehung, Stuttgart 1974.

Die Ausführungen von *Pagès* basieren auf langjähriger gruppendynamischer Erfahrung bei der Leitung einschlägiger Veranstaltungen und bei der Beratung von Organisationen. Er belegt dabei in sehr anschaulicher Form die These, daß das Geschehen in Gruppen und Organisationen von affektiven Phänomenen *kollektiver* Art bestimmt wird. Ausgehend von *Freud* und *Lewin* entwickelt *Pagès* in seinem Buch zentrale Gesichtspunkte zur Deutung der Gruppenaffektivität. Wer eine detaillierte Begründung für gruppendynamische Interventionen sucht, der findet sie in dieser Schrift.

Als Zeitschriften sind interessant:

Gruppenpsychotherapie und Gruppendynamik, Vandenhoeck und Ruprecht Verlag, Göttingen

Gruppendynamik: Zeitschrift für angewandte Sozialwissenschaft, Leske und Budrich Verlag, Opladen

8 Das Konzept der Gruppenpädagogik

8.1 Zur Geschichte des gruppenpädagogischen Konzeptes

In der sozialpädagogischen Praxis findet eine Differenzierung von Gruppenpädagogik und Gruppendynamik kaum statt. Mit Gruppenpädagogik werden z. Zt. viele Formen pädagogischen Handelns in und mit Gruppen bezeichnet, ohne daß sich diese auf einen einheitlichen Rahmen, den wir Konzept nennen, zurückführen ließen. Eine eindeutige Bestimmung, eine Definition dessen, was Gruppenpädagogik ist, fällt daher auch sehr schwer. Wir wollen die Revision dieses Begriffs, den Versuch einer begrifflichen Spezifizierung, mit einem Rückblick auf die historisch-gesellschaftlichen Bedingungen seiner Entstehung verknüpfen.

Gruppenpädagogik spezifiziert die pädagogische Perspektive auf die Nutzbarmachung der Erziehungsprozesse in der kleinen, überschaubaren Gruppe und die Erziehungsmöglichkeiten durch die Intersubjektivität.

Dies ist eine weitgehend formale Bestimmung dessen, was Gruppenpädagogik ist und sein soll. Erst wenn die geschichtlichen und sozioökonomischen Bedingungen und Interessenkonstellationen mit einbezogen werden, erhalten wir die Faktoren, die in maßgeblicher Weise konzeptionelle Ansätze und gruppenpädagogisches Handeln in der Sozialpädagogik beeinflußt haben.

Inhalt, Form und Entwicklung der Gruppenpädagogik sind außerordentlich stark von der Arbeit in den Jugendorganisationen geprägt worden. Diese wiederum waren eine institutionelle und pädagogische Reaktion auf gesellschaftliche Veränderungen zu Ende des letzten und zu Beginn dieses Jahrhunderts. Die Jugendbewegung, als eine romantisierende Reaktion auf die unromantischen Bedingungen kapitalistischer Arbeits- und Lebensrealitäten, muß als wichtigster historischer Ausgangspunkt für die Entwicklung der Gruppenpädagogik angesehen werden. Die Gemeinschaft als zentraler Erlebnishorizont bildete die Vorstufe für den bewußten Einsatz der Gruppe als Erziehungs- und Lernmedium. Es blieb jedoch die eigentlich pädagogische Dimension in jener Phase auf die rein sozialisierende Wirkung der Gruppe speziell im Hinblick auf das Erwachen eines Gemeinschaftsbewußtseins beschränkt[1].

So wie die Jugendbewegung auch als ein Protest gegenüber den Lebens- und Arbeitsverhältnissen der damaligen Zeit angesehen werden konnte, so kann auf spezifisch-pädagogischem Gebiet die reformpädagogische Bewegung als Kritik an den autoritären Verhältnissen im Erziehungsbereich vor und nach dem 1. Weltkrieg begriffen werden.

Im mehr oder weniger ausgewiesenen eindeutigen inhaltlichen Bezug zur Jugendbewegung wurden von verschiedenen Erziehern (z. B. *Neuendorff, Wyneken, Peterssen, Kerschensteiner*) institutionalisierte Erziehungsprozesse (Unterricht) als Erlebnisgemeinschaft, als Lebensgemeinschaft oder als Arbeitsgemeinschaft begriffen und zu organisieren versucht. In einer Vielzahl von Schulversuchen konnte (speziell in den zwanziger Jahren) versucht werden, den Unterricht z. B. auf eine partizipative Art durchzuführen, oder auch die institutionell verankerten Autoritätsverhältnisse wenigstens teilweise außer Kraft zu setzen.

Alle diese Entwürfe und Versuche hatten u. a. zum Ziel, die sozialisierende Funktion der Gruppe systematisch-pädagogisch zu nutzen und auch neue Formen der Interaktion zu erproben — durchaus mit der engagierten Absicht der Initiatoren der reformpädagogischen Versuche, mündige, eigenaktive und eigenverantwortliche Mitglieder für eine demokratische Gesellschaft heranzubilden. Was aber, so die Kritik C. W. *Müller*s an der Reformpädagogik, „am Ende dieser Entwicklung noch fehlt, ist die Einsicht, daß zwischenmenschliche Beziehungen gerade in einer reformierten Schule nicht allein Gegenstand des ‚Gemeinschaftserlebnisses‘ sein sollten, sondern gleichermaßen Gegenstand eines, diese Gemeinschaftserlebnisse kritisch reflektierenden Unterrichts" (*Müller* 1987, S. 46).

Dieser ersten Phase gruppenpädagogischer Aktivität kann, ohne daß dies diskriminierend gemeint wäre, eine gesellschaftspolitische Naivität nachgewiesen werden. Die sozialisierende Funktion der Gruppe wird dort gegenüber den kritischen Potentialen, die interpersonelle Beziehungen immer auch zu entwickeln vermögen, eindeutig überbewertet. Die

---

[1] Hier zeichnen sich historische Parallelen mit den in jüngster Zeit verstärkt auftretenden technikkritischen „Bewegungen" ab. Um nicht an den gleichen oder ähnlichen Widersprüchen zu scheitern, gilt es, die Geschichte der Jugendbewegung und die der Gruppenpädagogik intensiv aufzuarbeiten.

Integration kann nicht das einzige Ziel sein, da eine Gesellschaft, die sich nicht als starr und unveränderbar versteht, auf die Fähigkeit zur kritischen Distanz ihrer Mitglieder zu verschiedenen Gruppen und Institutionen im Hinblick auf deren Werte und Funktionen nicht verzichten kann. Es wäre zu kurzschlüssig und würde auch die politischen Möglichkeiten der Erziehung weit überschätzen, würde man den die gruppenpädagogischen Ansätze pervertierenden Nationalsozialismus hierdurch ursächlich gefördert sehen. Das Widerstandspotential jedoch, diesen Vorwurf sollte man aufrechterhalten, hat das gruppenpädagogische Konzept der zwanziger Jahre gegen solchen Mißbrauch nicht vergrößert [2]. Ein relativ großer administrativer Freiraum, für die breite und sinnvolle Entwicklung neuer pädagogischer Konzeptionen unverzichtbar, wurde ab 1933 radikal beschnitten, nicht zuletzt, um die mit den gruppenpädagogischen Versuchen verbundenen Ziele und Inhalte einer gleichgeschalteten autoritären Pädagogik zu opfern.

Wie in Deutschland zu Beginn des Jahrhunderts, so beeinflußten die politischen und ökonomischen Lebensbedingungen der Vereinigten Staaten in den dreißiger Jahren ebenfalls die Entwicklung des gruppenpädagogischen Konzeptes. Das Anwendungsfeld der Idee, die Gruppe als Medium der Erziehung zu nutzen, waren in den USA nicht, wie in Deutschland, Primärinitiativen der Jugend (Jugendbewegung) oder institutionalisierte Versuche in Schulen (Reformpädagogik), sondern dies war besonders die außerschulische Jugendarbeit [3]. Aus den vielschichtigen Problemen der Jugendarbeitslosigkeit, der Integration von Einwanderern und Bevölkerungsgruppen im eigenen Land (z. B. Neger, Indianer) ergab sich die Notwendigkeit, pädagogische Konzepte für die sich diesen Aufgaben widmenden Jugendorganisationen und Wohlfahrtsverbände zu entwickeln. Im Unterschied zur deutschen Entwicklung wurde durch die starke Integration des pädagogischen Konzeptes in die institutionalisierte Jugendpflege in den USA von diesen etablierten Institutionen ein verstärkter Druck auf die Formalisierung der pädagogischen Arbeit mit und in Gruppen ausgeübt. Dies hatte u. a. zur Folge, daß die

---

[2] Ein Potential von *unreflektiertem Gemeinschaftsgefühl* haben die Faschisten jedoch schon vorgefunden. In welcher Weise es ausgenutzt wurde, braucht hier nicht näher erläutert zu werden.

[3] Eine Ausnahme bildet hier J. *Dewey*, der ähnliche Ideen wie die Reformpädagogen detailliert ausgearbeitet hat (vgl. *Dewey* 1974).

gruppenpädagogischen Aktivitäten als ein Konzept (in der Literatur meistens als Methode bezeichnet) der Sozialarbeit weiterentwickelt wurden, in das zunehmend Erkenntnisse der Sozialwissenschaften über Gruppenprozesse eingearbeitet wurden. An dieser Stelle ergibt sich dann auch ein historischer Berührungspunkt bei der Entwicklung der Gruppenpädagogik und des gruppendynamischen Konzeptes.

In der spezifisch amerikanischen Ausprägung der gruppenpädagogischen Arbeit, dem „*Social Groupwork*", dominierte die „soziale" Ausrichtung, die „pädagogische" Perspektive der Gruppenarbeit hingegen wurde zunehmend zweitrangig. Die Vervollkommnung der Demokratie (in der amerikanischen Form) war dabei der politisch normative Rahmen, auf den das Social Groupwork ausgerichtet war. Mit einem aus heutiger Sicht, was die Inhalte und die Einschätzung der Möglichkeiten angeht, als naiv zu bezeichnenden Engagement versuchten amerikanische Autoren wie z. B. *Lindeman, Konopka, Bright* u. a. (vgl. *Müller* 1987, S. 78–80) mit der Gruppenpädagogik (in der Form des Social Groupwork) der faschistischen Gefahr eine beispielhafte „konstante und bewußte Arbeit für die Demokratie als Lebensform" entgegenzusetzen. Die Gruppenarbeit sei, so G. *Konopka*, das geeignete Mittel und der geeignete Weg hin zu einer demokratischen Gesellschaft; zum einen durch ein qualifiziertes Gruppenleben, zum anderen durch stärkere Beteiligung der Bürger am öffentlichen Leben (vgl. *Konopka* 1987, S. 73–85).

Neben der zu kurzschlüssigen Verbindung von Zielen und Inhalten des gruppenpädagogischen Konzeptes bzw. der Methode der „Social Workgroup" mit politischen Möglichkeiten und Hoffnungen fällt bei den Vertretern der amerikanischen Gruppenpädagogik auf, daß der dort gebrauchte Demokratiebegriff inhaltlich unbestimmt bleibt[4]. Diese formaldemokratische Rechtfertigung gruppenpädagogischen Bemühens hatte schließlich eine inhaltliche Unbestimmtheit von Gruppenpädagogik selbst zur Folge.

Dieses formulierte J. *Henningsen* als Kritik auch an der Arbeit der nach dem Kriege maßgeblichen Stätte praktischer Gruppenpädagogik in Deutschland, dem Haus Schwalbach (vgl. *Henningsen* 1987, S. 141 ff.). Die Leiterin, M. *Kelber*, und die Mitarbeiter dieser Arbeitsstätte für Gruppenpädagogik übernahmen weitgehend den Problemstand und die

---

[4] Dies liegt nicht zuletzt an einer Vorstellung von Gesellschaft, die nicht mehr und nichts anderes ist als die Summe der vorfindbaren Gruppen.

normative Ausrichtung der „amerikanischen Gruppenpädagogik", verbunden mit der Hoffnung, hier auch ein geeignetes Konzept für die „Reeducation" der deutschen Bevölkerung nach dem Zusammenbruch des Faschismus zur Hand zu haben. Weniger die Transformation dieses überhöhten politischen Anspruchs an die gruppenpädagogischen Möglichkeiten aus der amerikanischen Diskussion auf deutsche Verhältnisse ist das historische Verdienst des Hauses Schwalbach als vielmehr das Bemühen der Mitarbeiter dieser pädagogischen Institution, die Ergebnisse der meist nur in den USA veröffentlichten Resultate der Kleingruppenforschung in der Bundesrepublik publiziert und für die systematisch pädagogische Arbeit mit kleinen Gruppen fruchtbar gemacht zu haben. (So z.B. Ergebnisse der Führungsstilexperimente von *Lewin/Lippit/White* von 1939 oder der Entwicklung des Soziogrammes durch *Moreno* 1946).

Mit der Verringerung der nicht nur selbst gesetzten Aufgabe, „Umerziehungsarbeit" größeren Ausmaßes leisten zu wollen und zu müssen, reduzierte sich nach etwa 10 Jahren (ca. 1960) auch der Anspruch hinsichtlich des politisch normativen Stellenwertes der Gruppenpädagogik. Der Schwerpunkt gruppenpädagogischer Entwicklungsbemühungen lag von diesem Zeitpunkt ab eher auf der technologischen Perfektionierung einer Methode für sozialpädagogische Gruppeninitiativen. Diese Mittel-Zweck-Beziehung drückte *Konopka* deutlich dadurch aus, daß sie Social Groupwork als eine Methode der Sozialarbeit (Sozialpädagogik) bezeichnet, wobei diese Methode dem Zweck der Sozialarbeit dienlich ist, nämlich den Einzelnen durch zweckmäßige Erfahrung in Gruppen dabei zu helfen, ihre soziale Funktionsfähigkeit zu erhöhen und effektiver mit ihren persönlichen Problemen, dem der Gruppe oder der Gemeinschaft fertig zu werden (vgl. *Konopka* 1971, S. 35).

Diese Abtrennung der Zieldiskussion von den Problemen der Methodenwahl hat letzlich auch jener Tendenz Vorschub geleistet, bei der die Verfahren und die Methoden, von bestimmten Inhalten weitgehend losgelöst, für recht beliebige Zwecke einsetzbar gemacht wurden und werden. Viele von den Mitarbeitern des Hauses Schwalbach entwickelte gruppenpädagogische Verfahren haben diese beklagenswerte, relativ beliebige technokratische Anwendung in verschiedenen pädagogischen Kontexten gefunden.

Heute nun kann, wie schon anfangs erwähnt, kaum mehr von einem einheitlichen gruppenpädagogischen Konzept gesprochen werden. Die sozialpädagogische Praxis zeigt, daß die Übergänge, z. B. zu gruppendynamischen oder zu gruppentherapeutischen Konzepten fließend sind. Inwieweit solchem Sachverhalt Ergebnisse tiefgehender pädagogischer Reflexionen und detailliert ausgewertete Erfahrungen zugrunde liegen, muß für viele „Mischformen" durchaus bezweifelt werden. Da wir den Anspruch vertreten, daß die sozialpädagogische Praxis immer auf bewußten Entscheidungen für ein Konzept oder für eine überlegte Kombination von Konzepten beruht – was deren kompetente Kenntnis voraussetzt – soll hier das gruppendynamische Konzept, wenn auch weitgehend idealtypisch, dargestellt werden.

8.2 Rechtfertigungs- und Begründungsdimensionen des gruppenpädagogischen Konzeptes

8.2.1 Rechtfertigung

Aus der Darstellung der historischen Entwicklung des gruppenpädagogischen Konzeptes ist deutlich geworden, daß ein detailliert ausgearbeiteter normativer Bezugsrahmen, also eine abgerundete, weitgehend allgemein übereinstimmende Rechtfertigung für das gruppenpädagogische Konzept nicht vorliegt. Waren am Anfang gruppenpädagogische Aktivitäten meist mit einer undifferenzierten Gemeinschaftsideologie verknüpft (besonders in der Jugendbewegung), so wurden in den Vereinigten Staaten und nach dem Kriege auch in Deutschland Hoffnungen bezüglich einer Zunahme von demokratischen Lebensformen als gesellschaftspolitische Rechtfertigung relativ aufgesetzt und plakativ mit gruppenpädagogischen Bemühungen in Beziehung gebracht. Die seit dem Beginn der sechziger Jahre feststellbare technokratische Reduktion von Gruppenpädagogik auf Methoden und Verfahrensfragen greift das Rechtfertigungsproblem innerhalb des Konzeptes kaum mehr auf[5].

---

[5] Zwar wurde diese Phase während der sogenannten „Studentenbewegung" 1967 bis ca. 1971 vorübergehend unterbrochen, jedoch nicht in der Weise, daß inhaltliche Aussagen mit methodischen in einen sinnvollen Zusammenhang gebracht wurden. Diese kurze Zeit war eher gekennzeichnet durch eine starke Zurückhaltung gegenüber allem was mit „Methoden" und „Verfahren" zu tun hatte, so daß diese inhaltliche Vereinseitigung sehr schnell durch die technokratische wieder abgelöst werden konnte.

Die Folge davon ist, daß relativ beliebige normative Orientierungen, die im Rahmen der Gruppenpädagogik undiskutiert bleiben, mit dem Konzept in Zusammenhang gebracht werden (vgl. hierzu *Geißler* 1977 c).

Da unseres Erachtens nur Ansätze zur Rechtfertigung des gruppenpädagogischen Konzeptes vorliegen und diese nicht sehr überzeugend sind, kann hier kein erprobter und bewährter Rechtfertigungs- und Begründungszusammenhang aufgezeigt werden.

In den sozialen Systemen menschlichen Zusammenlebens stellt die Gruppe u. a. ein Grundphänomen humaner Existenz dar. Gruppen jedoch müssen als Teile größerer Systeme, wie z. B. Klassen, gesehen werden. Genau dies unterschlagen die amerikanischen Vertreter des Social Groupwork, die naiv die makrosoziale Perspektive vernachlässigen und sich von einer Aktivierung des Einzelnen innerhalb kleiner Gruppen eine stärkere Beteiligung am politischen Leben im Sinne einer inhaltlich nicht näher bestimmten Demokratie erhoffen.

Soll z. B. Gruppenpädagogik den Einzelnen zur Gruppenfähigkeit qualifizieren, dann müssen die sozialen und politischen Funktionen von Gruppen innerhalb von Teilsystemen des Makrosystems „Gesellschaft" geklärt werden; d. h. die Vermittlungsfunktion von Gruppen zwischen dem Einzelnen und der Gesellschaft und die Wechselwirkung von Allgemeinem und Besonderem müssen analysiert und mit in gruppenpädagogische Praxis eingehen.

Gibt es z. B. in einer Gesellschaft (wie jener der Bundesrepublik Deutschland) eine beschränkte Anzahl verschiedener Bewußtseins- und Handlungsformen, die größeren Einheiten (Klassen, Schichten) zugerechnet werden können (und von den Mitgliedern unter bestimmten sozialen und ökonomischen Bedingungen historisch entwickelt wurden), so müssen auch die Maßnahmen der Qualifikation für Gruppen und die Fähigkeit, mit Gruppen zu arbeiten, entsprechend diesen makrosozialen Teilsystemen, jeweils verschieden ausfallen. Konkret: Gruppenpädagogische Initiativen für Arbeiter (und diese Kategorie ist auch noch zu grob, als daß für alle Personen dieser Einheit gleiche Grundsätze gelten können) müssen inhaltlich und methodisch in anderer Weise gestaltet werden, als z. B. jene für die Mitarbeiter sozialer Institutionen. Geht man von der normativen Option aus, durch pädagogische und speziell gruppenpädagogische Aktivitäten überflüssige Herrschaft in Subsystemen der Gesellschaft abbauen zu wollen, so muß z. B. im Rahmen einer solchen Rechtfertigung auch die grundsätzliche Frage gestellt werden, ob die Gruppenpädagogik nicht möglicherweise die konfliktorientierte Handlungsbereitschaft von Mitgliedern einzelner größerer Untergruppen (Schichten, Klassen), die umgesetzt in konkretes Handeln dem Ziel der Herrschaftsreduktion viel eher nützlich wäre, durch die Betonung der Kleingruppen (statt der Gesellschaftsperspektive) stärker reduziert als fördert. Ließe sich eine solche These belegen, würde ein gruppenpädagogisches Konzept, das sich auf die überschaubare Gruppe beschränken würde, eher der Verschleierung und damit der Verfestigung von Herrschaftsstrukturen und Herrschaftsmechanismen dienen und zunehmende Demokratisierung mehr verhindern als ermöglichen. Die Qualität dieser Vermittlung hängt wiederum von der soziohistorischen Verfaßtheit der Gesellschaft ab, d. h. sie liegt nicht ein für allemal fest.

Beispiel:
Neue Formen der Arbeitsorganisation, besonders solche, die Gruppenarbeit fördern, erhalten zur Zeit von staatlicher Seite wie auch von Institutionen und Personen, die sich mit dem Problem der „Humanisierung des Arbeitslebens" befassen, vielseitige finanzielle und moralische Unterstützung. Eine vom gruppenpädagogischen Engagement getragene Mitwirkung an diesen Programmen vernachlässigt in jenem Falle entscheidende Einflußfaktoren für mögliche Veränderungen in der Betriebsorganisation, wenn sie von der Verfassung der Produktion (in der Bundesrepublik: die kapitalistische Produktionsweise) absieht bzw. glaubt, davon absehen zu können. Kritiker dieser Humanisierungsprogramme stellen solche Defizite auch bereits deutlich fest und sehen das Ergebnis der sozialen Erziehungsprozesse in teilautonomen Arbeitsgruppen lediglich in einer „Selbstverwaltung der eigenen Ausbeutung" (vgl. *Mendner* 1975, S. 177).

Es kommt bei der Arbeit an der Rechtfertigung der Gruppenpädagogik auf die präzise inhaltliche Konkretisierung dessen an, was z. B. als demokratische Verkehrsform zu verstehen ist. Voraussetzung dafür aber ist eine solide Analyse bestehender gesellschaftlicher Strukturen und Interaktionsformen. Wenn diese geleistet ist und immer wieder neu geleistet wird[6], kann die Rechtfertigung des gruppenpädagogischen Konzeptes mehr Sinn zum Ausdruck bringen, als es das weitgehend inhaltsleere Pla-

---

[6] Dies heißt nicht, daß dies der Sozialpädagoge immer selbst tun müßte. Dafür gibt es im Rahmen gesellschaftlicher Arbeitsteilung Kompetentere. Notwendig ist jedoch die Kenntnis von und die Auseinandersetzung mit solchen makrosozialen und politischen Perspektiven, um sich dann auch beim eigenen sozialpädagogischen Handeln daran zu orientieren.

kat „Demokratisierung" der Vertreter des Social Groupwork tut. Hier besteht ein deutliches Defizit, das dann auch solche Situationen fördert, wo die Gruppenpädagogik, wie zur Zeit beobachtbar, relativ beliebig im Hinblick auf Ziele, Inhalte und Zielgruppen eingesetzt werden kann.

Im engen Zusammenhang mit diesem Aspekt muß auch die normative Orientierung hinsichtlich des Menschenbildes im gruppenpädagogischen Konzept gesehen werden.

So ist die ausschließliche oder auch die schwerpunkthafte Betonung der sozialisierenden Funktion der Gruppe (wie z. B. in der Jugendbewegung und auch häufig bei den Reformpädagogen) unter Vernachlässigung der die Kritikfähigkeit fördernden Möglichkeiten, die die Gruppensituation bietet und die nutzbar gemacht werden könnten, nicht im Sinne unserer normativen Ausrichtung eine sozialpädagogische Initiative. Sehen wir den Menschen (idealtypisch) als eigenaktiv und eigenverantwortlich handelndes Wesen, so kann auf das kritikfördernde Potential der Gruppe nicht verzichtet werden; ganz im Gegenteil, die sozialisierende Wirkung der Gemeinschaftserlebnisse muß selbst wieder kritischer Inhalt reflektierter gruppenpädagogischer Praxis werden. So können wir z. B. die Absicht von K. *Konopka* (1971, S. 35), die folgendes mit dem gruppenpädagogischen Konzept verbindet, nicht akzeptieren, da dort gerade jenes kritische Moment ausgeblendet wird: „Soziale Gruppenarbeit ist eine Methode der Sozialarbeit, die den einzelnen durch sinnvolle Gruppenerlebnisse hilft, ihre soziale Funktionsfähigkeit zu steigern und ihren persönlichen Problemen, ihren Gruppenproblemen oder den Problemen des öffentlichen Lebens besser gewachsen zu sein." Auch die von *Coyle* 1949 formulierte „sinngebende Basis" für den Gruppenpädagogen, nämlich, daß der einzelne seine Möglichkeiten in Freiheit realisieren kann, daß er andere respektiert und anerkennt und daß er seine gesellschaftliche Verantwortung bei der Aufrechterhaltung und andauernden Verbesserungen unserer demokratischen Gesellschaft wahrnimmt (*Coyle* 1987, S. 110), geht von einer politischen und zwischenmenschlichen Situation aus, in der ein herrschaftsfreier Idealzustand weitgehend schon erreicht ist. Das gruppenpädagogische Konzept würde, an solcher Norm orientiert, zum Konzept der kritiklosen Integration, und zwar der Integration in jene Strukturen und Abläufe, die von Betroffenen selbst nicht errichtet und/oder beeinflußt wurden und anscheinend auch nicht beeinflußt werden können. Bei einer weniger passiven Sichtweise menschlichen Handelns und bei einer Berücksichtigung der gesellschaftlichen und mikrosozialen Perspektive können die Ziele gruppenpädagogischer Initiativen (bezogen auf die Bundesrepublik Deutschland) nicht von einem weitgehend herrschaftsfreien Bedingungsfeld ausgehen. Ganz im Gegenteil, soll das kritikfördernde Moment der Gruppenpädagogik im sozialpädagogischen Handeln wirksam werden, muß in kooperativem Lernprozeß Selbstbestimmung, Eigenaktivität und Eigenverantwortung erweitert und rational abgesichert werden, und zwar durch einen am Konflikt mit realen Herrschaftsstrukturen und mit manipulativen Interaktionsprozessen orientierten Lernprozeß. In diesem Sinne hat auch K.-H. *Schäfer* den Rechtfertigungszusammenhang der Gruppenpädagogik gesehen: „Der pädagogische Bezug erscheint in der Gruppenpädagogik z. B. als eine Folge von Interaktionen in Gruppen, in denen alle Teilnehmer an edukativen Kommunikationsprozessen beteiligt sind und ein kommunikatives Interaktionsgefüge aufbauen. Erziehung und Bildung im Rahmen dieser Gruppenprozesse sind gesellschaftliche Phänomene, und die Gruppenpädagogik hat folglich die Aufgabe, ihre edukativ-gesellschaftlichen Voraussetzungen kritisch zu reflektieren. In diesem dialektisch-pädagogischen Reflexionsprozeß stößt sie auf zahlreiche Zwänge, unnötige Herrschaftsstrukturen, Widersprüchlichkeiten und Beschränkungen der edukativ-gesellschaftlichen Praxis und gewinnt aus der Einstellung auf Überwindung und Aufhebung dieser Behinderungen ihr *emanzipatorisches Interesse*, ihr Interesse an Mündigkeit, das ihr ermöglicht, einerseits den Formierungs- und Anpassungscharakter jener empirisch zu erforschenden Beeinflussungsprozesse an weitgehend vorhandener gesellschaftlicher Praxis zu durchschauen, andererseits den Anpassungscharakter des sich stabilisierenden und zuweilen immobil werdenden Interaktionsgefüges aufzudecken, an dem sich die Handlungen aller am edukativen Kommunikationsprozeß Beteiligten orientieren" (*Schäfer* 1971, S. 269). Leitbild eines sich an jener normativen Basis ausrichtenden gruppenpädagogischen Konzeptes sind Personen und Kollektive, die bewußt in einem Bedingungszusammenhang der gesellschaftlichen Situation stehen, in ihm jedoch nicht aufgehen. Eine solche gesellschaftliche Situation ist auch der Lehr-Lernzusammenhang, so daß diese Perspektive sowohl für den sozialpädagogischen Interaktionszusammenhang gilt wie auch für die Lebensräume des Alltagshandelns (Familie, Beruf, Freizeit usw. ...).

8.2.2 Begründung

Das gruppenpädagogische Konzept kann durch verschiedene Erkenntnisse der Sozialwissenschaften und durch die Systematisierung reflektierter Erfahrungen innerhalb des sozialpädagogischen Handelns begründet werden. Besonders die Kleingruppenforschung und einige didaktische Theorieentwürfe in der Pädagogik können als Material genutzt werden, ohne daß diese Erkenntnisse und Modelle bereits in einen schlüssigen und allseits akzeptierten Begründungszusammenhang integriert werden könnten, der dann alternativlos für das gruppenpädagogische Konzept Gültigkeit beanspruchen könnte.

So sind u. a. folgende Erkenntnisse und Erklärungsmodelle für eine fundierte Begründung gruppenpädagogischer Initiativen wichtig:
- Erkenntnisse über die emotionalen Anteile an Lernprozessen, speziell an jenen, bei denen mehrere Personen beteiligt sind.
- Reflektierte und systematisierte Erfahrungen über den Einfluß informeller Gruppenbeziehung auf Arbeits- und Lernverhalten.
- Reflektierte und systematisierte Ergebnisse über die Erfahrungen mit verschiedenen Führungsstilen innerhalb von Gruppen.
- Erkenntnisse über Gruppenphänomene in ihrer Wirkung bezüglich der Verfestigung und der Veränderung von Verhalten, von Überzeugungen und von Meinungen.
- Erklärungsmodelle zur Beschreibung von Gruppenverläufen, speziell von Lernprozeßsequenzen kollektiver und individueller Art.
- Erkenntnisse über die sozialen Bedingungen des Lernens bei verschiedenen Personengruppen.
- Erkenntnisse über die vieldimensionale soziale Komplexität des pädagogischen Feldes.
- Die Entwicklung von Didaktikmodellen, die die soziale Situation der Gruppe (z. B. wechselseitige Beeinflussung) für den Lernprozeß nutzbar machen.

Aus diesen Ergebnissen lassen sich Begründungszusammenhänge für das gruppenpädagogische Konzept erarbeiten. Zwei Aspekte werden wir hier verdeutlichen. Dies sind zum einen die für die Begründung des gruppenpädagogischen Konzeptes unverzichtbaren Erkenntnisse über soziale Faktoren des Lernens, speziell des Verhaltenslernens, und zum anderen die Ergebnisse der Führungsstilforschung, die maßgeblich in den USA die Entwicklung des Konzeptes beeinflußten.

Beide markieren in ihren Ergebnissen einen Fortschritt in der Pädagogik, dessen terminologischer Ausdruck die Ablösung des informationsarmen und interpretationsbedürftigen Begriffes „pädagogischer Bezug" durch den des „Lehr-Lernprozesses als Interaktionsprozeß" darstellt.

Bis in die jüngste Zeit wurde Lernen weitgehend als ein individueller Aneignungsprozeß verstanden. Doch vernachlässigte eine solche Perspektive die sozialen Verursachungs-, Motivations- und Kontrollfaktoren von Lehr-Lernprozessen. „Nahezu das gesamte Verhalten des erwachsenen Menschen" (*Hartley/Hartley* 1955, S. 146) kann als „sozial erworben, sozial bestimmt und geprägt" angesehen werden. Das subjektive Verhalten ist dabei Resultat von in Wechselwirkung stehenden Momenten des jeweiligen Lebensraumes. K. *Lewin* hat dies mit dem Begriff des „Feldes" ausgedrückt und auf dieser Erkenntnis die sogenannte „Feldtheorie" aufgebaut. Die grundlegenden Aussagen dieses theoretischen Ansatzes sind:

● Das jeweilige Verhalten muß aus einer Gesamtheit der zugleich gegebenen Tatsachen abgeleitet werden.

● Diese zugleich gegebenen Tatsachen sind insofern als ein ‚dynamisches Feld' aufzufassen, als der Zustand jedes Teils dieses Feldes von jedem anderen Teil abhängt (vgl. *Lewin* 1963, S. 69).

In diesem Sinne läßt sich das Lerngeschehen in der Gruppe (z. B. im Unterricht, in Fort- und Weiterbildungsveranstaltungen usw.) als ein sich wechselseitig bedingendes Feldgeschehen zwischen verschiedenen Faktoren und Möglichkeiten begreifen (vgl. dazu *Hege* 1974).

Qualität und Quantität dieses dynamischen Gefüges und dessen Entwicklung beeinflussen dann auch die Qualität und Quantität der Aktionsweisen und der Lernprozesse von Gruppenmitgliedern. *Hare* hat im Handbook of Small Group Research (1962) sechs Wirkungsfaktoren, die die Prozesse in Gruppen qualitativ und quantitativ beeinflussen, herausgearbeitet: (a) die Persönlichkeit der Mitglieder, (b) deren soziale Merkmale, (c) die Größe der Gruppe, (d) die Gruppenaufgabe (Gruppenziel), (e) die Beziehungs- und Kommunikationsstruktur der Gruppe, (f) die Art der Leitung (Führung).

Diese Faktoren müssen bei einer systematischen Planung des Lehr-Lernprozesses didaktisch nutzbar gemacht werden.

Eine didaktische Theorie, die alle sechs von *Hare* unterschiedenen Dimensionen mit deren Wechselwirksamkeiten soweit berücksichtigt, daß für den unter Handlungsnotwendigkeiten stehenden Sozialpädagogen eine konkrete Orientierung für dessen professionelles Tun möglich wäre, existiert (noch) nicht. Situationsdidaktische Überlegungen, die in eine solche Richtung zeigen, sind z. Zt. nur in allerersten Ansätzen ausgearbeitet (vgl. *Hiller* 1973, *Mader* 1975, *Geißler* 1978).

Relativ breit und detailliert jedoch wurden die Wirkungen einzelner Faktoren, isoliert von den übrigen, erforscht. So besonders der Faktor, den *Hare* die „Art der Leitung" nennt. Auch in diesem Falle war *Lewin* der erste, der, teilweise im Experiment, die Wirkung der Führungsstile von Gruppenleitern auf das soziale Verhalten der übrigen Beteiligten und auf die Gruppenatmosphäre erforschte. Indem er und seine Mitarbeiter *Lippitt* und *White* planmäßig in Jugendgruppen Führungsverhalten variierten, um damit die Wirkung auf das soziale Klima in Gruppen festzustellen, wurde u. a. eine noch heute geläufige Typologie für Führungsstile entwickelt: der autoritäre, der demokratische und der Laissez-faire-Stil.

Eine zusammenfassende Gegenüberstellung von Verhaltensformen von Gruppenleitern (Führungsstil) und der Reaktion der übrigen Gruppenmitglieder hierauf soll diese Typologie grob charakterisieren (vgl. dazu die detaillierte Darstellung bei *Tausch/Tausch* 1963 und *Walz* 1960):

Autoritärer Führungsstil:

Verhalten
unnahbar – kühl – abweisend – distanziert – gängelnd – anordnend – befehlend – bestimmend – verlangend – diktatorisch – steuernd – streng – kleinlich – überaktiv – in den Vordergrund tretend

Reaktionen
abhängig – gefügig – untertänig – oppositionell – unselbständig – widerspenstig – gegängelt – aggressiv – angeberisch – überheblich – intolerant

Demokratischer Führungsstil

Verhalten
zustimmend – nachgebend – freundlich – höflich – eingehend – sachlich und persönlich interessiert – offen für Anregungen – hilfsbereit – beratend – großzügig – zurückhaltend – kontaktsuchend – partnerschaftlich – ermutigend

Reaktionen
zufrieden – friedlich – glücklich – zustimmend – ausgeglichen – nachgiebig – anpassungsfähig – zwanglos – kontaktfreudig – gruppenbetont – kameradschaftlich – arbeitsam

Laissez-faire-Führungsstil

Verhalten	*Reaktionen*
zu nachgiebig − unsicher − hilflos − passiv − ideenlos − schwankend − ziellos − weich − indifferent	uneinig − ungeduldig − uninteressiert − anderweitig abgelenkt − kontaktarm − isoliert − gereizt

Daß eine solche, relativ plakative und schematische Differenzierung nicht mehr dem heutigen wissenschaftlichen Erkenntnisstand von Gruppenprozessen und deren Beeinflussung entspricht, ist offensichtlich. Diese Ergebnisse von längeren Forschungsarbeiten über die Führungsstile in den vierziger Jahren − mit der eindeutig positiven Bewertung des demokratischen Führungsstiles − gaben jedoch der Entwicklung des gruppenpädagogischen Konzeptes (speziell der methodischen Variante „Social Groupwork") in den Vereinigten Staaten und auch den Initiativen in der Bundesrepublik Deutschland entscheidende Anstöße. So lassen sich z. B. die Charakteristika des von *Lewin, Lippitt* und *White* dargelegten demokratischen Führungsstiles in den von M. *Kelber* (Haus Schwalbach) ausgearbeiteten Prinzipien der Gruppenpädagogik ohne großen Interpretationsaufwand wiederfinden (vgl. die Ausführungen zu den Prinzipien weiter unten).

Oftmals aber (und dies ist eine Folge davon, Führungsstile an ausschließlich „veräußerlichten" Aspekten des formellen Gruppenleiters festzumachen) besteht in der schlichten Übertragung der Analyseergebnisse von *Lewin* und dessen Mitarbeitern auf entsprechende Handlungsaufforderungen an Sozialpädagogen, die Gruppenpädagogik aus der leiterzentrierten Steuerung von Gruppenprozessen unter Anwendung einer Reihe von Verhaltensrezepten, die unter der Rubrik „demokratischer Führungsstil" bei *Lewin* u. a. aufgeführt sind.

Muß dieser relativ problemlos gehandhabte Schritt von der Begründung des gruppenpädagogischen Konzeptes hin zum Verfahrenseinsatz (demokratischer Führungsstil als Verfahren?) kritisiert werden, so auch die relativ schematische und grobe Aufteilung der Führungsstiltypologie selbst. Inzwischen sind erheblich detailliertere und komplexere Überlegungen zum Problem der Führung in Gruppen, die auch für das gruppenpädagogische Konzept nicht ohne Auswirkungen sein können, angestellt und veröffentlicht worden (vgl. besonders *Neuberger* 1974).

Diese ausgewählten Ergebnisse der Forschung und der Theoriebildung können mit zusätzlichen Überlegungen für die Begründung des gruppenpädagogischen Konzeptes, des Einsatzes gruppenpädagogischer Methoden sowie gruppenpädagogischer Verfahren herangezogen werden. Sie benötigen aber immer ihren ausgewiesenen Bezug zum Rechtfertigungszusammenhang des Konzeptes, um in der sozialpädagogischen Praxis in einer beabsichtigten Richtung wirksam werden zu können. Eine auf die Reduzierung individueller und kollektiver Zwänge ausgerichtete Didaktik der Gruppenpädagogik z. B. muß dann die Beeinflussung und die Gestaltung der Wirkungsfaktoren der Gruppenprozesse unter der Perspektive betreiben, daß die Eigenaktivität, die Eigeninitiative und die Eigenverantwortung der Beteiligten gefördert wird. Dies wiederum ist mit davon abhängig, wie weit Möglichkeiten geschaffen werden, Bedürfnisse und Anforderungen aller Gruppenmitglieder im aktuellen Lernfortgang transparent und verhandelbar zu machen. Die Aufklärung über die Bedingungen und Einflußfaktoren des Lernfeldes und deren Veränderungen sind dabei eine Voraussetzung für die auf gemeinsamer Verständigung gründenden Handlungsorientierungen im Lernfeld der Gruppe. Wir haben versucht, durch sogenannte „Seminarregeln" die Konzeption des Lehr-Lernprozesses offenzulegen. Mit diesen Informationen sollen den Teilnehmern beruflicher Erwachsenenbildungsveranstaltungen Möglichkeiten in die Hand gegeben werden, den Lernprozeß aktiv mitzugestalten (vgl. hierzu das im nächsten Abschnitt über „Interventionen in Anfangsphasen" Ausgeführte).

Ein solches Didaktikmodell kann man als „offen" bezeichnen (siehe auch *Geißler* 1977 a). Die von uns oben aufgezeigte normative Ausrichtung und die Erkenntnisse über soziale Faktoren des Lernens verlangen ein solches offenes didaktisches Modell.

8.3 Prinzipien der Gruppenpädagogik

Die Umsetzung des Rechtfertigungs- und Begründungszusammenhanges in handlungsorientierte Aufforderungs- und Gestaltungshinweise geschieht, analog dem gruppenpädagogischen Konzept, in der Gruppenpädagogik auch über Prinzipien. Wenn wir nun als Beispiel die Prinzipien des von Magda *Kelber* maßgeblich entwickelten gruppenpädagogischen Konzeptes des Hauses Schwalbach hier darlegen, so sind diese „Grundsätze" immer im Zusammenhang mit den von uns nicht kritiklos akzeptierten Rechtfertigungs- und Begründungsaussagen dieser Institution zu sehen.

Wir werden uns hier weitgehend auf die Darstellung beschränken. Als Alternative bieten wir Prinzipien gruppenpädagogischen Arbeitens an, die sich auf den von uns in Anspruch genommenen und oben in groben Zügen dargelegten Rechtfertigungs- und Begründungszusammenhang beziehen und erfolgreich in unserer pädagogischen Praxis (speziell bei Fort- und Weiterbildungsveranstaltungen) angewendet wurden.

Erstes Beispiel: „Pädagogische Grundsätze" nach M. Kelber

M. *Kelber* nennt diese ihre Prinzipien „Pädagogische Grundsätze". Sie knüpft, nach ihrer eigenen Aussage, damit an klassische pädagogische Prinzipien an. Diesen jedoch gibt sie eine spezifische Perspektive, jene der Gruppe.

Pädagogische Grundsätze[7]:
● Individualisieren
● Mit der Stärke arbeiten
● Anfangen, wo die Gruppe steht, und sich mit ihr − ihrem Tempo entsprechend − in Bewegung setzen
● Raum für Entscheidung geben und notwendige Grenzen positiv nutzen
● Zusammenarbeit mehr pflegen als Einzelwettbewerb
● Sich überflüssig machen

Wie deutlich sichtbar wird, sind die „Pädagogischen Grundsätze" an den Charakteristika des sogenannten „demokratischen Führungsstiles" orientiert. Die von *Lewin* und seinen Mitarbeitern ausgearbeiteten Merkmale (vgl. Kap. 8.2.2) geben für die *Kelber*schen „Grundsätze" die Begründungsbasis ab. Auffallend ist, daß die Formulierungen gestaltungs- und verhaltensorientierenden Aufforderungscharakter für eine die Gruppen hauptverantwortlich leitende Person (den Gruppenleiter) haben. Diese soll, so die Intention der „Grundsätze", eine helfende, an demokratischen Idealen orientierte Beziehung in der Gruppe aufbauen. Die Gruppenentwicklung wird aber, dies zeigt die Zielrichtung der Grundsätze deutlich, sehr stark leiterzentriert verstanden. Die Prinzipien sind

---

[7] Diese von M. *Kelber* (1987, S. 134 ff.) dargelegten „Pädagogischen Grundsätze" werden von der Verfasserin in jeweils ca. halbseitigen Erläuterungen weiter konkretisiert.

allein für die Person „Gruppenleiter" und dessen Handlungsperspektive (Interventionsrichtung) ausgearbeitet. Die Gefahr aber, daß diese Grundsätze als Rezeptologien, als Handlungsimperative, zur Steuerung des Gruppenprozesses durch den Leiter verwendet werden, ist nur allzu realistisch. Ein stärker gruppenbezogenes Konzept, das die Interaktionsangebote der Gruppenmitglieder nicht vernachlässigt, das die Entwicklung lernfördernder sozialer Beziehungen als notwendig ansieht, müßte zu anderen Prinzipien kommen.

In diese Richtung zeigt unser zweites Beispiel: Prinzipien, die an den Möglichkeiten und den Interventionsangeboten aller Gruppenmitglieder orientiert sind und damit an einer gemeinsamen pädagogischen Situationsgestaltung (und weniger an den Handlungsperspektiven des Gruppenleiters), wurden von uns im Rahmen pädagogischer Weiterbildungsinitiativen entwickelt (vgl. hierzu *Geißler* 1975).

Zweites Beispiel:

- Das Prinzip der *Partizipation*
  (d. h. weitestgehende Mitbestimmung aller am Lehr-Lernprozeß Beteiligten bei der Planung und der Durchführung und der Auswertung)
- Das Prinzip der *Revisionsbedürftigkeit*
  (d. h. grundsätzliche Möglichkeit zur Überprüfung und zur Veränderung von Entscheidungen in konkreten Situationen und deren Entwicklung)
- Das Prinzip der *Konkretisierungsbedürftigkeit*
  (d. h. grundsätzliche Notwendigkeit, Lehr-Lernentscheidungen soweit offen zu lassen, daß die Bedingungen der konkreten Situationen berücksichtigt werden können)
- Das Prinzip der *Situationsbezogenheit*
  (d. h. Orientierung von didaktischen Entscheidungen an der Dynamik von Lehr-Lernsituationen, z. B. von Anfangssituationen und deren spezifischen Bedingungen)
- Das Prinzip der *Integration von Inhalt und Beziehung*
  (d. h. Orientierung der Interaktionen im Lehr-Lernprozeß an der anzueignenden Sache und die Orientierung der Sache an den Subjekten und deren individuellen und kollektiven Bedürfnissen).

Diese Prinzipien liegen, das ist auf den ersten Blick zu erkennen, nicht auf der gleichen Ebene wie jene „Pädagogischen Grundsätze", die M. *Kelber* ausgearbeitet hat. In ihnen kommt ein didaktisch komplexes und umfassendes Verständnis von Interventionen in Gruppen zum Ausdruck, auf das beim Einsatz gruppenpädagogischer Methoden und Verfahren unseres Erachtens nicht verzichtet werden kann.

Von Gruppenpädagogik, das wird an diesen Prinzipien deutlich, kann *nicht* schon in jenem Fall gesprochen werden, wo eine zahlenmäßig geringe Anzahl von Personen mit einem gemeinsamen Bildungsinteresse zusammenkommt. Gruppenpädagogik muß inhaltlich, nicht nur formal definiert werden. Die Prinzipien im zweiten Beispiel sind ein Schritt in diese Richtung.

8.4 Methoden der Gruppenpädagogik

8.4.1 Gruppenunterricht

Der Begriff „Gruppenunterricht" ist in der Pädagogik schon zu einem erheblich früheren Zeitpunkt in die Fachdiskussion gekommen als jener der „Gruppenpädagogik". Das liegt in erster Linie daran, daß Gruppenunterricht primär innerhalb der relativ alten und hochstrukturierten Organisation „Schule" seinen Platz hatte. Gruppenunterricht wird jedoch heute in seiner Anwendung nicht auf den Bereich der Schule beschränkt, sondern als Methode in allen institutionalisierten Lehr-Lernprozessen angewandt, so z. B. in der betrieblichen Ausbildung und in der Weiterbildung, besonders aber in der Erwachsenenbildung und in der Hochschulausbildung (z. B. im Tutorensystem).

Die lange Geschichte und die breite Verwendung haben verschiedene Ausprägungsformen der Methode „Gruppenunterricht" gefördert. U. *Walz* (1960, S. 33–35) kommt zu fünf verschiedenen Auffassungen von Gruppenunterricht, die innerhalb der Praxis anzutreffen sind:

1. Gruppenunterricht als Organisationsform des Unterrichtens, die als geschickter Kunstgriff eine Abwechslung gegenüber der traditionellen Unterrichtsform geben soll.
2. Gruppenunterricht als Unterricht in Unterabteilungen mit dem Ziel, dem Lehrer in „überfüllten Klassen" Entlastung zu verschaffen.
3. Gruppenunterricht als Methode neben dem Klassen- und Einzelunterricht mit dem Ziel, den Unterricht aufzulockern und die Selbständigkeit der Schüler anzuregen.
4. Gruppenunterricht als willkommene Hilfe, den Unterricht arbeitsteilig aufzubauen und durchzuführen.

5. Gruppenunterricht als methodische Möglichkeit, neben der Funktion der Wissensvermittlung die zwischenmenschlichen Beziehungen in einer Klasse sinnvoll und produktiv zu gestalten, d. h. besonders soziale Tugenden erleben und erfahren zu lassen.

Es ist nicht daran zu zweifeln, daß alle diese Arbeitsformen institutionalisierter Lehr- und Lernprozesse mit den entsprechenden Zielen und für die entsprechenden Zwecke auch in der Praxis vorkommen. In unser Konzept der Gruppenpädagogik ist allein die letzte Variante (5) relativ widerspruchslos (aber trotzdem einseitig) zu den von uns dargelegten konzeptionellen Grundlagen einzubringen. Die methodischen Arbeitsformen eins bis vier sind in unserem Verständnis Fehlformen von Gruppenunterricht, da sie im Widerspruch zu den Zielen und Inhalten des Konzeptes der Gruppenpädagogik stehen. Trotzdem läßt sich auch aus diesen Varianten, die nach unseren Erfahrungen sehr häufig in der Praxis vorkommen, etwas lernen: Gruppenunterricht kann einer nicht wahllosen, aber doch relativ weiten Bandbreite von Zwecken nutzbar gemacht werden. Interessant ist jedoch, wann und zu welcher Zeit welche Ziele mit dem Gruppenunterricht in Zusammenhang gebracht werden; konkret: warum gerade heute Gruppenunterricht zu Effektivierungszwecken in besonderem Maße eingesetzt oder besser: mißbraucht wird. Die gruppenunterrichtlichen Formen der Varianten eins bis vier dienen letztlich alle der Rationalisierung von Unterricht (Reduzierung der Klassengröße z. B.) und der motivationalen Leistungssteigerung (Attraktivitätssteigerung) der Lernenden, ohne in irgendeiner Art und Weise an den traditionellen Inhalten und Zielen des Lehr-Lernprozesses etwas zu verändern (in unserem Sinne sind dies dann Fehlformen von Gruppenunterricht). Der Lehrende (Lehrer in der Schule, Dozent in der Erwachsenenbildung) bedient sich in diesem Falle bei der Auswahl seiner Methoden (hier der des Gruppenunterrichts) nicht pädagogischer, sondern primär ökonomischer Kriterien (dem Kriterium z. B., bei gegebener Zeit möglichst viel Lehrstoff vermitteln zu können)[8].

---

[8] Dies wiederum macht deutlich, wieweit die institutionalisierten Lehr-Lernprozesse und die dort zu treffenden methodischen Entscheidungen auch an gesellschaftlich vorherrschenden Normen ausgerichtet werden und — dies ist nur die andere Seite der Medaille — daß der Lehr-Lernprozeß in der praktizierten Methode an der Qualifikationsfunktion hinsichtlich gesellschaftlicher Notwendigkeiten (so z. B. den „ökonomischen Notwendigkeiten") ausgerichtet ist.

Einsatz und Definition von Gruppenunterricht können, wie bei Methodenentscheidungen grundsätzlich, nicht unter Vernachlässigung der sozioökonomischen Entwicklung und der gesellschaftlichen Normen bestimmt werden.

Ohne einem linearen Ableitungsverhältnis das Wort zu reden, läßt sich am Einsatz von Gruppenunterricht im aktuellen Lehr-Lernprozeß aufzeigen, daß sich gesellschaftlich-historische Erwartungen in spezifischen Interaktionsformen des Lehrens und Lernens abbilden (vgl. hierzu auch *Geißler* 1977 c). Am deutlichsten wird dies an jenen Stellen, wo die Lerninhalte direkt mit den „Anforderungen" der Institution, die die Lerninitiative ergreift, gekoppelt sind.

Wieweit ein hoch rationalisierter und den subjektiven Freiraum des Einzelnen weitgehend reduzierender Arbeitsprozeß die Interaktionsform von Gruppenunterricht innerhalb der betrieblichen Aus- und Weiterbildung bestimmt, zeigt das Beispiel einer Handreichung über das Ablaufschema von Gruppenunterricht eines großen deutschen Unternehmens. Ausbilder, haupt- und nebenamtliche Dozenten in der innerbetrieblichen Bildungsarbeit, erhalten oft dieses oder ein ähnliches Schema, wenn sie für Gruppenunterricht „qualifiziert" werden sollen:

Gesprächsleiter:	*Thema erläutern*	Ablauf
	Diskussion beim Thema halten	
Gruppe:	*Phase des Sammelns*	
	Gedanken frei aussprechen	
	keine Kritik üben	
	so viele Vorschläge wie möglich	
	Vorschläge ausbauen, kombinieren	
	Phase der kritischen Stellungnahme	
	Aussondern ungeeigneter Vorschläge	
	Auswahl der optimalen Lösungen	
	Gliederung	
	Abschlußreferat	
	Vortrag der Arbeitsergebnisse,	
	auch Minderheitsmeinung vortragen	
	Klärungsgespräch im Plenum	
	Stellungnahme, Diskussion im Plenum	

Dieses Beispiel in Form einer „Gebrauchsanweisung" stellt Gruppenunterricht eher als eine Methode zum Umgang mit Dingen (Objekten) dar und nicht als eine zum Umgang mit Subjekten. Als gruppenunterrichtliches Verlaufsschema ebnet es mögliche und sinnvolle Variabilität des Lehr-Lernprozesses im vorhinein ein, so daß Eigenaktivität, Eigeninitiative und Eigenverantwortung der Lernenden eher reduziert als möglich gemacht werden. Methodenentscheidungen, das haben wir im Kapitel 2.2.2 schon gezeigt, stehen immer in einem engen Bezug zu den Inhalten und den Zielen. Diese sind ebensowenig in dem Schema ausgewiesen und berücksichtigt wie die zweite unverzichtbare Orientierungsdimension für solche Entscheidungen, nämlich die beteiligten Subjekte (die subjektiven Voraussetzungen der Lehrenden und Lernenden).

Der Gruppenunterricht, so könnte man überspitzt formulieren, ist in der Form dieses Ablaufschemas eine Fortsetzung des Frontalunterrichts mit anderen Mitteln. „Das Lernen auf solche Art vorgefertigten Lernschnellwegen wäre nicht von einem einfach nur hinzunehmenden Gesetz der ‚Sache' bestimmt, sondern es wäre beherrscht von technokratischen Ideen, von denen niemand wird behaupten wollen, sie seien aus pädagogischen Überlegungen hervorgegangen, oder sie hätten eine Affinität zu demokratischen Tendenzen" (*Rumpf* 1971, S. 56).

Die von *Walz* als fünfte Form von Gruppenunterricht vorgestellte Variante entspricht den Grundgedanken und den Grundprinzipien des Konzeptes „Gruppenpädagogik" am weitesten. Gruppenunterricht in dieser Form ist in seinem Schwerpunkt um die Sozialisierung der Lernenden bemüht, um Hilfestellung zur Integration in die Gesellschaft durch die Entwicklung und Förderung von sozialen Verhaltensweisen. So z. B. versucht der Lehrende (Sozialpädagoge, Lehrer in der Schule, Dozent in der Erwachsenenbildung) im Gruppenunterricht den Interaktionsprozeß zwischen den Beteiligten so zu organisieren und zu beeinflussen, daß durch kleine Lerngruppen eine intensive und möglichst angstfreie Interaktion möglich ist, die sachliche und soziale Initiativen weckt und zwischenmenschliche Verhaltensweisen kultiviert[9].

Im Gegensatz zum traditionellen Frontalunterricht, der häufig jene Form des Unterrichtens darstellt, von dem sich diejenigen, die den Gruppenunterricht präferieren, abgrenzen, trägt im Gruppenunterricht nicht allein der Lehrende die Verantwortung; diese wird in einigen Aspekten auf die Gruppenmitglieder delegiert. In diesem Sinne hat auch S. *Arvidson* (1972, S. 55 ff.) die Methode des Gruppenunterrichts in einen engen

---

[9] Hier zeigen sich dann auch deutliche Bezüge zur gruppendynamischen Methode der themenzentrierten Interaktion *(R. Cohn)*.

Zusammenhang mit der Demokratisierung der Gesellschaft (grundsätzlich) und der des Bildungssystems und der Institution Schule (speziell) gestellt. Die Verwirklichung des demokratischen Prinzips einer Gesellschaft hängt, so *Arvidson*, weitgehend davon ab, bis zu welchem Grad sie auch im Bildungsbereich verwirklicht ist. So fordert er ein demokratisches Bildungssystem, für das eine gleichlange Schulpflicht für alle und eine Selbstbestimmung der Schullaufbahn durch die Schüler charakteristisch ist, sowie eine Erziehung des Schülers zur Selbständigkeit, die man sich nicht so vorstellen kann, daß der Lehrer vom Pult herab diese Selbständigkeit so oft wie nur möglich betont. Der einzige Weg, zur Selbständigkeit zu erziehen, läuft über die Selbsttätigkeit der Schüler, über die Übung, für sich alleine und in eigener Verantwortung zu arbeiten. Erziehung zur Unabhängigkeit ist aber gleichzeitig Erziehung zur Gemeinschaft, zu einem Respekt vor menschlichen Werten in anderen, zu Kameradschaft und selbstloser Zusammenarbeit mit anderen. Diese Ziele müssen, so *Arvidson*s programmatische Aussagen, bereits in der Schule mit Hilfe der Gruppenarbeit angestrebt werden. Hierdurch haben die Lernenden von Anfang an Gelegenheit, einander zu helfen, und werden in der Kommunikation mit anderen dazu angeregt. Sie können in den Gruppen Zusammenarbeit üben und lernen, die Verantwortung nicht nur für ihre eigene Arbeit zu übernehmen, sondern auch für die von anderen.

Bereits die grundsätzlichen Ausführungen zum gruppenpädagogischen Konzept machten deutlich (vgl. Kap. 8.1), daß die Beachtung und die gezielte Berücksichtigung der sozialisierenden Funktion der Gruppe unseres Erachtens eine neue wichtige Dimension in der Fragestellung der Methodenentscheidung bedeutet: jene Erkenntnis und praktische Berücksichtigung nämlich, daß für Lehr- und Lernprozesse u. a. die interaktiven Beziehungen konstitutiv sind. Gleichzeitig aber muß auch die Kritik, die wir dort bereits an dem traditionellen Gebrauch des gruppenpädagogischen Konzeptes einbrachten, in der Form des Gruppenunterrichtes, wie er in der fünften Variante von U. *Walz* dargestellt und von dieser favorisiert wird, von neuem angebracht werden. Unsere Kritik des einseitigen und verkürzten Einsatzes sowie der reduzierten Sichtweise des Gruppenunterrichts gilt für alle jene Formen, die nur die inhaltliche Seite (Lehrstoff) in den Blick nehmen (Gruppenunterricht als subtiler Beeinflussungsmechanismus zur Aneignung vorab entschiedener Mengen an Inhalten) und jene, die ebenso alleine die sozialisierende (interaktive) Seite des Gruppenunterrichts berücksichtigt.

Gruppenunterricht muß, soll er an die von uns formulierten Ansprüche, die das gruppenpädagogische Konzept impliziert, anknüpfen, auch eine kritische Funktion erfüllen.

Beim Einsatz des Gruppenunterrichts geht es nicht alternativ um Inhalte oder um Beziehungen, sondern um den bewußten Einsatz von Gruppensituationen für die sinnvolle Vermittlung von Inhalt und Beziehung, von inhaltlicher Aneignung und Interaktionsform. Hierfür ist Kritik unverzichtbar, andererseits fördert ein solcherart methodisch orientierter Lehr-Lernprozeß auch die Möglichkeiten von Kritik.

Beispiel:

In jeder Gruppe einer Lehr-Lernveranstaltung ist „Macht" spezifisch verteilt. Dies geschieht auf sehr verschiedene Art und Weise. So z. B. durch institutionelle Vorentscheidung (z. B. Dozent/Teilnehmer in Erwachsenenbildungsveranstaltungen) und/oder durch nicht sehr rationale Kriterien, wie z. B. die „Fähigkeit, sich ausdrücken zu können", die Tatsache, daß einige Gruppenmitglieder weniger „Skrupel" haben, den Sachverhalt, daß einzelne andere übervorteilen und diese das zulassen usw. Diese hierdurch maßgeblich verursachte Art der sozialen Struktur (Rollendifferenzierung) der Gruppe bestimmt auch die Qualität der Aneignung der Lehr-Lerninhalte durch die Gruppenmitglieder. Konkret: Durch besonders ausgiebiges und abschweifendes Reden (als Ausdruck des Rivalisierens um Machtpositionen in der Gruppe) werden andere Teilnehmer in ihrer Meinungsäußerung zum offiziellen Thema des Lehr-Lernprozesses behindert bzw. halten ihre eigene, eine erheblich kürzere Zeit in Anspruch nehmende Meinung für weniger wichtig.

Um jedoch eine Gruppenatmosphäre zu schaffen, in der auch die Fachkompetenz hinsichtlich der Lehr-Lerninhalte für den Einfluß wichtig ist, bedarf es der Kritikfähigkeit Einzelner im Hinblick auf die lernprozeßhemmende Machtverteilung in der Gruppe. Andererseits würde es eine solche, durch Kritik induzierte andere Verteilung des Einflusses erst möglich machen, daß auch weitere, bis dahin „stille" Gruppenmitglieder, Kritik zum Inhalt äußern.

Gruppenunterricht muß unter dieser Perspektive Doppeltes leisten: Einmal die Qualität des Aneignungsprozesses von Inhalten prägen und kritisch überprüfen (Bewußtseinsbildung) und die Beziehungen der Interaktionsteilnehmer (Lehrende und Lernende) auf dieser Basis strukturieren und potentiell revidieren. Die kleine Gruppe wird hierdurch zur kritischen Veränderungspotenz im Lehr-Lernprozeß und auch zur unverzichtbaren Basis, Distanzierungsfähigkeit gegenüber vorhandenen Gruppen, deren Werten und Strukturen zu lernen und zu üben.

Die Funktion des Lehrenden (z. B. Sozialpädagogen) innerhalb des Gruppenunterrichts wird ihren Schwerpunkt bei der Aktivierung, der Initiation und der Stützung haben. So z. B. die aktive Unterstützung einzelner Lernender bei einer spezifischen Rollenübernahme (Rollendifferenzierung), bei der Übernahme von Verantwortung, bei der Äußerung von Meinungen zum Inhalt (speziell abweichender Meinungen) usw. Verfahren wie das Rollenspiel (siehe unten) können hierzu unterstützend eingesetzt werden. Die jeweilige Funktion des Sozialpädagogen in der Bildungsarbeit ist dann immer daran zu orientieren, ob und inwieweit durch die jeweilige Intervention die hierarchische Autoritätsstruktur des Unterrichts im Verlauf reduziert wird, wieweit die jeweilige Intervention eine Möglichkeit darstellt, das Schwergewicht des Unterrichts vom Lehrenden auf die Lernenden zu verlagern.

Im Gegensatz zu dem oben dargelegten Beispiel aus der innerbetrieblichen Bildungsarbeit ist ein Gruppenunterricht dieses Verständnisses nicht im Detail vorab planbar: Vielmehr kommt dieser erst in der konkreten Lehr-Lernsituation zur klaren, jeweils verschiedenen Ausprägung (siehe die von uns entwickelten Prinzipien im Kapitel 8.3). Dies ist unverzichtbar für die Realisierung des kritischen Potentials, das die Methode „Gruppenunterricht" darzustellen und zu fördern vermag. Der Freiraum von Schematismen und Mechanismen ist gerade die lernfördernde Struktur, durch die Inhalt und Beziehung sinnvoll koordiniert werden können. Und dort sollte der Sozialpädagoge eingreifen, wo dieser Spielraum zu weit durch die Lernenden selbst eingeschränkt wird. Dies heißt aber auch für die zu vermittelnden Lerninhalte, daß diese in der Weise zu strukturieren sind, daß sie — wenn möglich — selbst offen sind und die situative Offenheit der Lehr-Lerninteraktionen ermöglichen bzw. fördern.

Nicht bei allen Lerninhalten wird dies möglich sein. Daher ist Gruppenunterricht vom Aspekt des Inhalts her gesehen nur dort wirklich realisierbar, wo es um Probleme geht, die es zu bewerten, zu konstruieren, zu probieren und zu interpretieren gilt und die, dies ist der Aspekt der Interaktion, den Austausch von Motiven, die Aufdeckung von Diskrepanzen sowie die Transparenz und die Veränderung von Qualitäten der Kommunikation ermöglichen.

Gruppenunterricht ist nur dort sinnvoll, wo Lernen nicht *für* die Beteiligten, sondern *mit* ihnen arrangiert wird.

(Weiterführende Literatur zur Methode „Gruppenunterricht" *Geißler* 1977c, *Meyer* 1969, *Tillmann* 1976, *Vettinger* 1977.)

8.4.2 Soziale Gruppenarbeit (Social Groupwork)

Die Entwicklung des gruppenpädagogischen Konzeptes, wie sie von uns dargestellt wurde, ist an vielen Stellen identisch mit dem Versuch, die konzeptionellen Überlegungen in der Methode der „Sozialen Gruppenarbeit" praktisch werden zu lassen. Wie schon angedeutet, wurde die Gruppe für Erziehungsprozesse (außerhalb der Schule) in den dreißiger Jahren in den USA nicht unabhängig von den damals aktuellen sozioökonomischen Problemlagen mit sehr viel Unterstützung staatlicher (im Zweiten Weltkrieg auch militärischer) Stellen zu nutzen versucht. Die Social Groupwork, „deren besonderer Raum, Schwerpunkt und Mitte die kleine Gruppe bildet" (*Kelber* 1964, S. 454), wurde dann als „Soziale Gruppenarbeit" in Deutschland eingeführt. Eine eigenständige Entwicklung einer auf die spezifisch deutschen Probleme und Möglichkeiten (speziell nach dem Zusammenbruch des Faschismus) bezogenen Methode geschah nicht. Übernommen wurde das formale Gerüst der Methode, das möglichst breit (d. h. relativ problemspezifisch) einsetzbar war. Dies zeigt deutlich ein Zitat von M. *Kelber*[10].

„Als praktisches Tun wird die Gruppenpädagogik konsequent angestrebt und im Rahmen begrenzter Möglichkeiten verwirklicht in den Nachbarschaftsheimen. Einige Jugendbehörden wenden die Methode in der Arbeit mit gefährdeten jungen Menschen an. In manche Kinder- und Erziehungsheime hat sie Eingang gefunden und in einzelne Bereiche der Jugend- und Frauenarbeit sowie in die Arbeit mit körperversehrten und alten Menschen. Fast immer kommt es bisher auf einzelne Menschen an, die den Mut haben, den neuen Weg zu gehen, und auf Träger, die solche Versuche materiell und ideell ermöglichen und unterstützen" (*Kelber* 1964, S. 456).

Soziale Gruppenarbeit ist in besonderem Maße aus der jugendpflegerischen Arbeit großer kirchlicher und kommunaler Organisationen in den USA hervorgegangen. Sie findet heute besonders im Gesundheitswesen,

---

[10] *Kelber* spricht immer von „Gruppenpädagogik", wenn sie „Soziale Gruppenarbeit" meint. Sie differenziert auf der Methodenebene, nicht so wie wir, zwischen Gruppenunterricht und Sozialer Gruppenarbeit. Sie macht einen Unterschied zwischen Gruppenpädagogik und Gruppenarbeit. Der Gruppenunterricht fällt in ihrer Systematik unter die Gruppenarbeit, die Soziale Gruppenarbeit ist identisch mit Gruppenpädagogik.

in der Jugendarbeit und im Sozialwesen ihre Anwendung. So z. B. in der Kinder- und Familienfürsorge, in der Altenarbeit, im sozialpsychiatrischen Bereich, im Strafvollzug, in der Bewährungshilfe, in der offenen Jugendarbeit. Aus diesem überaus weiten Anwendungsfeld resultiert notwendigerweise eine inhaltliche Unbestimmtheit der Methode. In den dargelegten Praxisfeldern werden die verschiedensten Probleme der Gruppenmitglieder zu regeln und zu lösen versucht. Es geht dabei um einen helfenden und problemlösenden Prozeß in und durch Gruppen. Die Methode findet faktisch bei allen Personengruppen, die spezifischen Notlagen unterworfen sind, ihre Anwendung. Dabei geht es z. B. in einzelnen Fällen um die Analyse von Bedürfnissen und deren stellvertretende Wahrnehmung (Strafvollzug, Kinderfürsorge) oder um das bewußte Bemühen, Einzelnen durch ihre Mitgliedschaft in kleinen Gruppen zu einer Verbesserung ihrer sozialen Fähigkeiten zu verhelfen (z. B. Jugendarbeit). In jüngster Zeit gibt es auch Versuche, in manchen Gruppen die Artikulation benachteiligter und unterdrückter legitimer Interessen zu unterstützen und damit möglicherweise Forderungen politischer Art zu verbinden. Die jeweilige Notlage, in der sich die Gruppenmitglieder befinden, bestimmt den Inhalt der Sozialen Gruppenarbeit.

Bei der geschilderten Weite der Anwendung bezüglich möglicher Inhalte und potentieller Zielgruppen sind dann die Charakteristika, die *Kelber* (1957, S. 107 ff.) für die Gruppenpädagogik (als Soziale Gruppenarbeit) anführt, auch sehr formal:

a) Ziel der Gruppenpädagogik ist die individuelle und soziale Reifung des Menschen. Dabei sind die sittlichen Maximen der Ehrfurcht vor dem Menschen und dessen Verantwortung für die Gemeinschaft ethisches Leitbild.

b) Die kleine, überschaubare Gruppe ist der Mittelpunkt (die optimale Zahl liegt zwischen 5 und 15). „Gruppenpädagogik befaßt sich mit der bewußt pädagogisch geleiteten Gruppe."

c) „Der pädagogisch verantwortliche Leiter entwickelt so viel und so wenig Initiative wie nötig ist, um die Gruppe in die Verantwortung für ihre Arbeit und ihr Tun hineinwachsen zu lassen. Er sucht und pflegt die Beziehung zu jedem einzelnen und zur Gruppe und wahrt trotzdem die Distanz des verantwortlichen Pädagogen."

d) „Zu dem bewußten Einsatz der eigenen Persönlichkeit des Leiters kommt die bewußte Anwendung allen gemeinsamen Tuns."

e) „Die Gruppenpädagogik arbeitet bewußt an der Beobachtung und Gestaltung der Beziehungen in der Gruppe, damit sie sich für den einzelnen und die Gruppe positiv auswirken können. Die Gruppe wird dabei geradezu als Werkzeug der Erziehung eingesetzt."

f) Der Gruppenpädagoge bedient sich pädagogischer Grundsätze (die wir bereits bei den „Prinzipien" des gruppenpädagogischen Konzeptes aufgeführt und diskutiert haben, vgl. Kapitel 8.3).

g) „Die Gruppenpädagogik hat das Verdienst, die Bedeutung des Methodischen klar herausgestellt zu haben."

Diese Auflistung von zentralen Charakteristika sozialer Gruppenarbeit signalisiert die weitgehende Beliebigkeit der Inhalte in der Gruppenerfahrung[11]. Eine Beliebigkeit, die deutlich macht, daß es in der Sozialen Gruppenarbeit dieser Art stärker um die Betreuung der mit aktuellen Lebensproblemen belasteten Personen als um eine konkrete inhaltliche Auseinandersetzung mit den Problemen und deren ursächlicher Behebung geht. Diese damit eher auf Integration als auf Konflikt hin orientierte Methode „Soziale Gruppenarbeit" wird auch bei *Konopka* (1971) bestätigt. Besonders dort, wo diese als „Essenz" der Gruppenarbeitsmethode „Leitlinien" für den sozialen Gruppenarbeiter[12] entwickelt (1971, S. 169–172):

1. Anerkennung und daraus folgendes Wirken in bezug auf das einzigartige Anderssein jedes Individuums.
2. Anerkennung und daraus folgendes Wirken in bezug auf die große Vielfältigkeit von Gruppen als Gruppen.
3. Echtes Annehmen jedes Individuums mit seinen einzigartigen Stärken und Schwächen.
4 Herstellen einer zweckvollen Beziehung zwischen Gruppenarbeiter und Gruppenmitgliedern.
5. Ermutigung und Befähigung zu hilfreichen und kooperativen Beziehungen zwischen Gruppenmitgliedern.
6. Angemessene Modifizierung des Gruppenprozesses.
7. Ermutigung eines jeden Mitglieds, sich dem Grad seiner Fähigkeit entsprechend zu beteiligen, und es in den Stand zu setzen, seine Fähigkeit zu vergrößern.
8. Befähigung der Mitglieder, sich in dem Prozeß des Problemlösens zu engagieren.
9. Befähigung der Mitglieder, zunehmend befriedigende Formen des Durcharbeitens von Konflikten zu erfahren.

---

[11] Wie diese dann aber in Aktionen umzusetzen sind, dafür gibt die Methode der Sozialen Gruppenarbeit keine Hinweise.

[12] „Gruppenarbeiter" ist die Verdeutschung von „Groupworker". Gemeint ist der formelle Gruppenleiter, einer nach der Methode der „Sozialen Gruppenarbeit" vorgehenden Interaktionsgemeinschaft.

10. Gelegenheiten schaffen für neue und verschiedene Erfahrungen von Beziehungen und für Erfolgserlebnisse.
11. Kluger Gebrauch von Begrenzungen gemäß der diagnostischen Beurteilung eines jeden Individuums und der Gesamtsituation.
12. Zweckvolle und differenzierte Verwendung des Programms gemäß der diagnostischen Beurteilung der einzelnen Mitglieder, gemäß dem Gruppenzweck und den der Gruppe angemessenen sozialen Zielen.
13. Fortwährendes Beurteilen des individuellen und des Gruppenfortschrittes.
14. Warmherziger, humaner und disziplinierter Einsatz des eigenen Selbst von seiten des Gruppenarbeiters.

Die erfolgreiche Umsetzung dieser „Leitlinien" setzt nach *Konopka* folgende Eigenschaften beim Sozialpädagogen, der nach der Methode der sozialen Gruppenarbeit vorgeht, voraus: (a) eine hohe Einfühlungsfähigkeit, (b) Flexibilität, (c) scharfes Wahrnehmungsvermögen und Intelligenz, um nicht nur Individuen, sondern auch höchst komplexe Situationen zu analysieren und zu beurteilen, (d) die Fähigkeit zu herzlichem Bezug zu Menschen, (e) schöpferische Fähigkeit oder Vorstellungskraft.

Abgesehen von dieser wenig operationalen Darstellung der notwendigen Eigenschaften des für die Soziale Gruppenarbeit primär verantwortlichen Sozialpädagogen (und damit auch der geringen Möglichkeit zu prüfen, inwieweit ein Gruppenleiter diese Eigenschaften auch wirklich besitzt) fällt auf, daß von *Konopka* für den kompetenten Gruppenarbeiter keinerlei Ausweis einer *inhaltlichen* Problemlösungsfähigkeit verlangt wird. Die konkreten Problemlagen, z. B. Arbeitslosigkeit, psychische Überbelastung, gesellschaftliche Diskriminierung usw., scheinen relativ unwichtig zu sein. Die Methode der Sozialen Gruppenarbeit, so scheint es, zielt auf den Sachverhalt, daß eine Problemlage vorliegt, beliebig, um welche spezifische es sich handelt. Diese „inhaltliche Enthaltsamkeit"[13] macht zwar den Anwendungsbereich grenzenlos, letztlich aber hat dies zur Folge, daß Veränderungen an den einzelnen Ursachen der Problem-

---

[13] Die Abstinenz von inhaltlichen Fragen macht die Methode der Sozialen Gruppenarbeit offen für alle möglichen Inhalte. In einer Gesellschaft, in der der Einfluß sehr verschieden auf einzelne „Untergruppen" verteilt ist, profitieren davon letztlich diejenigen, die den größten Einfluß haben. Damit aber stabilisiert die Soziale Gruppenarbeit gesellschaftlich bestehende Strukturen, obgleich deren Veränderung für die Lösung der aktuellen „Problemlage" eventuell notwendig wäre.

lagen (die eine Kenntnis und eine auf die Veränderung zugeschnittene spezifische Methode verlangen) nicht mehr sinnvoll möglich sind. Soziale Gruppenarbeit ist in diesem Sinne sozialintegrativ, d. h. sie stellt die soziale Funktionsfähigkeit durch gemeinsames Gruppenerleben wieder her. Sie vernachlässigt dabei aber in ihrer Beschränkung aufs „Methodische" den Sachverhalt, daß die „Notlagen" u. a. Reaktionen auf gesellschaftliche Verhältnisse (z. B. Umweltbelastung, Arbeitslosigkeit usw.) sind und nutzt damit häufig nur der kompensatorischen Aufbesserung von Sozialisationsschäden (z. B. bei sozial auffälligen Jugendlichen), die ursächlich nicht in der vom Sozialpädagogen betreuten Gruppe entstanden. An einem Beispiel Sozialer Gruppenarbeit mit alten Menschen wird der Kompensationscharakter offensichtlich:

„Von den 6 bis 7 Millionen alternder Menschen zwischen 60 und 90 Jahren leben die meisten nicht in Gemeinschaften, weder in Heimen (etwa 6%) noch im Familienverband. Es genügt nicht, wenn die Gesellschaft ihnen die gröbste materielle Not erspart und sie dabei seelisch und geistig vegetieren läßt. Das Berufsleben und die übrigen Faktoren unseres öffentlichen Lebens haben diese Menschen schlecht vorbereitet für das Altern und das Alter. Ihnen die Möglichkeit zu geben, in Altengemeinschaften alt sein zu dürfen, sich gegenseitig zu stützen und sich geistig zu weiten, ist eine unabweisbare Pflicht der gut situierten Gesellschaft, in der wir heute leben" (*Stertzenbach* 1962, S. 673).

Besonders deutlich wird in diesem Zitat die gesellschaftliche Perspektivlosigkeit der Sozialen Gruppenarbeit in der widersprüchlichen Aussage, daß einerseits „das Berufsleben und die übrigen Faktoren unseres öffentlichen Lebens die Menschen aufs Altern schlecht vorbereiten" und andererseits die Feststellung im letzten Satz, daß „wir heute in einer gut situierten Gesellschaft leben".

Die sich weitgehend des Mediums „Vertrauen" bedienende Methode der Sozialen Gruppenarbeit steht jenen gesellschaftlichen Gruppen, Verbänden und Organisationen naiv gegenüber, die für die Durchsetzung ihrer Interessen das Medium „Macht" zu handhaben wissen. Die Kritik an der Sozialen Gruppenarbeit in der Literatur geht dann auch meist in diese Richtung (vgl. *Weber* 1973). Nur die Reduktion des Anspruches, eine Methode für ein quasi unbegrenztes Anwendungsfeld zur Hand haben zu wollen, und die inhaltliche Konkretisierung der jeweils aktuellen Problemlagen auch auf ihre gesellschaftlichen Verursachungsfaktoren hin, kann die Soziale Gruppenarbeit aus der selbst gesetzten Isolation der Kleingruppenperspektive lösen.

Soziale Gruppenarbeit und soziale Aktion können auf dieser Basis, wie in folgendem Beispiel von *Franck* (1976, S. 109 f.), sinnvoll integriert werden:

„Zwei Sozialarbeiter arbeiten in einem Barackenviertel am Rande der Großstadt mit sozial benachteiligten Jugendlichen. Im Verlauf ihrer Arbeit gelingt es ihnen, das Vertrauen der Jugendlichen zu gewinnen. Aber sie sehen, daß für eine sinnvolle Weiterarbeit ein Mehr an Räumen und ein größeres finanzielles Engagement des Trägers erforderlich wären. Der Träger, vielleicht das Stadtjugendamt, läßt sich die engagierte Arbeit der beiden wohl gefallen, ist aber nicht bereit, weitere Mittel und Räumlichkeiten zur Verfügung zu stellen. Dies mag eine Situation sein, in der Veränderung nur dadurch durchgesetzt werden kann, daß der Weg sozialer Aktionen beschritten wird. Die Jugendlichen werden dazu gewonnen, Druck auf das Jugendamt auszuüben. Die Sozialarbeiter gefährden dadurch ihre Stellung. Wie wird der Kampf, der vielleicht mit Sit-ins, mit Demonstrationen oder ähnlichem geführt wird, ausgehen?"

(Weiterführende Literatur zur Methode „Sozialer Gruppenarbeit": *Kelber* 1964, *Konopka* 1971, *Müller* 1970, *Weber* 1973, was die Darstellung der historischen Entwicklung betrifft, ist besonders *Schiller* (1963) zu empfehlen.)

8.5 Verfahren der Gruppenpädagogik (Beispiel: Rollenspiel)

Verfahren als notwendige konkrete Schritte zwischen Handlung und Absicht wurden für das gruppenpädagogische Konzept in sehr breitem Maße ausgearbeitet. Es kann auch hier wiederum nur exemplarisch vorgegangen werden. Ein in der sozialpädagogischen Praxis sehr häufig verwendetes gruppenpädagogisches Verfahren ist das *Rollenspiel*.

Wir werden die intentionale und die inhaltliche Orientierung des Rollenspiels in den folgenden Ausführungen ebenso in einer Übersicht darstellen wie die formale Strukturierung, mit der jene Ziele und Inhalte auch erreichbar erscheinen. Andere Verfahren könnten in einer analogen oder ähnlichen Weise systematisiert werden (z. B. Soziogramm, Planspiel usw.).

Das Rollenspiel stellt ein Verfahren dar, durch das die reflektierte Verarbeitung eines inhaltlich eingegrenzten Problems mit der Sinnhaftigkeit der sozialen Organisationsform für die Problembearbeitung (Lösung) in einen nahen Zusammenhang gebracht werden kann. (Koordination von Inhalt und Interaktionsform, von handelnder Beteiligung und Reflexion, von Engagement und Distanz.)

Das Rollenspiel ist Reflexionsbasis und Übungsfeld zugleich, daher müssen die Inhalte auch in einer engen Beziehung zu den Erlebnissen der Teilnehmer stehen. Entweder zu jenen, die bereits in der Vergangenheit gemacht wurden (Überprüfen zurückliegender Erfahrungen) oder auf die vorzubereiten ist (flexible und reflektierte Einübung). Rollenspiele sind dort nur sinnvoll möglich – und unter diesen Bedingungen sind auch potentielle Hemmungen der Lernenden, daran teilzunehmen, am wahrscheinlichsten zu reduzieren –, wo der Bezug des Spieles zur Alltagssituation deutlich und für jedermann einsehbar ist (so z. B. Rollenspiele von Konfliktsituationen zwischen Kindern und Eltern in Elternseminaren). Dies macht die Identifizierung der Teilnehmer mit der zu spielenden Rolle erst möglich.

Erreicht werden kann durch das Verfahren „Rollenspiel" eine Verdeutlichung und kritische Aufarbeitung von Interaktions- und Kommunikationsabläufen in bezug auf Problemlösungsalternativen. Anknüpfend daran können individuell und kollektiv bewußt gewordene Denk- und Handlungsmuster in Frage gestellt werden. Im Rollenspiel werden insbesondere vorhandene, festgefahrene Erfahrungen, Einstellungen, Motive und Problemlösungsgewohnheiten reaktiviert und erfahrbar gemacht, um sie zu überprüfen und eventuell zu verändern. Hierzu bietet die Spielsituation einen relativ sanktionsfreien Schutzraum.

Die Grenzen des Rollenspieles liegen dort, wo Ereignisse größerer sozialer Systeme verhaltensbestimmend wirken. Dieser Sachverhalt ist mit dem Verfahren selbst kaum mehr nachvollziehbar, da die Handlung auf überschaubare Interaktion beschränkt ist. Um so notwendiger ist in der Auswertung des Rollenspiels der gedankliche Bezug zur gesellschaftlichen Dimension hinsichtlich der Entstehung, der Entwicklung und der Aktualisierungsmöglichkeit (z. B. Unterdrückung) von Denk- und Handlungsmustern [14].

---

[14] Die Verhaltensalternativen, die im Rollenspiel aufgezeigt werden, sind u. a. auch gesellschaftlich (d. h. von Machtgruppen in der Gesellschaft) beeinflußt und nicht nur ein beliebig erweiterbarer subjektiver Entscheidungsspielraum. Der Gefahr von Rollenspielen, die Mikroperspektive sozialen Handelns zu stark zu bewerten, muß entsprechend entgegengewirkt werden.

Die mit den Verfahren des Rollenspiels zu fördernden Lernziele sind u. a. (an Beispielen aus einem Elternbildungsseminar mit dem Thema „Sauberkeitserziehung" konkretisiert):

- *Erkennen und Bewerten von Problemsituationen und Veränderungsmöglichkeiten*
  (z. B. Klärung der Frage, was „Sauberkeit" für die Eltern, für das Kind, bedeutet; Klärung der verschiedenen Einstellungen zur Sauberkeit in der Elterngruppe).
- *Entwickeln von alternativen, individuellen und kollektiven Handlungsmöglichkeiten*
  (z. B. alternative Handlungsweisen gegenüber dem Kind entwickeln und probieren).
- *Erarbeitung und Bewertung alternativer Problemlösungen*
  (Bewerten der verschiedenen Elternmaßnahmen aus der Kinderperspektive).

Der Einsatz des Rollenspiels muß immer situativ, u. a. an den Bedingungen der aktuellen Interaktion orientiert, erfolgen. Auf einer weitgehend noch situationsabgehobenen Ebene lassen sich *Phasen der Realisation* unterscheiden:

- Prüfen, wieweit das Rollenspiel in das Gesamtkonzept sinnvoll integriert ist (inhaltlich, zeitlich)
- Darstellung des Ausgangsproblems (Situationsbeschreibung, Handlungsrahmen)
- Definition der Rollen
- Bereitschaft der Teilnehmer hinsichtlich ihrer Beteiligung klären
- Verteilung der Rollen (z. B. Spieler, Beobachter)
- Durchführung des Rollenspiels
- Auswertung des Rollenspiels nach Kriterien, die mit dem Gesamtkonzept in einem Zusammenhang stehen (vorher also bekannt sind)
- eventuelle Wiederholung von einzelnen Sequenzen
- Verallgemeinerung der Erfahrungen auf die konkrete Lebenssituation.

Bei der *Auswertung* sind, um das Erreichen der oben genannten Ziele zu gewährleisten, besonders folgende Aspekte zu berücksichtigen:

- Das Verständnis der Spielsituation (Ausgangslage)
- Die Rollenverteilung und Rollendefinition
- Die konkrete Ausübung der Rolle

- Die Qualität der Entscheidungsfindung
- Die Phase des Spielverlaufs (Problemlösung und Gruppenentwicklung)
- Die gesellschaftliche Bedingtheit der individuellen und kollektiven Verhaltensweisen
- Die Möglichkeiten der Übertragung von Denk- und Handlungsalternativen im Hinblick auf die Problemlösung in der Alltagspraxis.

Als Beispiel führen wir ein mehrfach erfolgreich durchgeführtes Rollenspiel an, das für eine sozialpädagogisch orientierte Fortbildungsveranstaltung (Therapeuten und nicht-therapeutische Fachkräfte) von uns ausgearbeitet wurde:

Situations- und Aufgabenbeschreibung des Rollenspiels:

Sie (die am Rollenspiel Teilnehmenden) arbeiten in einem Kurheim, das einen kirchlichen Träger hat. Aufgrund mangelnder Finanzmittel sieht sich der Träger gezwungen, seinen Eigenanteil an der Finanzierung zu reduzieren. Er macht dem Leiter der Institution dazu folgenden Vorschlag:

Die als flankierende Maßnahmen zur therapeutischen Rehabilitation eingerichteten Gruppen (Gruppen zur Kreativitätsförderung, thematische Gruppen zu politischen Tagesfragen usw.) können nur unter der Bedingung einer Eigenbeteiligung der Patienten weitergeführt werden. Diese Eigenbeteiligung muß 60% der anfallenden Kosten decken. Eine auch für den Träger zu tolerierende Alternative wäre die Einsparung einer der besetzten Stellen.

Die genannten Gruppen sind Teil eines vom gesamten Team erstellten und getragenen Konzeptes.

In den Gruppen arbeiten sowohl Therapeuten als auch anderweitig ausgebildetes Fachpersonal.

Stellen Sie sich vor, Sie sitzen in der wöchentlich gemeinsam mit den Patienten stattfindenden Stationsversammlung und bekommen obige Information. Der Träger erwartet die Entscheidung des Leiters der Institution bis morgen Abend.

Rollenverteilung:

Sie haben 15 Minuten Zeit, folgende Rollen zu verteilen:
- ein Leiter der Institution (Therapeut)
- ein Gruppenleiter (Therapeut)
- zwei Gruppenleiter (nicht-therapeutische Fachkräfte)
- drei Patienten (Einkommen unter DM 1600,– im Monat)
- drei Patienten (Einkommen über DM 1600,– im Monat)

(Weiterführende Literatur zum Rollenspiel: *Haug* 1977, *Klewitz/Nickel* 1972, *Shaftel/Shaftel* 1973; weitere Verfahren bei *Dantscher* 1975.)

Ausgewählte Literaturhinweise

Müller, C. W. (Hrsg.): Gruppenpädagogik. Auswahl aus Schriften und Dokumenten, Weinheim/Basel 1987 (Reprint).

Dieses Buch ist eine Sammlung von Texten, die typische Gedankengänge der gruppenpädagogischen Konzeptentwicklung wiedergeben. Es soll, so der Herausgeber, den Studierenden der Pädagogik helfen, eine Antwort auf die Frage zu finden: Wie hat sich die Gruppenpädagogik entwickelt?

Franck, J.: Sozialpsychologie für die Gruppenarbeit, Tübingen 1976.

Die Begründung gruppenpädagogischer Interventionen ist auf die Kenntnis sozialpsychologischer Forschungsergebnisse und Theorieansätze angewiesen. *Franck* wählt aus der unübersehbaren Breite der Sozialpsychologie jene Untersuchungen und Erklärungsversuche aus, die für die Gruppenarbeit wichtig sind. Den Bezug von der Theorie zur praktisch sozialpädagogischen Tätigkeit stellt er immer wieder in anschaulicher Art her.

Rückriem, G.: Sieben Thesen über organisierte Willkür und willkürliche Organisation. In: Schule und Erziehung (VI), Argument Sonderband 21, Berlin 1978, S. 62–87.

In diesem Aufsatz wird, anhand der Kritik der Gegenschulbewegung, die Vermittlung von gruppenpädagogischen (und der Gruppenpädagogik nahestehenden) Konzepen mit dem Vergesellschaftungsprozeß in der Bundesrepublik deutlich herausgearbeitet. Die Kritik, die *Rückriem* an den sogenannten Gegenschulen übt, ist an vielen Stellen für die gruppenpädagogische Praxis in gleichem Maße gültig.

Für die Bildungsarbeit (Aus- und Weiterbildung) sind zu empfehlen:

Geißler, Kh. A.: Anfangssituationen − Was man tun und besser lassen sollte, München, 2. Auflage 1987.

Knoll, J.: Kurs- und Seminarmethoden. Ein Arbeitsbuch zur Gestaltung von Kursen und Seminaren, Arbeits- und Gesprächskreisen, München 1986.

Müller, K. R. (Hrsg.): Kurs- und Seminargestaltung. Ein Handbuch für Dozentinnen und Kursleiter, München, 2. Auflage 1986.

In allen diesen drei Büchern wird der Lehr-Lernprozeß als Gruppenentwicklungsvorgang verstanden. Dieser wird unter verschiedenen Aspekten analysiert, und darauf aufbauend werden konkrete Hinweise gegeben, wie im Bildungsbereich unter Berücksichtigung der Teilnehmergruppe pädagogisch sinnvoll gehandelt werden kann.

9 Interventionen in ausgewählten Gruppen-situationen

9.1 Interventionen in Anfangsphasen innerhalb von Lehr-Lernprozessen (am Beispiel der pädagogischen Qualifikation betrieblicher Ausbilder)

Wenn wir versuchen, die dargelegten Gruppenkonzepte an einem Beispiel ihrer Anwendung zu verdeutlichen, so unter dem ausdrücklichen Vorbehalt, daß damit nicht etwa die Vielfältigkeit praktisch pädagogischen Handelns abgebildet wird. Auch sind die Erfahrungen, die den Ausführungen zugrunde liegen, nicht an anderer Stelle in identischer Form wiederholbar. Daher werden wir auch versuchen, die materiellen und die personellen Bedingungen und Möglichkeiten der Situation, die für unser Beispiel maßgeblich waren, soweit darzulegen, daß die situationsspezifische Relativität der geschilderten Interventionen deutlich wird.

Wenn wir Interventionen in Initialphasen von Lehr-Lernprozessen betrachten, so ist dies nicht identisch mit der abbildhaften Übertragung von Konzepten auf Situationen, so daß alle diejenigen enttäuscht sein werden, die das Dargelegte mit eindeutigen, weitere Reflexionsanstrengungen ersetzenden Handlungsaufforderungen verbunden sehen möchten.

Noch einige Worte zur Begründung und zur Entscheidung für das hier ausgewählte Anwendungsfeld: „Interventionen in Initialphasen von Lehr-Lernprozessen" halten wir für Sozialpädagogen u. a. deshalb für wichtig, weil der Aus- und Weiterbildungssektor als Berufsfeld und als Tätigkeitsbereich für Sozialpädagogen in den letzten Jahren in breitem Maße an Bedeutung zugenommen hat. Ein deutlicher Schwerpunkt liegt z.B. bei der Fort- und Weiterbildung jener Personen, die pädagogisch tätig sind. Der Gesetzgeber hat dies ebenso für wichtig erachtet und entsprechende Initiativen durch formale Regelungen in Gang gesetzt. Beispiele sind die Erwachsenenbildungsgesetze und die Weiterbildungsgesetze der Länder, die Rechtsgrundlagen für die Arbeitsbefreiung für Bildungszwecke (Bildungsurlaub) und die Verordnung über die berufs- und arbeitspädagogische Eignung für die Berufsausbildung in der gewerblichen Wirtschaft (Ausbildereignungsverordnung vom 20.4.1972)[1]. Im Rahmen dieser und anderer gesetzlicher Grundlagen wird die Dozententätigkeit in der Aus-, der Fort- und Weiterbildung auch für Sozialpädagogen in zunehmendem Maße zu einem wichtigen Feld ihrer Betätigung. Speziell im Rahmen solcher Veranstaltungen finden die Konzepte der Gruppendynamik und der Gruppenpädagogik ihre Anwendung.

Ein Kriterium hinsichtlich der Entscheidung für das Anwendungsbeispiel „Ausbilderseminar", das mehr subjektiver Art ist, stellen unsere eigenen Erfahrungen dar. Bei der Dozententätigkeit in Seminaren und Kursen, in der Aus- und Fortbildung von Sozialpädagogen, von Berufspädagogen (Ausbilder) und von nebenberuflichen Dozenten der Erwachsenenbildung haben wir jene Erfahrung gemacht, die wir hier in systematisierter Form weitergeben zu können hoffen. Um in der Darstellung möglichst konkret bleiben zu können, werden wir die pädagogische Qualifizierung betrieblicher Ausbilder (auf der Basis der Ausbildereignungsverordnung) als Bezugspunkt der Ausführungen verwenden.

Andere Lehr-Lernprozesse, besonders in der Fort- und in der Weiterbildung, dürften jedoch oftmals sehr ähnliche Probleme aufwerfen, so daß eine Übertragung des Dargelegten (mit Einschränkungen) auf weitere Bildungsinitiativen durchaus möglich ist. Eine weitere Einschränkung, die jedoch auch eine wichtige Präzisierung darstellt, erfährt unser Beispiel dadurch, daß nur die spezifischen Problemstellungen von Interventionen in *Initialphasen* solcher Lehr-Lernprozesse betrachtet werden. Dies schränkt zwar die Breite der Perspektive ein, macht es aber möglich, detaillierteren Fragestellungen nachzugehen.

---

[1] Im § 2 dieser Rechtsverordnung werden die Inhalte dargelegt. Sie gliedern sich in: „Grundfragen der Berufsbildung", „Planung und Durchführung der Ausbildung", „Der Jugendliche in der Ausbildung" und „Rechtsgrundlagen". Zur kritischen Würdigung dieser Rechtsverordnung vgl. *Czycholl/Geißler* 1974.

9.2 Die pädagogische Intention[2]

Da in der gesetzlichen Grundlage der Seminare, der Ausbildereignungsverordnung, keine ausformulierten pädagogischen Intentionen erkennbar sind, mußten diese vom Träger (Veranstalter) und besonders von den
Durchführenden (Dozenten) erarbeitet werden. Aus detailliert offen ge-
legten Wertentscheidungen über den Sinn und das fundamentale Ziel
pädagogischen Handelns — wobei die gesellschaftspolitischen Leitbilder
und das Menschenbild der beteiligten Dozenten deutlich gemacht wurden — (vgl. hierzu *Geißler* 1974, *Hege* 1974) und aus den Ergebnissen
von Analysen der in jüngster Zeit in zahlreichen Untersuchungen nach-
gewiesenen Benachteiligung der Auszubildenden (Lehrlinge), entschieden sich die Planungsverantwortlichen für eine sogenannte „emanzipa-
torisch-pädagogische Intention". Diese war besonders darauf ausgerichtet, die Ausbilder durch die Seminare zu kritischer Reflexion, zur Veränderung ihrer Berufs- und Betriebssituation (speziell in ihren Interaktionen mit den Auszubildenden) sowie zur Verdeutlichung und zur
Überprüfung ihrer individuellen und kollektiven Bedürfnisse und Interessen zu bewegen. Weitere detaillierte sogenannte „Prinzipien", die diese
Grundintentionen konkretisierten (Richtziele), wurden ausgearbeitet
(vgl. *Czycholl/Geißler* 1974, *Geißler* 1976 a). Die ausgewiesenen Rechtfertigungen und Begründungen der Gruppenkonzepte, wie wir sie hier
darlegten, schienen dieser pädagogischen Intention nahe zu kommen, so
daß deren Methoden und Verfahren zum Erreichen des Anliegens für
möglich und auch für sinnvoll gehalten wurden.

Zum anderen machten die in der Verordnung sehr grob vorgeschriebenen Inhalte (hauptsächlich pädagogische und psychologische) es
möglich, gerade jene Lehr-Lernprozesse beispielhaft zum Gegenstand
der inhaltlichen Betrachtung zu machen, die im Seminar selbst ab-
liefen.

---

[2] „Pädagogische Intention" ist der umfassende Aspekt der Richtung pädagogischen Handelns. Leitbildhaft liefert die Intention Maßstäbe für didaktische
Entscheidungen.

Diese von den Dozenten „Prozeßreflexivität" genannte didaktische Entscheidung kam dem im gruppendynamischen Konzept dargelegten Hier-und-Jetzt-Prinzip sehr nahe[3].

Können also die pädagogischen Intentionen mit der konzeptionellen Begründung und Rechtfertigung als weitgehend in Einklang stehend betrachtet werden, so kann doch, wie schon mehrmals betont, die konkrete Seminarrealisation nicht einfach die Anwendung des Konzeptes unter Vernachlässigung der situativen Faktoren bedeuten.

Als nächstes müssen daher Informationen über relativierende Situationsfaktoren dargestellt werden (dies ist selbstverständlich wieder beispielhaft, da ja jede Situation ihre Einmaligkeiten hat, die wir, da wir sie für pädagogisch wichtig halten, nicht technokratisch reduzieren wollen).

9.3 Situative Bedingungen

Interventionen, so haben wir im Abschnitt 2.3 „Situation und Intervention" differenziert, sind, neben der Orientierung an einem Konzept, beeinflußt von

a) den historisch-materiellen Bedingungen und ihrer Realisierung und
b) den besonderen Qualitäten der Beziehung zwischen den am Lehr-Lernprozeß Beteiligten.

a) Historisch-materielle Bedingungen

Ohne die historisch-materiellen Bedingungen hinsichtlich ihrer Entstehung, ihrer Entwicklung, ihrer Interessenorientierung und ihrer möglichen Variabilität hier weiter zu verfolgen, müssen sich Interventionen in

---

[3] Der kritische Leser wird die Begründung für diese speziellen didaktischen Aussagen vermissen. Um jedoch hier nicht allzusehr „theoretisieren" zu müssen, wird auf die an anderer Stelle geleistete Begründung verwiesen (vgl. *Geißler* 1978). Viele dieser hier recht plakativ klingenden Entscheidungen stellen das Ergebnis von intensiver, oft jahrelanger Diskussion dar, die auch erheblich fundierter gerechtfertigt und begründet wurden, als dies hier zum Ausdruck kommen konnte. Die als Grundlage für die Beispiele dienenden Seminare begannen bereits 1970, und die Problematisierung dieser konzeptionellen Entscheidung hat bis heute (glücklicherweise) kein Ende gefunden.

Initialphasen von Seminaren für Ausbilder, auf die wir uns beispielhaft beziehen, an diesen Bedingungen ausrichten[4].

In der folgenden schematischen Aufstellung versuchen wir, durch eine Differenzierung genereller und spezifisch-konkreter Fragestellungen die historisch-materiellen Bedingungen der Situation auf verschiedenen Ebenen exemplarisch darzustellen. (Dabei ist das jeweils isolierte Aufführen dieser Punkte nicht so zu verstehen, daß zwischen den einzelnen Ebenen keinerlei Abhängigkeiten bestehen würden.)

Historisch-materielle Bedingungen des Lehr-Lernprozesses

generell:	spezifisch:
Die Wertschätzung von Bildungsmaßnahmen in unserer Gesellschaft (z. B. im Rahmen des Anspruches zunehmender Demokratisierung)	Bildungspolitische Aufwertung der Lehrlingsausbildung. Die Benachteiligung der beruflichen Bildung soll abgebaut werden.
Anforderungen, die sich aus den Bedingungen und den Entwicklungen der Produktion ergeben (bezogen auf die sozioökonomische Situation in der Bundesrepublik, z. B. höher qualifizierte Fachkräfte)	Die Lehrlingsausbildung muß verbessert werden, um den Facharbeiterbedarf decken zu können und um konkurrenzfähig bleiben zu können.
gesetzliche Grundlagen, Verordnungen, Empfehlungen	Ausbildereignungsverordnung, Empfehlung des Bundesausschusses für Berufsbildung, Prüfungsbestimmungen
institutionelle Bedingungen (Bedingungen, die der Träger der Veranstaltung setzt)	Explizit setzt der Träger relativ wenig Bedingungen. Diese werden nur im Konfliktfalle deutlich.
finanzielle Ausstattung	Relativ großzügige Finanzierung durch Bund und Land, da als Modellversuch genehmigt.

---

[4] Selbstverständlich sind auch die Analyse der Entstehung, der Entwicklung sowie die Ideologiekritik der Interessenorientierung der Bedingungen für Seminarplaner eine wichtige Aufgabe. Bedingungen, die vorgegeben sind, müssen auf ihre Sinnhaftigkeit überprüft und eventuell zu verändern versucht werden. Nur dies hier darzustellen, führte zu weit weg von der Schilderung konkreter Interventionen.

personelle Ausstattung	Freiraum der Seminarleitung in der Wahl der Dozenten. Die Seminarleitung wurde vom Träger benannt.
zeitlicher Rahmen	Die Seminardauer beträgt 2×14 Tage mit einer etwa halbjährigen Pause zwischen den Blöcken.
Teilnehmeranzahl, Teilnehmerauswahl	Ausbilder aus der gewerblichen Wirtschaft. Teilnehmerzahl auf 20 Personen beschränkt. Homogenisierung nach kaufmännischen/gewerblichen Ausbildern.
lokaler Bedingungsrahmen	Ruhige, abgelegene Bildungsstätte
Bedingungen der Bildungsstätte	Flexible Lernorganisation möglich, z. B. keine feste Bestuhlung in den Seminarräumen, Bibliothek, mehrere Gruppenräume, Medien vorhanden. Essenszeiten des Hauses liegen fest, die Arbeitszeiten müssen sich daran orientieren.

Die dargelegten historisch-materiellen Bedingungen bedürfen in der konkreten Interventionssituation selbstverständlich weiterer Präzisierung, um fürs konkrete Handeln relevant werden zu können.

b) Beziehungsqualitäten

Die Beziehungsqualitäten der Interaktionspartner (Ausbilder, Dozenten) sind abhängig von den konkreten Aktivitäten in der Situation selbst, hier also speziell derer in der Anfangsphase der Seminare. Dabei aber sind diese Aktivitäten in den meisten Fällen keine unmittelbaren, allein spontanen Äußerungen der beteiligten Personen. Gewohnte Muster von Verhalten werden in der Situation, speziell in neuen Situationen (Anfangsphasen), angewandt.

Vorgängige Erfahrungs- und Lernprozesse bestimmen dabei die Wahrnehmungen und die Handlungen der Beteiligten. Diese lebensgeschichtlich erworbenen Denk- und Handlungsmuster sind u. a. das Resultat jener Interaktionsbedingungen, in denen Ausbilder und Dozenten z. B. ihren Beruf ausüben. So werden, beschränken wir uns im weiteren beispielhaft auf die Ausbilder und vernachlässigen den lebensgeschichtlichen Hintergrund der Dozenten, die in der betrieblichen Alltagspraxis vorherrschenden Denk- und Handlungsmuster besonders in Anfangsphasen auf die Seminarsituation übertragen[5].

Die Dozenten müssen demnach bei ihren Interventionen mit dem Druck, der darauf gerichtet ist, Gewohntes aus der Betriebsrealität auch in der neuen Situation „Seminar" möglichst schnell wieder herstellen zu wollen, rechnen.

Ein Beispiel:

Die Entscheidung zugunsten eines sehr zeitintensiven Verfahrens zur gegenseitigen Vorstellung der Beteiligten (Ausbilder und Dozenten) seitens der Dozenten löste bei den Ausbildern sichtbaren Unmut aus. Diese Reaktion auf den Umgang der Dozenten mit der Zeit in der Anfangsphase wird verständlich, wenn man die alltägliche Betriebserfahrung als Maßstab nimmt. Zeit ist dort eine ökonomische Kategorie (Zeit ist Geld). Dieser seitens der Ausbilder gewohnte ökonomische Umgang mit der Zeit widerspricht in der Initialphase des Seminars einem von den Dozenten als sinnvoll angenommenen und entsprechend verwirklichten pädagogischen Umgang mit der Zeit. Die paradoxe Äußerung einiger Teilnehmer, daß man mit dem gegenseitigen Bekanntmachen doch rasch zu Ende kommen solle, um endlich „anfangen" zu können, wird dann auch verständlich. Gleichzeitig macht sie deutlich, daß eine Veränderung des Umgangs mit der Zeit (zugunsten eines pädagogischen Kriteriums) für den Lehr-Lernprozeß notwendig ist.

Ein weiteres wichtiges beziehungsprägendes Moment sind die *Vorinformationen*, die die Teilnehmer erhalten haben. So bekamen z. B. in den Seminaren die angemeldeten Ausbilder, in unserem Fall vom Träger der Veranstaltung, vor Seminarbeginn ein längeres Schreiben mit mehreren informativen Anlagen. Es stellte sich in den Seminaren immer wieder heraus, daß von diesem Schreiben stark erwartungsstrukturierende Impulse ausgingen, die mit der pädagogischen Absicht der Dozenten in deutlichem Widerspruch standen. So hat die detaillierte Schilderung aller Anreisemöglichkeiten (jeder Teilnehmer bekam z. B. seine individuelle Zugverbindung zum Seminarort übermittelt) mit dem Angebot, bei Bedarf am nächsten Bahnhof abgeholt zu werden, wie auch die be-

---

[5] Deutlich wird hier, wie wenig voneinander trennbar der historisch-materielle Bedingungsaspekt und der Beziehungsaspekt letztlich sind. Erwartungs-, Denk- und Handlungsmuster sind selbstverständlich nicht ohne z. B. institutionelle Bedingungen, unter denen sie entstanden sind, zu analysieren und zu verändern.

sonders ausführlichen Informationen über jene Kursphasen, in denen etwas für die Verpflegung der Teilnehmer getan wurde, jene Fürsorgeerwartungen und Versorgungshoffnungen bei den Teilnehmern entwickelt und bestätigt, die der Bereitschaft zu einem eigenaktiven und eigenverantwortlichen Denken und Handeln in dem Seminar entgegenstanden.

Es konnte daher nicht mehr überraschen, als die Teilnehmer auch die Lehr-und Lerninhalte, die Lehr- und Lernmethoden und die Lehr- und Lernorganisationsentscheidungen als bereits getroffen erwarteten und überrascht reagierten, als in der Anfangsphase deutlich gemacht wurde, daß dies eben nicht der Fall sei.

Die Analyse dieses Sachverhalts machte für die Anfangsphase eine Entscheidung notwendig, die weitgehend − nimmt man die Gruppenkonzepte als Bezugspunkt − jener zwischen dem gruppendynamischen und dem gruppenpädagogischen Konzept gleichkam[6].

Die entscheidende Frage war dabei, ob und in welchem Umfang das Autoritätsproblem im Seminar, besonders in der Initialphase, durch entsprechende Interventionen seitens der Dozenten angegangen werden sollte. Gemeint ist das Autoritätsproblem, das sich z. B. in der deutlichen Erwartungshaltung seitens der Ausbilder an die Dozenten äußerte, möglichst alle Entscheidungen für diese zu treffen.

Aufgrund der Bedingungen, die die rechtliche und zeitliche Vorgabe setzte (z. B. auch eine Prüfung), entschieden sich die Dozenten, das Autoritätsproblem in der Anfangsphase nicht soweit zu forcieren, daß erst nach dessen Durcharbeitung der inhaltlich orientierte Lehr-Lernprozeß ansetzen sollte. Dies übrigens mit der bewußt einkalkulierten Absicht und Wahrscheinlichkeit, daß das Autoritätsproblem im weiteren Kursverlauf immer wieder in verschiedener Form auftauchen würde. Damit war in unserem Zusammenhang eine tendenzielle Entscheidung für das gruppenpädagogische Konzept gefallen. Primär, so die Rechtfertigung dieser Entscheidung durch Anbindung an die Seminarziele, ging es in den Veranstaltungen nicht darum, mit Ausbildern die Autoritätsproblematik durchzuarbeiten (obgleich dies auch sinnvoll und notwendig gewesen wäre, jedoch nicht in einem Seminartyp, der durch rechtliche Vorentscheidungen hinsichtlich der Lern- und Lehrinhalte und einer abzulegen-

---

[6] Selbstverständlich kann für diese Entscheidung nicht nur diese geschilderte Analyse maßgeblich sein. Die historisch-materiellen Bedingungen sind ebenso zu berücksichtigen.

den Prüfung eingeengt ist). Eher ging es um das Erleben und das kritische Reflektieren eines pädagogischen Modells von Lehr- und Lernintentionen und deren Handhabung, dessen — wenigstens teilweise — Übertragung in die Betriebssituation der Ausbilder beabsichtigt war. Dies bedeutete für die Interventionen in der Initialphase, daß die (hier nur in Ansätzen geschilderten) Verhaltenserwartungen und Denk- und Handlungsstrukturen der teilnehmenden Ausbilder durch die Dozenten nicht ignoriert, aber auch nicht voll bestätigt werden konnten. Die Interventionen mußten einerseits der unreflektierten puren Abbildung der aus der Betriebserfahrung übertragenen Verhaltensqualitäten entgegenwirken, andererseits aber auch an der (subjektiven und objektiven) Situation der Ausbilder anknüpfen, um Veränderungsmöglichkeiten überhaupt sichtbar und akzeptabel zu machen. Solches machte es für die Dozenten notwendig, neben der kritischen Analyse der historisch-materiellen Bedingungen der Situation und der Beziehungsqualitäten am Anfang von Lehr- und Lernprozessen ein Verständnis für die strukturellen Bedingungen von Anfangssituationen und die individuellen Reaktionen auf diese zu entwickeln (Wechselwirksamkeit von historisch-materiellen Bedingungen einerseits und Bewußtseins- und Interaktionsqualitäten andererseits).

9.4 Zentrale Probleme in Anfangssituationen

Anfangssituationen haben Problemstrukturen, die generell sind. Es sind dort viele Fragen offen, wenige beantwortet. Die Teilnehmer (auch die Dozenten) versuchen durch Handeln die sehr offene Situation zu vereindeutigen. Die wohl häufigste Form, dies zu tun, das heißt, eine Antwort auf die offenen Fragen zu erhalten, ist seitens der Ausbilder meist passives (schweigendes) Abwarten. Hierdurch fühlt sich der Dozent oftmals aufgefordert, die offene Situation durch seine eigene Entscheidung zu vereindeutigen. Wie weit solche „Leiterentscheidungen" dann die Bedürfnisse und Möglichkeiten der Teilnehmer berücksichtigen, ist in dieser Phase meist unklar und wird allzu häufig zum Konfliktfall im weiteren Seminarverlauf. Von daher ist es notwendig und sinnvoll, die hier als offen bezeichneten Fragen etwas genauer zu analysieren und sie auch gemeinsam in der Veranstaltung (Dozent und Teilnehmer) anzugehen.

In Anfangssituationen von Lehr-Lernprozessen sind folgende Fragestellungen für alle Beteiligten (auch für die Dozenten) für ihr Denken und Handeln wichtig:

- *Die Identitätsfrage:*
  Wer bin ich in der Gruppe der Beteiligten?

- *Die Frage der Rollenverteilung:*
  Wer spielt hier welche Rolle?
  Welche spezifische Rolle kann ich hier spielen?

- *Die Frage nach der Kompetenz:*
  Welche Ressourcen meines Wissens und Könnens kann ich einbringen?
  Welche Kompetenzen haben die anderen Teilnehmer?

- *Die Machtfrage:*
  Wie ist die informelle Hierarchie in der Gruppe?
  Wen kann ich beeinflussen?
  Von wem lasse ich mich beeinflussen?

- *Die Vertrauensfrage:*
  Wie offen kann ich in der Gruppe sein?
  Zu wem kann ich offen sein?

- *Die Normenfrage:*
  Welche Erwartungen hat die Gruppe an mich?
  Welches Verhalten kann ich mir leisten?
  Welche Sanktionsmittel haben die einzelnen Gruppenmitglieder, die Kollegen, die Dozenten?

Bei unseren Erfahrungen mußten wir häufig feststellen, daß die Ausbilder (ebenso die Dozenten) diese Informations- und Erfahrungsdefizite — die Offenheit eben dieser Fragen — durch Phantasien[7] auffüllten, die allzu häufig im Verlauf der Seminare mit der Realität in Widerspruch standen. Für die Dozenten entstand hierdurch eine relativ komplizierte Situation am Anfang dieser Lehr-Lernprozesse. Sie mußten einerseits

---

[7] Die Phantasien sind dann selbstverständlich auch ein Stück „Seminarrealität", mit der umzugehen ist.

Orientierungen in einer relativ orientierungslosen Situation geben, andererseits konnten sie die Situation aber nicht so festschreiben, daß eine Berücksichtigung der Bedürfnisse und Möglichkeiten der Teilnehmer möglich wurde.

Ein Verfahren, das diesen beiden Aspekten – auf der Basis der unbeantworteten oben aufgezählten Fragen – in etwa Rechnung trug, wurde in diesem Zusammenhang für die Ausbilderseminare erarbeitet.

Die als „Seminarregeln" bezeichneten Formulierungen (vgl. Abschnitt 9.5.1) wurden in der Anfangsphase des Seminars eingebracht. Dabei wurde ausdrücklich auf die Ergänzungsbedürftigkeit dieser Regeln hingewiesen. Jeder Teilnehmer bekam diese ausgehändigt, und zusätzlich wurden sie, für alle sichtbar, an der Wand des Plenarraumes aufgehängt. Bei einem Seminar, das durch inhaltliche Vorentscheidungen in geringerem Maße als in unserem Falle (durch die Ausbildereignungsordnung) gebunden ist, könnten diese Regeln auch ohne Vorgabe seitens der Dozenten in gemeinsamer Arbeit erstellt werden. Dies würde aber erheblich mehr Zeit erfordern, als sie in unserem Beispiel zur Verfügung gestellt wurde.

9.5 Interventionen

Die Interventionen in der Anfangssituation müssen sich an (mindestens) drei Momenten des interaktiven Lernfortgangs orientieren und diesen im Sinne der pädagogischen Intention (vgl. Kap. 9.2) strukturieren und vorantreiben.

Wir unterscheiden:
– Interventionen, die auf die Interaktionsqualitäten des Lehr-Lernprozesses bezogen sind (prozeßorientierte Interventionen);
– Interventionen, die auf die Einzelperson und deren Subjektivität gerichtet sind (teilnehmerorientierte Interventionen);
– Interventionen, die auf die Inhalte des Lehr-Lernprozesses hin orientiert sind (inhaltsorientierte Interventionen).

9.5.1 Prozeßorientierte Interventionen

Die bereits weiter oben angesprochenen Seminarregeln stellten in dem Anwendungsbeispiel „Ausbilderseminar" die zentrale Prozeßintervention in der Anfangsphase dar.

Diese Regeln sehen folgendermaßen aus:

Seminarregeln

(1) Gehen Sie davon aus, daß Sie Lernbedürfnisse haben, die Ihre Kollegen im Seminar nicht wissen, die auch die Seminarleiter nur ahnen können.

D. h.: Jeder Teilnehmer besucht das Seminar, um anschließend seine Praxis „besser" bewältigen zu können (was „besser" ist, das muß noch im Laufe des Seminars gemeinsam geklärt werden). Nun hat jeder Anwesende eine andere Praxis zu Hause, die es zu bewältigen gilt, und jeder von uns hat seine besonderen Schwierigkeiten bei dieser Bewältigung. Damit jeder möglichst viel lernt, und zwar das, was für ihn das Beste, Wirkungsvollste und Notwendigste ist, muß jeder einzelne seine Lernbedürfnisse äußern, z. B. das benennen, was er verändern will.

Am Ende des Seminars sollen nämlich nicht alle dasselbe gelernt haben, sondern jeder soll das gelernt haben, was *ihm* und den Auszubildenden in ihrem täglichen Umgang miteinander am besten weiterhilft.

(2) Gehen Sie davon aus, daß Sie Ihren Lernprozeß selbst steuern können, d. h. daß Sie durch Ihre Initiativen die Kollegen und die Seminarleitung für die Befriedigung Ihrer Lernbedürfnisse einsetzen können.

D. h.: Die Verantwortung für das, was jeder im Seminar lernt, liegt zu einem großen Teil bei jedem Teilnehmer selbst, und jeder muß dafür aktiv werden, damit er etwas lernt. Aktiv werden bedeutet, daß jeder Teilnehmer möglichst von Anfang an — und auch immer wieder — deutlich sagt, was er gerne von den Kollegen, der Seminarleitung und den Dozenten erfahren möchte. Zeigen Sie sich aber auch selbst bereit, Auskünfte zu geben und Erfahrungen auszutauschen.

(3) Versuchen Sie, die Vorstellungen, die Sie von den möglichen Lernergebnissen haben, immer wieder zum Ausdruck zu bringen.

D. h.: Es ist sinnvoll und notwendig für den Lernerfolg, wenn Sie etwa folgende Aussagen machen und Forderungen stellen, wie:

- „Könnten Sie das nicht etwas intensiver behandeln?"
- „Könnten Sie nicht etwas deutlichere Beispiele aus der Praxis anführen?"
- „Kann mir das mal jemand in einfacheren Worten erklären?"
- „Kann mal jemand aus seinem Betrieb ein Beispiel bringen?"
- „Das weiß ich eigentlich schon alles."
- „Ich halte dieses Problem für recht unwichtig!"

(4) Wenn Sie Ihre Lernbedürfnisse unbefriedigt sehen, fragen Sie danach, was Sie selbst und die anderen zur möglichen Befriedigung beitragen können und welche Initiativen diesen Zustand beheben könnten.

D. h.: Ziehen Sie sich nicht zurück, wenn Sie merken, daß auf Ihre Probleme und Bedürfnisse nicht eingegangen wird, sondern äußern Sie sich und überlegen Sie mit den Kollegen und der Kursleitung, wie der Zustand verändert werden kann.

Es reicht z. B. zu sagen: „Ich habe mir das anders vorgestellt" oder: „Könnte mir hier jemand weitere Informationen geben, Literatur empfehlen, andere Seminare empfehlen" etc.

(5) Unterbrechen Sie das Gespräch, wenn Sie wirklich nicht teilnehmen können, wenn Sie z. B. gelangweilt oder ärgerlich sind oder sich aus einem anderen Grund von dem Geschehen in der Gruppe isoliert fühlen.

D. h.: Es ist für das Lernen sinnvoller, Langeweile oder Ärger nicht zu unterdrücken oder außerhalb des Seminars abzureagieren, sondern seine Empfindungen zu äußern und den anderen Seminarteilnehmern mitzuteilen. Vielleicht sind die anderen in einer ähnlichen Lage. Verändert werden kann eine solche oder ähnliche Situation nur, indem sie sichtbar wird, d. h. zum Beispiel ausgesprochen wird.

(6) Machen Sie nicht nur Aussagen zum Inhalt (Stoff), sondern machen Sie auch öfters persönliche Aussagen.

D. h.: Lernen geschieht immer auf zwei Ebenen: Einmal, indem Inhalte (Stoff) vermittelt und ausgetauscht werden (= Inhaltsebene), und zum anderen, indem durch diese Vermittlung von Inhalten auch Gefühle geprägt und verändert werden (= Gefühlsebene). So z. B. kann mich manchmal die Art und Weise ärgern, in der ein Dozent, Kollege oder Kursleiter mit mir redet, oder ich freue mich über die Tatsache, daß mich jemand anspricht oder fragt. Wenn ich aber ärgerlich bin, kann ich den Lerninhalten nicht mehr soweit folgen, wie ich es dann könnte, wenn ich ausgeglichen wäre. Deshalb ist es wichtig, auch über die Stimmungen Aussagen zu machen, die beim Lernen auftreten.

(7) Stellen Sie sich den Lernprozeß als gegenseitigen vor: Daß Sie für den Dozenten und die Kursleitung wichtig sind und der Dozent und die Kursleitung auch für Sie.

D. h.: Meist ist den Seminarteilnehmern klar, daß der Dozent für sie wichtig ist, es ist ihnen aber nur selten bewußt, daß auch der Dozent in der Kurssituation Erfahrungen macht und von den Stimmungen der Seminarteilnehmer beeinflußt wird.

Diese Intervention „Seminarregeln" hatte in der Anfangsphase des Seminares mehrere wichtige Funktionen für den Lehr-Lernprozeß, die es gilt zu erkennen:

Eine Absicherungsfunktion: Die Seminarregeln sichern formal Freiräume und Möglichkeitsbereiche des Probehandelns und des experimentierenden Denkens für die Teilnehmer ab.

Eine Aufforderungsfunktion: Die Seminarregeln fordern zum Handeln im Sinne der dem Seminar zugrundeliegenden pädagogischen Absichten auf.

Eine Informationsfunktion: Die Seminarregeln geben konkrete Information über das Lehr-Lernkonzept der Seminarleitung und signalisieren, daß ein Konzept vorhanden ist.

Eine Orientierungsfunktion: Die Seminarregeln signalisieren den Spielraum für erwünschtes und unerwünschtes Verhalten, sie setzen Normen.

In bezug auf diese Funktionen kann man im Falle der Anwendung der „Seminarregeln" von einer *seminarprozeßorientierten Intervention* sprechen.

9.5.2 Teilnehmerorientierte Interventionen

Die in allen Initialphasen von Lehr-Lernprozessen zentrale teilnehmerorientierte Intervention betrifft die Form des gegenseitigen Bekanntmachens der Beteiligten. Hierzu gibt es verschiedene Verfahren, die, entsprechend den situativen Faktoren, als mehr oder weniger günstig im Hinblick auf die Lehr-Lernprozesse anzuwenden sind. So wurden z. B. in dem Ausbilderseminar die Einzelvorstellungen (jeder einzelne Teilnehmer stellt sich dabei der Reihe nach mit Namen vor) als brauchbares Verfahren verworfen. Die Dozenten entwickelten eine Alternative, bei der die Aktivierung der Teilnehmer in stärkerem Maße gefördert wurde, als dies bei der Einzelvorstellung der Fall gewesen wäre. Diese stellte sich so dar:

Vor Ankunft der Teilnehmer wurden Tische und Stühle aus dem Seminarsaal entfernt, so daß die Teilnehmer notwendigerweise eine „nicht-gegenständliche" Orientierung suchen mußten (und sich nicht hinter den Tischen und Stühlen „verbergen" konnten, wie dies häufig in Anfangssituationen von Seminaren geschieht). Dieses Bedürfnis nach Orientierung suchten sie durch ein Gespräch mit anderen Teilnehmern zu befriedigen. Damit war ein erster Kontakt zwischen den Ausbildern gefunden. Nach ca. 10 Minuten stellten sich die Dozenten, die ebenso im Raum herumgingen und mit einzelnen Teilnehmern sprachen, als formelle Rollenträger vor (diese Vorstellung war sehr kurz und beinhaltete eigentlich nicht mehr als die Information, daß man zum Dozententeam gehörte). Daraufhin erklärten diese kurz die Situation als eine für das gegenseitige Kennenlernen gezielt inszenierte und baten die Teilnehmer, sich jetzt in Dreiergruppen zusammenzufinden, um sich dort 15 Minuten zum Zwecke des Kennenlernens zu unterhalten. Bei dem Zusammenfinden der Gruppen war darauf zu achten, daß sich die Teilnehmer nicht schon vorher kannten. Nach diesen 15 Minuten baten die Dozenten die Teilnehmer mit anderen nichtbekannten Ausbildern, wiederum in Dreiergruppen, sich ebenfalls zu einem 15minütigen Gespräch zusammenzufinden. Dieses Ritual erfolgte danach noch ein weiteres Mal. (Die Dozenten schlossen sich bei dieser Vorstellung nicht aus.)

Eine stärker strukturierende Modifikation dieser Intervention „Vorstellungen" wäre dann gegeben, wenn die Dozenten konkrete Inhalte für das Gespräch zwischen den Dreiergruppen geben würden. Z. B. den Hinweis, daß man sich über die Erwartungen hinsichtlich des Seminars unterhalten solle oder etwa über die Befürchtungen, die man hat, oder über die individuellen Lernziele u. a. m. Diese Alternative jedoch wurde im Ausbilderseminar für weniger günstig gehalten, da ein symbolischer Akzent mit der Perspektive gesetzt werden sollte, daß inhaltliche Strukturen insbesondere auch von den Ausbildern geprägt werden sollten.

Im übrigen wäre die Äußerung von Erwartungen, besonders aber von Befürchtungen, in Anfangssituationen insofern nicht allzu informativ, da zu diesem Zeitpunkt nur sehr vorsichtige Äußerungen gemacht werden (die für die Dozenten auch nur in relativ geringem Maße brauchbar wären). Dies liegt maßgeblich an der oben dargelegten Unsicherheit der Lernenden in Anfangssituationen[8].

---

[8] Auch für die Dozenten ist es in Anfangssituationen erheblich schwieriger, Befürchtungen, eher schon Erwartungen, zu äußern als später, wenn die Reaktion der übrigen Seminarteilnehmer aufgrund gemeinsamer Interaktionsgeschichte abschätzbarer wäre.

Nach der „Vorstellungs-Intervention" erfolgte (initiiert durch die des Stehens allmählich überdrüssig gewordenen Ausbilder) die Problematisierung der zukünftigen Sitzordnung. Die Dozenten machten dabei deutlich, daß sie diese Entscheidung nicht treffen würden; sie gaben lediglich Hinweise, wo Tische und Stühle zu finden wären.

Ohne daß ein durchsichtiger demokratischer Entscheidungsprozeß zustande kam — dies ist auch in der Initialphase, wo es für Entscheidungen noch keine seminarinternen Regeln oder Traditionen gibt, nicht zu erwarten — verzichteten die Ausbilder in einem der Seminare völlig auf die Tische; die Stühle stellten sie im Kreis auf.

Bei einem anderen Seminar wurde die konventionelle Sitzordnung (Tische und Stühle im Viereck) hergestellt. Obgleich die Dozenten die Sitzordnung mehrmals im Laufe der Veranstaltung problematisierten, änderte sich in beiden Seminaren daran nichts mehr. Über die dargelegten Interventionen zur Sitzordnung selbst wurde jedoch in späteren Phasen des Lehr-Lernprozesses sehr ausführlich gesprochen und Alternativen wurden diskutiert; so daß, entsprechend der inhaltlichen Orientierung der Veranstaltung, nicht nur Erfahrungen gemacht wurden, sondern diese wurden auch reflektiert und auf ihre mögliche Übertragbarkeit für Lehr-Lernsituationen im Betrieb geprüft.

Diese teilnehmerorientierte Intervention in Anfangssituationen stellte u. a. die Basis für inhaltsorientierte Interventionen in späteren Phasen des Seminares dar.

9.5.3 Inhaltsorientierte Interventionen

Interventionen, die in ihrem Schwerpunkt inhaltsorientiert sind, beeinflussen selbstverständlich den Seminarverlauf als Gruppenprozeß ebenso, wie sie sich auch an Einzelne in der Teilnehmergruppe wenden. Der Begriff der „Inhaltsorientierung" soll dabei den Sachverhalt zum Ausdruck bringen, daß die Seminarinhalte (also z. B. die in der Ausbildereignungsverordnung grob vorgeschriebenen Themen) Bezugspunkt der Interventionen darstellen.

Im folgenden schildern wir eine inhaltsorientierte Intervention in Initialsituationen, die für Lehr-Lernveranstaltungen seminaristischen Stils allgemein und für Ausbilderseminare speziell als erfolgreich erprobt gelten kann. Hinsichtlich einer Reihung der Interventionen kann diese zeitlich nach der geschilderten teilnehmerorientierten Intervention (Kennenlernen, Sitzordnung) erfolgen. Ziel dieser inhaltsorientierten Intervention war die Unterstützung der Entwicklung individueller Lernschwerpunkte seitens der beteiligten Ausbilder. Die Intervention erfolgte folgendermaßen:

Die Ausbilder wurden von den Dozenten gebeten, drei Lernbereiche aus dem ihnen vorliegenden Seminarplan zu notieren (individuell jeweils auf drei verschiedenen, vorher verteilten Kärtchen), von denen sie glaubten, bereits relativ viel zu wissen. Dies dauerte etwa fünf Minuten.

Danach initiierten die Dozenten Dreiergruppen, deren personelle Zusammensetzung den Teilnehmern überlassen wurde. Die Teilnehmer bekamen die Aufgabe gestellt, sich 15 Minuten über die notierten individuellen Kompetenzen mit den beiden anderen Gruppenmitgliedern zu unterhalten.

Nach der Diskussion individueller „Stärken" wurden in analoger Systematik (erst Einzelarbeit, dann Austausch in Dreiergruppen) die jeweils subjektiven „Defizite" notiert und ausgetauscht.

Aufgrund der oft gemachten Erfahrungen, daß die Ausbilder bei ihren Aussagen in Anfangsphasen eine Tendenz zeigten, in „Unverbindlichkeiten zu flüchten", empfahl es sich, strukturelle Hinweise zu geben. So schien es den Dozenten wichtig, darauf hinzuweisen, daß nur solche Antworten hinsichtlich der Aufgabenstellung gegeben werden sollten, die (a) konkret auf die Seminarinhalte bezogen waren, (b) für die Ausbildungspraxis in den Betrieben wichtig waren und die (c) (dies betrifft nur die „Defizite") zu reduzieren gewünscht und erhofft wurden.

Eine Modifikation dieser Intervention stellte die inhaltliche Orientierung auf Lernziele dar, die zwar nach der gleichen Systematik notiert und diskutiert wurden, die jedoch nach dem Austausch in den Dreiergruppen für alle Beteiligten sichtbar an einer Wand des Seminarraumes angeheftet wurden.

Der Vorteil dieser Variante liegt in dem Sachverhalt, daß hierbei während des Seminarverlaufes die Lernziele hinsichtlich ihrer Erfüllung immer wieder überprüft, korrigiert und ergänzt werden konnten.

Weitere inhaltsorientierte Impulse erschienen den Dozenten in dieser ersten Phase des Seminares nicht sinnvoll und zweckmäßig, da sich bei vorangegangenen Veranstaltungen, wo diese Interventionsrichtung stärker im Mittelpunkt der Initialsituation stand, herausstellte, daß die Konzentration der Beteiligten im Hinblick auf die Aufnahme und die Verarbeitung konkreter inhaltlicher Probleme (in der Anfangsphase) reduziert war. Initialphasen, dies wurde bereits weiter oben dargelegt, sind aufgrund individueller Desorientierung in einer neuen sozialen Situation sehr belastend für die Beteiligten. Aus diesem Grund schien es den Dozenten situationsadäquater, mit Informationen, die den Seminarinhalt betrafen, zurückhaltend zu sein, wenigstens so lange, bis einige der drängendsten Interaktionsprobleme gelöst waren. Die Aneignung der Seminarinhalte kann, so unsere Erfahrung, nur auf der Basis einer relativ geklärten Interaktionsstruktur sinnvoll und reflektiert geschehen.

Versuchen wir, die Interventionen in ihrer Gewichtigkeit für Initialphasen zu beschreiben, so könnte aufgrund der hier geschilderten Erfahrungen gelten:

In Initialphasen von Lehr-Lernprozessen sind teilnehmerorientierte und prozeßorientierte Interventionen notwendiger und wichtiger als inhaltsorientierte. Oder anders formuliert: Erst auf der Basis einer relativ gut geklärten Intersubjektivität können Inhalte produktiv angeeignet werden.

Schwerpunkte der Interventionen sind also in Anfangssituationen die Hindernisse einer gelingenden Interaktion. Die Förderung der Gruppenkohäsion (Zusammenhalt) als ein Ziel hätte dann in Anfangsphasen auch notwendigerweise die Weigerung der Dozenten zur Folge, jene Funktionen zu übernehmen, die die Gruppenteilnehmer von ihnen erwarten, die diese aber ebenso, wenn nicht besser, selbst übernehmen könnten.

Weiterführende Literatur:

Geißler, Kh. A.: Anfangssituationen. Was man tun und besser lassen sollte. München, 2. Auflage 1987.

Konzepte und berufliches Handeln

Beruflich kompetentes Handeln ist, dies wurde von uns immer wieder in diesem Buch betont, mehr als nur abbildgetreue Anwendung von sozialpädagogischen Konzepten, Methoden und Verfahren.

Im abschließenden Kapitel werden wir auf dieses „Mehr" näher eingehen und jene Aspekte betonen, die zum erfolgreichen sozialpädagogischen Handeln und zur Erfahrung beruflicher Identität in und durch sozialpädagogische Tätigkeit notwendig sind. In diesem Zusammenhang wird auch der Stellenwert, den die Kenntnis der hier dargelegten Konzepte, Methoden und Verfahren und die Fähigkeit, diese anwenden zu können, fürs beruflich kompetente Handeln hat, genauer markiert.

Erst die Integration von instrumenteller, reflexiver und sozialer Kompetenz gewährleistet, so unsere These, für den Sozialpädagogen Identitätserfahrung und erfolgreiche Problembearbeitung im und durch den Beruf. Daß dies keine nur einmal zu leistende Anstrengung ist, sondern einer kontinuierlichen Reflexion und Arbeit bedarf, stellen wir in den Ausführungen zur Supervision, einem Modell von Praxisberatung, dar.

10 Zur beruflichen Identität des Sozialpädagogen

10.1 Instrumentelle Kompetenz

Unsere Darstellung von Konzepten, deren Methoden und Verfahren, zielt ab auf den Erwerb beruflicher Kompetenz (zum Begriff der „Kompetenz" vgl. *Geißler/Müller* 1977 und *Geißler* 1981)[1]. Allerdings kann durch den gekonnten Umgang mit diesen nur die instrumentelle Seite kompetenten Handelns als erreicht gelten.

Instrumentelle Kompetenz ist die Beherrschung von Fähigkeiten und Fertigkeiten bis hin zu Verhaltensroutinen und die Verfügbarkeit von Fachwissen.

Kompetent in diesem Sinne ist ein Sozialpädagoge dann, wenn er in optimaler Weise vorgegebene Ziele unter gegebenen Bedingungen mit Hilfe technischer Regeln (Strategien) zu erreichen vermag. Methoden und Verfahren sind solche Strategien. Deren Beherrschung ist für eine erfolgreiche Bewältigung der Anforderung in der konkreten Handlungssituation unverzichtbar. Kompetentes instrumentelles Handeln bedarf aber mehr als nur der *Kenntnis* von Methoden und Verfahren. Da es sich um Fähigkeiten und Fertigkeiten handelt, sind diese auch auf das praktische Erproben, das kontrollierte Training angewiesen, um schließlich zu Verhaltensroutinen zu werden. (Dies bedeutet aber auch, daß die Lektüre des hier Dargestellten für kompetentes instrumentelles Handeln nicht ausreicht.)

Wie immer wieder in unserem Text (besonders in den Abschnitten „Situation und Intervention" sowie „Rechtfertigung und Begründung") angedeutet, führt ausschließlich instrumentelles Handeln zur Verfügung über die Klienten und auch die eigene Person (Sozialingenieur). Eine

---

[1] Der Kompetenzbegriff wird in verschiedener Weise verwendet. Zu unterscheiden sind Kompetenzen, die fundamentale Strukturen menschlicher Entwicklung bezeichnen (vgl. hierzu die empirisch abgesicherten Theorien von N. *Chomsky* 1969, J. *Piaget* 1972 und J. *Habermas* 1971) und jene, die wichtige Zielvorstellungen (z. B. pädagogischen Handelns) benennen (vgl. hierzu *Deutscher Bildungsrat* 1974).

ausschließlich als Beherrschung und Anwendung von Regelsystemen verstandene sozialpädagogische Berufspraxis würde die jeweils eigene Qualität der Beziehung zwischen Sozialpädagoge und Klient (deren Struktur, deren Dynamik) ersticken. Trotzdem sind solche Regeln, die in Methoden und Verfahren ihren Niederschlag finden, als Orientierung des Handelns unverzichtbar.

Neben den Fähigkeiten, die Anforderungen des beruflichen Alltags optimal zu handhaben, indem die besten Mittel zu dessen Bewältigung bereitgestellt werden, geht es auch darum, solche Anforderungen als das, was sie sind und was sie sein wollen, zu erkennen. Instrumentelle Fähigkeiten bedürfen im Aneignungsprozeß beruflicher Kompetenz und im professionellen Handeln der integrativen Verknüpfung mit gesellschaftlichen (makrosozialen) und interaktiven (mikrosozialen) Denk- und Handlungsperspektiven. In der Realität sind sie damit immer schon untrennbar verknüpft; es kommt darauf an, diese Zusammenhänge im eigenen Denken und Handeln mitzuberücksichtigen, um sich und die Klienten nicht zu Mitteln undurchschauter Absichten und Entwicklungen zu machen.

Beispiel:
Die Kontrollbedürfnisse der maßgeblichen Repräsentanten sozialpädagogischer Institutionen stehen einer solchen integrativen Vermittlung im Handlungsvollzug beruflicher Praxis oft entgegen (z. B. curriculare Festlegungen, technologische und bürokratische Verfahren). Ein verstärkter Trend zur Normierung sozialpädagogischen Handelns durch Zielkataloge, Merkblätter, Checklisten, Richtlinien usw. etikettiert allzu schnell alles, was die Ziele und Zwecke problematisiert als systemverändernd und engt den Spielraum des Sozialpädagogen durch Sachzwangargumente stark ein (dies ist auch im Rahmen der gesamtgesellschaftlichen Entwicklung zu sehen, in der direkte Herrschaftsausübung zunehmend durch indirekte, technische ersetzt wird). Dieses kontrollierende und manipulierende Vorgehen verhindert sowohl ein Verständnis der Subjektivität der Klienten, wie es auch die Subjektivität des Sozialpädagogen beschneidet. Das Instrumentarium bestimmt die Interaktion. Die Gefahr, daß das Uneindeutige, Widersprüchliche und Besondere jeder Lebenssituation und jeder Person zugunsten möglichst abbildgetreuer Anwendung von Techniken eingeebnet wird, ist auch dann und dort gegeben, wenn die von uns dargestellten Konzepte, besonders aber die Methoden und Verfahren, situationsunabhängig angewandt werden.

Kompetentes berufliches Handeln ist *mehr* als nur gekonnte Anwendung von Methoden und Verfahren. Es ist auch die Erfahrung, das sinnhafte Verstehen und der sinnvolle Umgang mit der Einmaligkeit (der Strukturiertheit und der Dynamik) der sozialen Beratungssituation, und es basiert gleichermaßen auch auf der Fähigkeit, sich selbst (als Sozialpädagoge) im Beteiligtsein wahrzunehmen, zu akzeptieren und sich veränderungsbereit zu halten. Dies meinen die im folgenden dargestellten Bereiche der sozialen und der reflexiven Kompetenz. Berufliche Kompetenz kann erst dort als erreicht gelten, wo es gelingt, instrumentelle, soziale und reflexive Kompetenzen integrativ zu verknüpfen (vgl. hierzu im Detail *Geißler* 1974, *Hege* 1974).

10.2 Reflexive Kompetenz

Eine im methodischen Handeln immer zu berücksichtigende Besonderheit der beruflichen Situation des Sozialpädagogen ist der Sachverhalt, daß eigene Persönlichkeitsanteile innerhalb der beruflichen Tätigkeit zum Ausdruck kommen und wirksam werden. Sozialpädagogisches Handeln ist immer intersubjektives Handeln. Die konkrete Interaktion des Sozialpädagogen mit seinen Klienten ist dabei u. a. auch durch die Art der vorgängigen Erfahrungen bestimmt, die im Kontext zurückliegender sozialer Interaktionen gemacht wurden. Die Erlebnisse aus früheren Phasen subjektiver Lebensgeschichte beeinflussen das professionelle Handeln des Sozialpädagogen, so daß dessen berufliche Identität immer nur auf der Basis vorausgegangener Erfahrungen, deren Reflexion und kritischer Aufarbeitung als gelingend erfahrbar werden kann. Dieses macht letztlich auch die Einmaligkeit der Person, die Subjektivität im professionellen Handeln aus. Die jeweils aktuellen Befindlichkeiten in Situationen (so z. B., ob ein Sozialpädagoge eine Situation für besonders bedrohlich hält, ob sie ihn wenig oder sehr belastet u. a. m.), sind oftmals nur im Rückgriff auf vorangegangene Lebenserfahrungen erklärbar und verstehbar. *Reflexive Kompetenz meint die Fähigkeit des Sozialpädagogen, die eigene Entwicklung in ihren prägenden Spuren nicht zu verlieren oder zu verleugnen, sondern sie in das berufliche Handeln zu integrieren.*

Dies bezeichnet auch der Begriff des „Selbstbewußtseins" in seiner ursprünglichen Bedeutung. Selbst-bewußt in diesem Sinne ist jemand, der als Gewordener seine eigene Entwicklung nicht untergehen läßt. Die Analyse und Bearbeitung der individuellen Lebensgeschichte führt dann erst aus der Privatheit heraus, wenn sie in der je eigenen Biographie die schicht- bzw. klassenspezifischen Entwicklungsbedingungen lokalisiert und mit erfaßt.

Dies ist nicht so zu verstehen, daß sozialpädagogische Praxis ohne die grundsätzliche Aufarbeitung der je eigenen Lebensgeschichte nicht sinnvoll möglich wäre. Im Studium der Sozialpädagogik ist (im Gegensatz zur Ausbildung zum Psychoanalytiker) die Reflexion der je eigenen Biographie jedoch beschränkt, und zwar auf die Betroffenheit durch jene Inhalte, die für die Bewältigung der späteren Praxis anzueignen sind. Nicht verzichtet jedoch kann auf die Entwicklung jener Fähigkeiten werden, durch die die jeweils subjektive Betroffenheit im aktuellen Problemfeld möglichst angstfrei wahrgenommen und adäquat in den Interaktionsfortgang einbezogen wird.

Zwei Fragestellungen sind daher für den Sozialpädagogen immer aktuell:

a) Inwieweit ist die aktuelle Beratungssituation stärker durch die subjektiven Bedürfnisse des Sozialpädagogen geprägt als durch die der Klienten. (Braucht der Sozialpädagoge die Klienten evtl. notwendiger für sich als diese ihn?)[2]

b) Wieweit sollen die einerseits von der Institution, für die der Sozialpädagoge tätig ist, andererseits von den Klienten an den Berater herangetragenen unterschiedlichen Erwartungen und Rollenzuweisungen von diesem akzeptiert bzw. abgelehnt werden? (Dies mit der Möglichkeit von Identitätskonflikten, Beziehungsproblemen und Konflikten mit der Institution.)[3]

Bereits in der Ausbildungsphase (Studium) wird evident, wie wichtig die kritische Reflexion vorgängiger Erfahrungen ist.

---

[2] Der Sachverhalt, daß die eigene Person in den Beratungsprozeß mit involviert ist, weckt bei Studenten der Sozialpädagogik häufig die Hoffnung, sich in diesem Beruf in besonderem Maße selbstverwirklichen zu können. Dieser Selbstverwirklichung sind jedoch Schranken gesetzt, durch die Interessen der Klienten, vor allem aber wegen der sozialen und institutionellen Einbettung der beruflichen Tätigkeiten.

[3] Vgl. hierzu auch die Ausführungen zur „sozialen Kompetenz" im Anschluß an diesen Abschnitt.

Beispiel:

Viele Studenten der Sozialpädagogik neigen dazu, sich bei Studienbeginn rasch mit „progressiven" Zielvorstellungen ihrer späteren Arbeit zu identifizieren. Dabei lösen sie sich abrupt von der eigenen Sozialisation und fliehen in illusionäre Vorstellungen hinsichtlich ihrer Möglichkeiten in der Berufspraxis. Sie erliegen dabei häufig der Gefahr, ihre eigene Lebensgeschichte abzuwerten oder zu verdrängen, indem sie sich bemühen, alle bisherigen Erfahrungen als „schlecht" hinter sich zu lassen, „um alles grundsätzlich anders zu machen". Die Folge ist, daß sie eines Teiles ihrer Identität verlustig gehen und von wechselnden modischen Trends abhängig werden. Wenn es aber in der Ausbildung gelingt, Offenheit und Akzeptierung in bezug auf die je eigenen (schichtspezifischen) vorgängigen Erfahrungen herzustellen und diese zu analysieren und zu problematisieren, dann ist Wesentliches gewonnen (Supervision).

Studenten aus der sogenannten „Unterschicht" orientieren sich oft ängstlich an intellektuellen, sprachlichen Standards, um nicht aufzufallen. „Mittelschichts-" oder gar „Oberschichtsstudenten" geben sich „verwahrlost", um ihre bourgeoise Vergangenheit zu verbergen. Solcherart unterschiedlich zusammengesetzte Lerngruppen bieten die Chance des Kennenlernens und des Verstehens von nicht erfahrenen Interaktionsformen, wenn der Dozent dies aufgreift.

Unverzichtbar für eine verantwortliche Arbeit in sozialpädagogischer Praxis ist die Überprüfung und die Problematisierung der je eigenen Berufswahlmotive. Auch hierfür gilt es in der Ausbildung Hilfestellung zu geben.

Die Motivation zur Ausbildung und zur Berufsausübung eines beratenden Berufes ist meist vielfältig und unspezifisch. Studenten, so unsere Erfahrungen, haben zunächst ein mehr oder weniger diffuses Interesse an sozialen oder politischen Problemen und erwarten ein interessantes Studium. Im Laufe der Ausbildung, wie auch der Berufsausübung, ändert sich die Motivation sehr häufig, u. a. aufgrund enttäuschter Erwartungen. Ursprüngliche Meinungen werden im kritischen Umgang mit sich selbst als Rationalisierungen oder Selbsttäuschungen erkannt (z. B. Motive des „Helfenwollens" oder z. B. das Motiv, „sozialpolitisch" tätig werden zu können).

Beispiel:

Der Berufswahl können, wie bereits angedeutet, verschiedene Motive zugrundeliegen. So z. B. können maßgebliche Gründe darin bestehen, die Vorteile, die sich aus der beruflichen Selbstdefinition als Berater ergeben, zur Identitätsstabilisierung (und zur Konfliktvermeidung) zu benutzen. Solche Motive, die ja durchaus legitim sind, dürfen jedoch nicht hinter der sozial anerkannten (Pseudo-)Motivation, „man sei nur für die Betroffenen da" versteckt bleiben. „Beratung", so

Müller (1979, S. 58 f.), „ist eine berufliche Selbstdefinition, die sich besonders gut zur Angstabwehr benutzen läßt. Wie *Devereux* gezeigt hat, ist jede Forschung und jede Intervention im psychosozialen Bereich eine Konfrontation mit Fremden und damit eine angsterregende Bedrohung der Identität des Intervenierenden. Methoden- und Rollendefinitionen haben u. a. die Funktion, diese Angst unter Kontrolle zu halten (...).

„Als Berater dagegen kann der Sozialarbeiter sich dieser Konfrontation leicht entziehen: Er kann sich mit den Verhaltensweisen und Normen seiner Klienten emotional identifizieren (damit sich zugleich vor Liebesverlust schützen) und seine eigenen Mittelschichtsnormen gerade dadurch über die Runden retten, daß er sie möglichst aus dem Spiel läßt."

Der Erwerb reflexiver Kompetenz ist im Studium nur teilweise möglich. Die Inhalte, die später im Berufsalltag in der Interaktion mit Klienten erfahren werden, können im Studium weitgehend nur rational vermittelt werden. Die detaillierte, subjektive Aufarbeitung dieser Probleme bleibt einer berufsbegleitenden *Supervision* vorbehalten.

10.3 Soziale Kompetenz

Soziale Kompetenz meint die Fähigkeit, sich auf die Klienten mit ihren Bedürfnissen und Anforderungen einzustellen bzw. einzulassen, über die Situation und deren Bedingungen selbst nachdenken zu können und sich nicht in ihr zu verfangen.

„Während persönliche Identität so etwas wie die Kontinuität des Ich in der Folge wechselnder Zustände der Lebensgeschichte garantiert, wahrt soziale Identität die Einheit in der Mannigfaltigkeit verschiedener Rollensysteme, die zu gleicher Zeit gekonnt sein müssen" (*Habermas* 1968, S. 14).

Soziale Kompetenz heißt für den Sozialpädagogen, daß er ohne Selbstaufgabe, aber auch ohne extremes Beharren auf der Durchsetzung seiner eigenen Bedürfnisse in die Interaktionen mit dem Klienten eintritt. Gerade in Arbeitsbereichen des Sozialpädagogen, die durch einen breiten Rollenspielraum ausgezeichnet sind, scheint solches schwierig. Die wechselnden Anforderungen verschiedenster Erwartungsträger (Klient, Institution, Kollegen usw.) eröffnen aber auch Chancen im Hinblick auf die Selbstdefinition des Sozialpädagogen. Hierzu ist *Empathie* notwendig, nämlich die Fähigkeit, sich in neue Beziehungen einfühlen zu können, und zugleich *Rollendistanz*, d. h. die Fähigkeit, sich nicht völlig von einer Rollenzuschreibung festlegen zu lassen.

Beispiel:
Häufig kommt es vor, daß Sozialpädagogen solche Wechselwirkung von Anpassung und Distanz als eine neue Form der Entfremdung, in welcher sie selbst massive Einschränkung erfahren, empfinden. Sie versuchen sich in Abgrenzung zu solchen Erfahrungen in einer spontanen, offenen, herrschaftsfreien Kommunikation „selbstzuverwirklichen". Sie hoffen hierdurch, die historisch gewordenen und durch materielle Rahmenbedingungen geprägten sozialen Strukturen zumindest für sich selbst zu durchbrechen oder umgehen zu können, vereinfachen jedoch damit in unrealistischer Weise die Komplexität sozialer Beziehungen. Die damit einhergehenden Ritualisierungen solcher Interaktionen engen die Struktur und die Prozesse stark ein: Beziehungsappelle und Ich-Aussagen werden so beherrschend, daß die Intersubjektivität und die Probleme kleiner Gruppen zum einzig zulässigen Thema werden. Mit dieser ausschließlich individualistischen Identitätskonstitution (die, da sie institutionelle und gesellschaftliche Realitäten ausblendet, äußerst schwach und labil ist) lassen sich jedoch die vielschichtigen Probleme beruflichen Handelns nicht bewältigen. So lassen sich z. B. die Kommunikationspartner in sozialen Institutionen durch solche Appelle bestenfalls in „Konfusion" bringen. Als Reaktion hierauf ist häufig eine rigidere Form der Rollenzuschreibung, die Änderungsabsichten gerade wieder im Wege steht, zu erwarten.

Die Empathie, das Erspüren, das Kennen und die präzise Wahrnehmung der Rollenerwartung ermöglichen erst die Selbstinterpretation. Die Kenntnis von historischer Entwicklung und institutionellem Zusammenhang der erwarteten Rolle ist notwendig für die Einschätzung der Veränderungsmöglichkeiten der Tätigkeiten seitens des Sozialpädagogen. In hoch strukturierten Institutionen, die einen gesetzlich normierten Auftrag haben, z. B. Strafanstalten, läßt sich ein geringerer Interpretationsspielraum aufzeigen als in Praxisfeldern, in welchen der Sozialpädagoge seine Rolle erst finden muß, zugleich aber diese gegenüber Klienten und Institutionen zu verdeutlichen hat (z. B. Gemeinwesenarbeit).
Wie für die reflexive Kompetenz ist auch für die soziale Kompetenz die Reflexion von Erfahrungen unverzichtbar; nur liegt hierbei der Schwerpunkt auf den aktuellen Erfahrungen und deren Bearbeitung. Didaktisch kann dabei in Ausbildungssituationen das Hier-und-Jetzt-Prinzip zur Kompetenzförderung genutzt werden (vgl. *Geißler* 1978). In den Ausbildungsinstitutionen (Fachhochschule, Universität, Institute usw.) sind

viele ähnliche Strukturen und Prozesse wiederzufinden, die auch in jenen sozialen Institutionen vorkommen, die die späteren Berufsfelder der Auszubildenden darstellen (z.B. Beziehungskonflikte, Rollenverteilung, asymmetrische Kommunikationsstrukturen, Sachzwänge usw.).

Dabei kann die Berufspraxis der Dozenten und die Ausbildungssituation der Studenten als Anschauungsmaterial und Erlebnishintergrund fruchtbar gemacht werden. Dieses Lernmodell hat aber auch seine Grenzen. Die Entwicklung sozialer Kompetenz in vollem Umfange ist ohne die Reflexion der Erfahrungen in der beruflichen Ernstsituation nicht möglich. Dies wiederum macht wechselseitige Beratung, Supervision und Weiterbildung zu einem konstitutiven Bestandteil sozialpädagogischer Praxis.

Soziale Kompetenz meint neben dieser mehr interaktionellen (mikrosozialen) Perspektive auch die Reflexion der eigenen sozialpädagogischen Praxis als Bestandteil gesellschaftlicher Strukturen und gesellschaftlicher Prozesse (z.B. der gesellschaftlich etablierten Form von Arbeitsteilung). Dies besonders deshalb, weil das praktische Berufshandeln, ebenso wie die Entwicklung von Beratungskonzepten, von Bedingungen abhängt, die breiter und weiter sind als die der Sozialpädagogik selbst. So wird sozialpädagogische Theorie, wie auch sozialpädagogische Praxis, maßgeblich durch die sozialen Folgen politischer und ökonomischer Entscheidungen gesteuert (bis hin zur Funktion des Erfüllungsgehilfen zugunsten des politisch-administrativen Interesses an sozialer Konfliktvermeidung). Um solchen außerpädagogischen Bedingungen im sozialpädagogischen Handeln nicht restlos ausgeliefert zu sein, bedarf es unter anderem der Kenntnis politischer und administrativer Strukturen und Entscheidungsprozesse. Information allein jedoch genügt hierzu nicht; wenn Kompetenz auch als Handlungskompetenz verstanden wird, muß hierzu noch die Fähigkeit kommen, innerhalb der eigenen Praxis das Soziale (Mikro- und Makrosoziale) und das Instrumentelle zu verknüpfen. Zur Aneignung solcher Handlungskompetenz ist die Erfahrung dieses integrativen Zusammenhanges in Situationen notwendig. Dies gelingt, aufgrund der Besonderheit des Erfahrungsfeldes, nur bedingt in den Ausbildungsinstitutionen (Fachhochschule, Universität). Auch hierzu ist die kontinuierliche Überprüfung der eigenen Berufspraxis unverzichtbar.

10.4 Kompetenz und Intervention

Adäquate Interventionen in Situationen bedürfen der integrativen Verknüpfung der drei hier dargestellten Kompetenzen. Der Handlungsspielraum des Sozialpädagogen muß von diesem immer wieder analysiert und definiert werden. Dabei meint analysieren: die einzelnen Situationsvariablen (die Rahmenbedingungen, die Beziehungsqualitäten und das Konzept) erkennen und in ihrem Zusammenhang verstehen. Definition der Situation ist die Reduktion der Komplexität der Situation auf den möglichen Handlungsspielraum. Dabei geht es insbesondere darum, daß vorgeprägte Stereotypisierungen und Etikettierungen verflüssigt werden und die Situation so definiert wird, daß sich der Handlungsspielraum für die Beteiligten vergrößert.

Situationsdefinitionen und Interventionen werden dann nicht beliebig. Sie sind abhängig vom Entwicklungsstand der beteiligten Subjekte und von den gesellschaftlich-historischen Bedingungen der Interaktion. Diese setzen den sogenannten Definitionsspielraum und die Bandbreite für die Qualität der Interventionen. Für pädagogisch orientierte Interventionen ist die Ausrichtung an normativen Prämissen unverzichtbar, diese engen aber auch den Spielraum der Situationsdefinition weiter ein. Interventionen, die wir für sinnvoll ansehen, müssen an dem Ziel der Zunahme von Aufklärung und Verselbständigung der Beteiligten orientiert sein. Diese Norm aber verbietet es dem Sozialpädagogen, Situationen vorab so eng zu definieren, daß die Definition der Situation durch den Klienten nicht mehr (oder kaum mehr) möglich ist. Ebenso ist die „objektive" und unrevidiertere Vorwegdefinition der Situation nur unter der von uns abgelehnten Absicht möglich, die subjektiven Potentiale der zu Beratenden zu ignorieren.

Die relative Stabilität der Situation ist ein Ergebnis intersubjektiver Anstrengung, wobei in der Intervention notwendigerweise dann immer das Risiko hypothetischen Denkens und Handelns zum Ausdruck kommen muß. Zu diesem Balanceakt gibt es keine pädagogisch sinnvolle Alternative, es sei denn, man sieht die vorab geleistete Situationsfestschreibung oder die Untätigkeit als eine solche an. Deutlich wird in diesem Zusammenhang, daß Interventionen nicht losgelöst von der Person des Intervenierenden betrachtet werden können, da die Interventionssituation immer auch Selbstbetroffenheit bei dem Sozialpädagogen auslöst.

Konzepte, Methoden und Verfahren geben dabei im professionellen Handeln einen relativen Halt für handlungssteuernde Bewertung; dies darf aber nicht auf Kosten von aktueller Erfahrung gehen. Situationsorientierte Interventionen verlangen vom Sozialpädagogen einen komplexen und variablen Umgang mit der Realität. Der gute Wille, verknüpft mit der Detailkenntnis von Konzepten, bleibt gegenüber konkreter Berufspraxis notwendigerweise immer abstrakt. Praktische Erfahrung kann hierdurch nicht ersetzt werden. Solche Praxiserfahrung aber muß, soll sie nicht blind sein, selbstreflexiv sein. Nur dann kann verhindert werden, daß Interventionen nicht für undurchschaubare privatistische Interessen instrumentalisiert werden, also letztlich zur Stabilisierung des Sozialpädagogen dienen und eben nicht, wie behauptet, für den Lernprozeß der Klienten nützlich sind.

Selbstreflexion meint die stetige Auseinandersetzung mit den Voraussetzungen und Bedingungen des je eigenen professionellen Handelns. Ein wichtiges und unverzichtbares Ergebnis von Selbstreflexion für den verantwortungsvoll Handelnden ist die Erkenntnis der Grenzen eigener Praxis.

10.5 Supervision (Praxisberatung)

Supervision bedeutet die Beratung von Sozialpädagogen hinsichtlich ihres beruflichen Handelns. Sie ist jenes Konzept (besser: Meta-Konzept), das, in der Aus- und Fortbildung angewandt, die Studierenden und die bereits in der sozialpädagogischen Praxis Tätigen dazu anleitet, die Anwendung von Konzepten, Methoden und Verfahren in bezug zu ihren individuellen Interventionen und der je spezifischen Situation zu reflektieren und zu bearbeiten.

Die Supervision stößt dort, wo das sozialpädagogische Handeln in mehr als möglichst abbildgetreuer Konzeptanwendung gesehen wird, auf ein breites Bedürfnis. In einzelnen Ausbildungsgängen, speziell jenen der Fachhochschulen (dort besonders bei den Praktika und Projekten) und auch in verschiedenen Weiterbildungsangeboten für Sozialpädagogen ist die Supervision als Beratungskonzept, durch das auf das berufliche Handeln rückschauend kritische Distanz gewonnen werden kann und durch das die individuelle Praxis ihre Kritik bzw. Bestätigung erfährt, bereits fest etabliert.

Der Supervisor (häufig auch Praxisberater genannt) bedient sich dabei jener Konzepte, Methoden und Verfahren, die für sozialpädagogisches Handeln allgemein von uns in diesem Buch vorgestellt wurden. Ihre besondere Spezifikation erfahren diese jedoch aus der Beratungssituation der Supervision, also dem Sachverhalt, daß es sich um die Beratung von Beratern handelt[4].

In den weiteren Ausführungen, speziell im Hinblick auf das Thema „berufliche Identität des Sozialpädagogen", soll die Supervision als ein geeignetes Konzept zur Entwicklung beruflich kompetenten Handelns dargelegt werden.

Bevor in diesem Zusammenhang die analytische Trennung von instrumenteller, reflexiver und sozialer Kompetenz wieder aufzunehmen ist und in bezug zu deren Entwicklungsmöglichkeiten in der Supervision gesetzt wird, stellen wir noch einige Formen von Supervision vor. Diese sind im Zusammenhang mit den sich daran anschließenden, stärker inhaltlichen Ausführungen zur Supervision zu betrachten. Die jeweiligen formalen Ausprägungen der Supervision sind nicht zuletzt Ausdruck ihrer spezifischen inhaltlichen Schwerpunkte.

10.5.1 Formen der Supervision

Dyadische Supervision — Gruppensupervision

Wird die Supervision in der Einzelberatung (= Dyadische Supervision) durchgeführt, so wird sich eine spezifische und typische Beratungsbeziehung mit ihren besonderen Möglichkeiten und ihren Begrenzungen entwickeln, wie wir sie bereits weiter vorn bei den Einzelberatungskonzepten dargelegt haben. Wird die Supervision als Gruppensupervision durchgeführt, dann hat sie die Fülle all jener Beziehungen und Prozesse miteinzubeziehen, die sich in einer Kleingruppe entwickeln. Durch die Spezifik der Struktur und des Prozesses wird die Supervision bereichert, aber auch in ihren Möglichkeiten eingeschränkt. Die Form, die jeweils zu wählen ist, hängt von dem Teilnehmer und den Lernzielen ab.

---

[4] Es ist an dieser Stelle nicht möglich, die Beratungssituation der Supervision mit ihren bedingenden Faktoren detailliert darzulegen. Auch die Diskussion der einschlägigen Literatur hierzu soll unterbleiben (vgl. dazu *Fehlker* 1977).

Interne Supervision − externe Supervision

Zu unterscheiden ist zwischen einer Praxisberatung, die sich in Institutionen vollzieht, an Ausbildungs- oder an Institutionsinteressen orientiert ist und damit einen stärker kontrollierenden und auch bewerteten Charakter hat (Beispiel: Verpflichtung zur Teilnahme an der Team-Supervision als Voraussetzung zur Anstellung, Supervisionsnachweis als Voraussetzung zur Zulassung einer Fortbildung), und einer Supervision, die von den Teilnehmern selbst initiiert wird und die weitgehend der Selbstkontrolle der am Beratungsprozeß Beteiligten überlassen bleibt (= externe Supervision).

Supervision während der Ausbildung − berufsbegleitende Supervision

Diese dritte Unterscheidung hat als Kriterium die unterschiedliche Berufserfahrung der Teilnehmer. Der Schwerpunkt der Supervision bei Studenten, die ihre ersten Praxiserfahrungen machen, liegt insbesondere bei den individuellen und gemeinsamen Zielvorstellungen und deren Verwirklichungsmöglichkeiten und -begrenzungen. Die Supervision bei den bereits beruflich tätigen Sozialpädagogen hat ihre wichtigsten Inhalte bei den gemachten Erfahrungen und der Auseinandersetzung mit diesen. Geht es bei Studenten mehr um die Annäherung an eine Berufsrolle, so bei den Berufstätigen um eine Reflexion und Veränderung der bereits gewonnenen und ausgeübten (und oft als leidvoll erfahrenen) Berufsrolle.

10.5.2 Supervision und instrumentelle Kompetenz

In der Paxisberatung soll das Handeln des Sozialpädagogen daraufhin befragt werden, inwieweit die Anwendung von Konzepten, Methoden und Verfahren situationsadäquat erfolgt. Zugleich kann in der Supervision aber auch kontrolliert werden, ob das Konzept, ob die Methoden und die Verfahren verstanden und beherrscht werden. In den älteren Entwicklungsphasen der Supervision stand diese Kontrolle im Mittelpunkt der Praxisberatung (vgl. hierzu C. *Wieringa* 1979).

Die Praxisberatung diente unter dieser Perspektive der Einübung beruflicher Standards für das sozialpädagogische Handeln. Dem entsprach, daß die Supervisoren zugleich die Vorgesetzten in den Institutionen der Supervisierten waren und dadurch auch die Einhaltung der Ziele der Institutionen kontrollierten. Heute sind Supervisoren in der Regel Experten für einzelne Konzepte und Methoden. Sie kontrollieren beim Supervisanden die Einübung und Reflexion des methoden- und verfahrensadäquaten Vorgehens. Dies ist ein notwendiger und sinnvoller Bestandteil von Praxisberatung, besonders dann, wenn Studenten und/oder bereits Berufstätige neue Konzepte, Methoden und Verfahren in ihr berufliches Handeln zu integrieren versuchen. Supervision hat dann den Charakter kontrollierender und stützender Begleitung. Sie dient der Vervollkommnung von Fertigkeiten und der Beherrschung von Strategien. In diesem Sinne fördert die Supervision die instrumentelle Kompetenz.

10.5.3 Supervision und reflexive Kompetenz

Selbst dann, wenn schwerpunktmäßig die instrumentelle Kompetenz im Supervisionsprozeß fokussiert wird, kann die Person des instrumentell Handelnden nicht völlig vernachlässigt werden. Die Wirksamkeit von Konzepten, Methoden und Verfahren ist stark abhängig von dem Grad einer glaubwürdigen Integration in das individuelle Handeln. Die zu Beratenden empfinden aufgesetztes instrumentelles Handeln sehr schnell als unecht und reagieren auf dieses manipulative Vorgehen (entweder indem sie sich wehren oder sich unterwerfen; die Form ist von der Beziehung und der Situation abhängig). Der Reflexionsprozeß in der Supervision hat sich unter diesem Aspekt auf die Qualität der Aneignung und die Integration von Konzepten, Methoden und Verfahren in die Qualität subjektiven Handelns zu beziehen. So kann man z. B. feststellen, daß es bezüglich individueller Persönlichkeitsmerkmale, ebenso wie auch von der individuellen Lebensgeschichte her gesehen, eine mehr oder weniger große Affinität zu ganz spezifischen Konzepten gibt. Diese Affinität soll und kann im Lernprozeß der Supervision genützt werden, sie ist aber auch kritisch zu befragen. Damit steht die Befindlichkeit des Supervisanden im Mittelpunkt der Supervision. Diese jedoch kann nicht getrennt werden von den Zielen des jeweiligen Handelns und von den Konzepten, den Methoden und den Verfahren, die angewendet werden. Zentrale Fragen in der Supervision lauten in dieser Perspektive: „Wie ergeht es Ihnen, wenn Sie mit diesem Klienten auf diese Weise sprechen?" oder: „Wie ergeht es Ihnen, wenn Sie in der Gruppe diese Übung durchführen?"

Die Reflexion der individuellen Bedingungsfaktoren und des je eigenen Handelns kann sich nicht auf die Befindlichkeiten der aktuellen Situation beschränken, sie muß auch frühere lebensgeschichtliche Erfahrungen und Ereignisse mit berücksichtigen. Diese meist spontanen Verbindungen von gegenwärtigen und früheren Erfahrungen sind eine wichtige Integrationsleistung für eine gelingende berufliche Identität. Die Sorge mancher Praxisberater, durch die Einbeziehung biographisch zurückliegender Erfahrungen einen therapeutischen Prozeß einzuleiten, erscheint uns unbegründet, solange solche Ereignisse und Erlebnisse dem Supervisanden selbst einfallen und nicht durch die (die Abwehr konfrontierenden) Interventionen des Supervisors provoziert werden.

10.5.4 Supervision und soziale Kompetenz

Die Frage, inwieweit die persönliche Befindlichkeit in der je konkreten Beratungssituation von lebensgeschichtlich zurückliegenden Erfahrungen in ähnlichen Situationen abhängig ist und inwieweit sie von der Beziehung und den Beziehungsproblemen im „Hier-und-Jetzt" der Beratungssituation abhängt, läßt sich nicht grundsätzlich in zwei Problemstellungen zerlegen. Die Reflexion der Intersubjektivität läßt die Fokussierung beider Dimensionen innerhalb der Supervision zu. Zentriert man in der Praxisberatung zunächst die soziale Dimension, z. B.: „Was löst der Klient mit diesem Problem in der spezifischen Beratungssituation aus?", dann wird in der Folge die Bearbeitung lebensgeschichtlicher Erfahrungen unumgänglich sein, wenn diese den Zugang zur Analyse der aktuellen Interaktion verstellen.

Für die Aufklärung der Rollenbeziehung von Sozialpädagogen und Klient ist die Supervisionsgruppe selbst ein wichtiges methodisches Instrumentarium. Die Dynamik der Supervisionsgruppe wird gleichsam inhaltlich gefüllt mit den Problemen dessen, der seine Situation mit dem Klienten schildert. In der Identifikation mit dem zu Beratenden oder dessen Klienten, die in der Regel spontan gegeben ist, wird der Vorgang im ‚Hier-und-Jetzt' der Gruppensituation wiederholt und kann mit den Methoden und den Verfahren, z. B. des gruppendynamischen Konzeptes, erfahrbar gemacht und verdeutlicht werden.

Dabei ist zu bedenken, daß diese Widerspiegelung des Geschilderten (bzw. von einzelnen Aspekten des Dargestellten) in der Interaktionsdynamik der Supervisionsgruppe kein Abbild der ursprünglichen Situation ist, da die an der Supervision Beteiligten ihre spezifische Subjektivität in die Supervisionsgruppe einbringen. Es können deshalb auch nur *mögliche* Erfahrungen und *mögliche* Handlungsalternativen erarbeitet werden; solche, die den Supervisanden bislang nicht oder zu wenig zugänglich waren. Den Transfer auf die ursprüngliche Beratungssituation muß der Supervisand dann immer noch leisten. Er kann ihm nicht von der Supervisionsgruppe und auch nicht von dem Supervisor abgenommen werden.

Eine zentrale Thematik der Supervision, unter dem Aspekt, sozial kompetent handeln zu können, ist jene, die sich mit dem Rollenhandeln innerhalb von Institutionen befaßt. Das berufliche Handeln des Sozialpädagogen ist (in den allermeisten Fällen) durch Rollenaus- und Rollenzuweisung definiert und begrenzt. Dies wird häufig, gerade von Berufsanfängern, als kontrollierend und entfremdend erlebt. Die Vertreter der institutionellen Ziele, die sich mit dem Auftrag der Institution identifizieren, werden in diesem Fall häufig zu „Autoritätsriesen", auf die alle leidvollen Erfahrungen mit den verschiedensten Institutionen und Autoritäten projiziert werden. Solche Auseinandersetzungen sind auch in Supervisionsgruppen hoch affektbesetzt. Soziale Institutionen sind Gebilde, an welchen sich gesellschaftliche Normierungen, Macht- bzw. Herrschaftsbeziehungen besser verdeutlichen lassen als über Interaktionen zwischen Sozialpädagogen und Klienten. Von daher ist es zu verstehen, daß Sozialpädagogen solchen eindeutigen Einschränkungen der eigenen Handlungsmöglichkeiten zunächst zu entgehen versuchen, indem sie sich mit ihrer Arbeit außerhalb von Institutionen ansiedeln (bzw. anzusiedeln glauben), in eine Protesthaltung geraten und/oder versuchen, institutionelle Bedingungen zu unterlaufen (was partiell im Praktikantenstatus innerhalb der Ausbildung noch möglich ist).

Ein wichtiges Ziel der Supervision ist es dann, den Blick für die gegebene Struktur von Institutionen zu schärfen (Realitätsgewinn), und die, bei aller Gleichheit, doch auch zu unterscheidenden Strukturen und Bedeutungen verschiedener Institutionen zu sehen und zu akzeptieren. Die Supervision hätte ihren Schwerpunkt in dieser Hinsicht dort, wo es darum geht, mit dem Supervisanden Entsprechung und Gegensatz der subjektiven Erfahrungen und Ansprüche der eigenen Person und der Institution für die je konkrete Arbeitssituation zu bearbeiten. Dabei ist zu bedenken, daß in der Supervision nur ein Ausschnitt von Erfahrungen mit Institutionen widergespiegelt wird. Die Supervision selbst schließt in ihrer Struktur (Kleingruppe, dyadische Beziehung) Erfahrungen makrostruktureller (d. h. institutionsanaloger) Art weitgehend aus[5].

10.5.5 Beispiel einer Supervision

Dieser hier in überarbeiteter und interpretierter Form abgedruckte Supervisionsbericht kann in vielleicht überzeugenderer Weise deutlich machen, auf was Supervision zentriert ist, als die mehr systematischen Überlegungen in den vorhergehenden Abschnitten. Selbstverständlich gelten auch für ihn die Beschränkungen des Anspruches, die mit Beispielen immer verbunden sind.

Bei dem Supervisanden handelte es sich um einen jungen Kollegen Anfang 30, der in einem offiziellen sozialpsychiatrischen Dienst versuchte (innerhalb eines Stadtteils), psychisch Kranke weiterzubetreuen, um zu verhindern, daß sie wieder in die Klinik kommen. Er arbeitete über längere Zeit mit einer Gruppe ehemaliger Dauerpatienten einer psychiatrischen Klinik. Ein Gruppenmitglied, eine 50jährige Frau, gewohnt, in Abständen in die Klinik zu kommen, war seit einem Jahr in der Gruppe. Das erklärte Ziel des Supervisanden war es, mit ihr so zu arbeiten, daß der Rhythmus des Klinikeinweisens unterbrochen wird.

In einer der Supervisionsstunden kam der Supervisand ziemlich erschöpft an und sagte, er habe gestern eine Krisenintervention gehabt, die den ganzen Tag beanspruchte, und am Ende habe er Frau X. doch wieder in die Klinik bringen müssen. „Nun ist es doch wieder passiert", sagte er. Dann schilderte er den Ablauf dieser Krisenintervention. Bei der Darstellung wurde auf der Inhaltsebene deutlich, daß er eigentlich methodisch alles getan hatte, was man „idealiter" in einer solchen Krisenintervention tun kann. Präzise, ausführliche Absprachen mit Frau X.,

---

[5] Für die Entwicklung sozialer Kompetenz im beruflichen Handeln ist es unseres Erachtens wichtig zu erkennen, daß es gerade für Berufsanfänger (Praktikanten) äußerst schwierig ist, ohne Hilfe von „außen" oder ohne die Solidarität mit Gleichgestellten in den Institutionen, einen realistischen Bezug zur eigenen institutionellen Position und zur Rolle in der Institution zu erhalten und zu entwickeln. Damit sind die Möglichkeiten, aber auch die Begrenzungen der Supervision für den Erwerb sozialer Kompetenz aufgezeigt (vgl. hierzu M. *Hege* 1977 und den Supervisionsbericht im Anschluß hieran).

mit den Angehörigen, mit dem Hausarzt, ein sorgfältiges Abwägen, Rücksprache und Kontrolle durch das Team, das Kontaktaufnehmen mit der Klinik. Er hatte Frau X. von demütigenden Erfahrungen abgeschirmt (sie fuhren z. B. mit dem Taxi in die Klinik und nicht mit dem Krankenwagen). Das Erstgespräch mit dem Arzt begleitete er noch und konnte auch Frau X. auf der Station noch einmal sprechen. Es „lief" eigentlich so, wie man sich eine Krisenintervention vorstellt, und doch war auf der emotionalen Ebene eine tiefe Traurigkeit und Erschöpftheit beim Supervisanden zu spüren.

In meiner Intervention (als Supervisorin) habe ich zunächst diese Erschöpfung aufgegriffen − ich konnte gut nachvollziehen, was ein solcher Tag an Anspannung mit sich bringt. Diese Entlastung brachte aber wenig Resonanz. In der gedrückten Stimmung des Supervisanden spürte ich gekränkte Resignation. Ich konfrontierte ihn mit meiner Wahrnehmung, daß es da eine Diskrepanz gebe zwischen dem, was er mir berichtet, was er getan hat, und seiner Stimmungslage. Er hat etwas getan, was „methodisch richtig" war, aber er konnte sich damit nicht zufrieden geben. Wir versuchten nun, an dieser Diskrepanz zwischen „das Richtige tun" und doch „letztlich unzufrieden sein" zu arbeiten.

Ich ließ mir zunächst noch einmal die institutionelle Seite dieser Unterbringung sorgfältig schildern und fragte, wie er die ganze Situation erlebt habe. Dabei wurde nun deutlich, daß er das Unterbringen in die Klinik nicht nur als einen persönlichen Mißerfolg und als Kränkung erlebt hat, sondern einfach von der beruflichen Situation her als Niederlage, daß er mal wieder gezwungen war, diese „mistige Institution" (psychiatrische Klinik) in Anspruch zu nehmen. Er fühlte sich als einer, der zu „Kreuze kriecht", wieder mal kapitulieren muß vor diesem „Moloch".

Entscheidend waren für ihn seine bisherigen Erfahrungen. Er hatte früher selbst in der psychiatrischen Klinik gearbeitet und aus Überzeugung, daß solche Institutionen nicht gestützt werden dürften, diese Arbeit aufgegeben. Im Obdachlosenbereich fand er die gleiche Misere. „Es kam mir alles wieder hoch, wie ich an die Klinik dort kam, wie ich Frau X. dort übergeben mußte, wie ich die weißen Kittel sah, wie ich wieder vor der Tür stand und auf den Arzt warten mußte." Es kamen ihm dabei aber auch noch andere Erinnerungen. „Der Arzt tat ganz freundschaftlich. Na ja, sind wir nun wieder da; das sind halt die Depressionen, da hilft alles ‚Sozialarbeiten' nichts. Wir machen das jetzt schon, wir behalten sie eine Weile da, dann können Sie sich weiter mit ihr beschäftigen." Wie ein großzügiger Lehrer: „Hat einen Fehler gemacht, wird schon wieder werden, wir richten das." Der Supervisand empfand eine ohnmächtige Wut, in dieser Situation nichts sagen zu können, keine Alternative zu haben, die Waffen strecken zu müssen. Es waren die eigenen Erfahrungen mit Institutionen (aus seiner beruflichen Sozialisation), ein Stück unverarbeiteter Trauer beim Verlassen dieses Arbeitsbereichs „Psychiatrische Klinik"; er hatte seine Konflikte mit den Klinikleuten nicht bearbeitet. Er war davongelaufen in die offene Arbeit, und wenn er „Klienten" wieder begegnete, dann stellte sich die alte Situation wieder ein. Er hatte keine Form gefunden, von sich aus die Intervention mit dem Arzt in einer anderen Weise zu strukturieren, um symmetrischer kommunizieren zu können; er fühlte sich weiter als Unterlegener, der hier zu „Kreuze kriechen" muß. Seine „Niederlage" wurde verstärkt, als er voll Schrecken erlebte, wie die depressive Kranke diese Anstalt akzeptierte, in welcher Selbstverständlichkeit sie sich in dieses „Bett" gleichsam fallen ließ, den Anstaltskittel wieder überzog und „versorgt" in ihrem Klinikbett lag. Das war für ihn kränkend und doch auch wieder beruhigend, denn es ging der Patientin jetzt gut, er mußte keine Angst vor einem Suizid haben. Zugleich hat es ihn aber wütend gemacht, daß sie in ihrer Regression wieder das Angebot der totalen Institution annahm, sich ohnmächtig versorgen ließ und das auch noch als angenehme Erfahrung für sich buchte, was sie in anderen Phasen als entmündigend und erniedrigend erkannt hatte. Die Institution brachte Frau X. wieder auf eine Entwicklungsstufe zurück, die er glaubte, durch Aktivierung längst überwunden zu haben.

Was ihn darüber hinaus bedrückte, war die Erinnerung an die Situation, in der diese depressive Kranke zu einem bestimmten Zeitpunkt dieses Tages ihm die ganze Verantwortung für sich übergab: „Ich will in die Klinik; wenn Sie mich jetzt nicht reinbringen in die Klinik, dann passiert ganz bestimmt etwas." Das war der Moment, wo er sozusagen ihr die Depression abnahm und die ganze Belastung spürte. Er hat voll Ärger bemerkt, daß es Frau X. von dem Moment an, als er zusagte, sie in die Klinik zu bringen, schon anfing, besser zu gehen. Aber er hatte zugesagt, er mußte jetzt die einzelnen Schritte für sie vollziehen. Er hat deutlich gespürt: Jetzt bin ich dran, ich hab es ihr abgenommen.

Soviel zu den krankheitsspezifischen und institutionellen Faktoren, die innerhalb der Supervision ganz bewußt als erstes angesprochen wurden. Die eigene Biographie im Umgang mit Institutionen und das Wiedererleben der Ohnmachtserfahrung, die Frage der eigenen Unterwerfung unter die Institution. Der Konflikt wurde noch verstärkt durch einen politischen Anspruch, einer David-Goliath-Idee („diesen großen Institutionen werden wir es zeigen, wir betreuen unsere Patienten so gut, daß die Institutionen langsam ausbluten").

Er hat in diesem Einzelfall gesehen, daß es wirklich ein David-Goliath-Verhältnis ist. Wir sprachen darüber, daß der Kampf um bestimmte institutionelle Formen nicht am „Fall", sondern auf der politischen Ebene ausgetragen werden muß. In der Supervision müssen neben beruflicher und persönlicher Lebensgeschichte die gesellschaftlichen Bedingungen, in denen das eigene Handeln eingebunden ist, benannt werden, wenn sie auch in diesen Gesprächen nicht bearbeitet werden können. Der Anspruch im Einzelfall und die individuelle Anstrengung müssen gesehen und reflektiert werden, und zwar vor dem Hintergrund dessen, was derzeit gesellschaftlich möglich ist.

Es wäre noch viel zu sagen über die Situation psychiatrischer Dienste im Verhältnis zu den Kliniken. Im Interaktionsprozeß einer Supervision jedoch muß man sich auf das beschränken, was sich innerhalb der subjektiven Erfahrung vom gesamtgesellschaftlichen und institutionellen System wiederfindet, auch das Bemühen darauf richten, dies im Interaktionsprozeß deutlich und überschaubar zu machen, in der Hoffnung, daß diese Reflexion Handlungsmöglichkeiten freisetzt.

Die Traurigkeit dieses Supervisanden hat auch eine lebensgeschichtlich biographische Bedeutung, die in weiteren Supervisionen thematisiert wurde. Die Mutter des Supervisanden hat die Kinder ohne Vater erzogen, immer traurig und in der Erwartung, daß etwas ganz Schlimmes in Zukunft einmal passieren würde. Einer ihrer Standardsätze, wenn irgend etwas schief ging, war: „Siehste, ich habe es ja gleich gesagt." Dieses „Siehste, ich habe es ja gleich gesagt" hat der Supervisand in dieser depressiven Frau wiedererlebt: „Jetzt ist es halt doch nicht gutgegangen." Er hat versucht, gegen diese Depression der Mutter anzuarbeiten, indem er der Mutter ständig zu sagen und in seinem Verhalten zu beweisen suchte, „es geht doch". Es begleitete ihn aber immer die ständige Angst, sie könnte eines Tages wieder recht haben und sagen: „Siehste, ich habe es doch gewußt." In dieser Situation der Entmutigung hat er mit der depressiven Patientin wiederholt, was er mit der depressiven Mutter erlebt hatte.

Literaturhinweise

Supervision in der Sozialpädagogik ist ein „junger" Arbeitsbereich. Dessen Entwicklung ist am besten in Fachzeitschriften der Sozialarbeit/Sozialpädagogik zu verfolgen.

Zwei Publikationen, die sich speziell mit den Arbeitsfeldern der Sozialpädagogik beschäftigen, sind zu empfehlen:

1. Die Gesamthochschule Kassel (Fachbereich Sozialwesen) gibt in unregelmäßiger Reihenfolge *„Beiträge zur Supervision"* heraus. Dort wird über praktische und theoretische Entwicklungen berichtet.
2. In der Zeitschrift *SUPERVISION „Materialien für berufsbezogene Beratung in sozialen, pädagogischen und therapeutischen Arbeitsfeldern"* (Hrsg. Akademie für Jugendfragen Münster) werden zweimal jährlich Entwicklungen und Konzepte der Supervision dargelegt, Berichte aus Praxisfeldern vorgestellt (mit Fallbeispielen) und die neuesten Veröffentlichungen zum Supervisionskonzept besprochen.

Literaturverzeichnis

Abrahams, J.-J.: Jetzt werden Sie analysiert, Doktor! München 1977

Adorno, Th. W. u. a.: Der Positivismusstreit in der deutschen Soziologie, Neuwied 1969

Adorno, Th. W.: Aufsätze zur Gesellschaftstheorie und Methodologie, Frankfurt 1970

Adorno, Th. W.: Die revidierte Psychoanalyse. In: Gesammelte Schriften, Bd. 8, Frankfurt 1972

Aichhorn, A.: Verwahrloste Jugend, Bern 1971

Aichhorn, A.: Erziehungsberatung und Erziehungshilfe, Frankfurt 1972

Altvater, G./Meine, D.: Gesprächspsychotherapie in einer ambulanten Probandengruppe in der Bewährungshilfe. In: GWG-Information Nr. 15, 1974

Ammermann, Ch.: Motivation und Denken, Weinheim/Basel 1977

Argelander, H.: Die Struktur der „Beratung unter Supervision". In: Psyche 34. Jg. Heft 1, 1980

Argyle, M.: Soziale Interaktion, Köln 1972

Arvidson, S.: Demokratisierung des Schulsystems. In: *Meyer, E.* (Hrsg.): Gruppenpädagogik zwischen Moskau und New York, Heidelberg 1972

Badura, B.: Bedürfnisstruktur und politisches System, Stuttgart 1972

Barnes, M.: Meine Reise durch den Wahnsinn, München 1973

Basaglia, F.: Die negierte Institution oder die Gemeinschaft der Ausgeschlossenen, Frankfurt 1973

Bateson, G./Jackson, D. D./Laing, R. D. u. a.: Schizophrenie und Familie, Frankfurt 1973

Bernstein, S./Lowy, L.: Untersuchungen zur sozialen Gruppenarbeit, Freiburg 1969

Biermann, G.: Kindszüchtigung und Kindsmißhandlung, München 1969

Bittner, G.: Gruppendynamik — ein Weg sich selbst zu verfehlen. In: Psychosozial Heft 1, 1980

Blake, R. D./Mouton, J. S./Sloma, R. C.: The Union-Management, Intergroup Laboratory: Strategy for Resolving Intergroup Conflict. In: *Bennis* u. a. (Hrsg.): The Planning of Change, New York 1969

Bohnstedt, Ch.: Organisierte Verfestigung abweichenden Verhaltens, 2. Auflage München 1974

Bommert, H. G.: Grundlagen der Gesprächspsychotherapie, Köln 1974

Bommert, H. G.: Der therapeutische Prozeß unter dem Gesichtspunkt des Lernens. In: Klientenzentrierte Gesprächspsychotherapie, hrsg. v. d. Gesellschaft für wissenschaftliche Gesprächspsychotherapie, München 1975

Bradford, L. P./Gibb, J. R./Benne, K. D.: Zwei Innovationen der Erziehung: die T-Gruppe und das Laboratorium. In: *Bradford/Gibb/Benne* (Hrsg.): Gruppentraining, Stuttgart 1972

Brocher, T.: Gruppendynamik und Erwachsenenbildung, Braunschweig 1967

Bühler, Ch./Allen, M.: Einführung in die humanistische Psychologie, Stuttgart 1974

Caemmerer, D.: Supervision im berufsbezogenen Lernprozeß, Wiesbaden 1977

Cartwright, D./Zander, A. (Hrsg.): Group Dynamics — Research and Theory, 3. Auflage, London 1968

Chomsky, N.: Aspekte der Syntaxtheorie, Frankfurt 1969

Cohn, R.: Zur Humanisierung der Schulen. Vom Rivalitätsprinzip zum Kooperationsmodell mit Hilfe der themenzentrierten Interaktion (TZI). In: Schleswig-Holsteinisches Ärzteblatt, Heft 10, 1973

Cohn, R.: Von der Psychoanalyse zur themenzentrierten Interaktion, Stuttgart 1975

Coyle, G. C.: Die Funktion des Gruppenpädagogen (1949). In: *Müller, C. W.* (Hrsg.): Gruppenpädagogik, Weinheim 1987

Czycholl, R./Geißler, Kh. A.: Aspekte der didaktischen Planung. In: *Baumgardt, J./Czycholl, R./Geißler, Kh. A./Müller, K. R.:* Studien und Berichte zur Ausbilderqualifizierung, München 1974

Däumling, A. M.: Sensitivity Training. In: Gruppenpsychotherapie und Gruppendynamik, Band 2, 1968

Däumling, A. M.: Die Herausforderung des Sensitivity Trainings. In: Gruppenpsychotherapie und Gruppendynamik, Band 4, 1970

Däumling, A. M./Fengler, J./Nellessen, L./Svensson, A.: Angewandte Gruppendynamik, Stuttgart 1974

Dantscher, R.: Arbeitsmaterial für Gruppenarbeit, Gelnhausen 1975

Deutscher Bildungsrat: Empfehlungen der Bildungskommission. Zur Neuordnung der Sekundarstufe II, Bonn 1974

Devereux, G.: Angst und Methode in den Verhaltenswissenschaften, München 1973

Dewey, J.: Psychologische Grundlagen der Erziehung, München 1974

Doerry, G.: Gruppendynamische Prozeßanalyse in Seminaren. In: *Vopel, K.* (Hrsg.): Gruppendynamische Experimente im Hochschulbereich, Blickpunkt Hochschuldidaktik, Hamburg 1972

Doll, G. u. a.: Klientenzentrierte Gespräche mit Insassen eines Gefängnisses über Telefon. In: Zeitschrift für klinische Psychologie, Heft 1, 1974

Ebert, H.: Themenzentrierte Interaktion in der Fortbildung von Erzieherinnen im Elementarbereich. In: *Schuch, H. W.* (Hrsg.): Der subjektive Faktor in der politischen Erziehung, Stuttgart 1978

Erikson, E. R.: Kindheit und Gesellschaft, Stuttgart 1961

Erikson, E. R.: Psychodynamik im sozialen Wandel, Stuttgart 1970

Erikson, E. R.: Dimensionen einer neuen Identität, Frankfurt 1975

Erikson, E. R.: Identität und Lebenszyklus, Frankfurt 1977

Erikson, E. R.: Jugend und Krise, Stuttgart 1970

Ernsperger, B.: Gruppendynamik und Didaktik der Erwachsenenbildung, Stuttgart 1973

Fehlker, M.: Untersuchungen zum Selbstverständnis von Supervisoren, Diss. phil., Münster 1977

Franck, J.: Sozialpsychologie für die Gruppenarbeit, Tübingen 1976

Freud, S.: Abriß der Psychoanalyse, Frankfurt 1956

Freud, S.: Einführung in die Psychoanalyse, Studienausgabe Band 1, Frankfurt 1969

Frielingsdorf, K.: Lernen in Gruppen, Köln 1973

Frommann, A./Schramm, D./Thiersch, H.: Sozialpädagogische Beratung, Zeitschrift für Pädagogik 22. Jg. Heft 5, 1976

Gebert, D.: Gruppendynamik in der betrieblichen Führungsschulung, Berlin 1972

Geißler, Kh. A.: Berufserziehung und kritische Kompetenz, Ansätze zu einer Interaktionspädagogik, München 1974

Geißler, Kh. A.: Zur Relation von Inhalt und Methode. In: *Baumgardt/Geißler/Müller:* Studien und Berichte zur Ausbilderqualifizierung, München 1975

Geißler, Kh. A.: Die pädagogische Qualifikation betrieblicher Ausbilder. In: Gewerkschaftliche Bildungspolitik, Heft 3, 1976a

Geißler, Kh. A.: Programmatische Notizen zum Begründungs-, Rechtfertigungs- und Legitimationsproblem der Gruppendynamik. In: Gruppenpsychotherapie und Gruppendynamik, Band 10, 1976b

Geißler, Kh. A.: Curriculumkonzepte in der Erwachsenenbildung. In: *Reimann, H./Reimann, H.* (Hrsg.): Weiterbildung, München 1977a

Geißler, Kh. A.: Betriebliche Weiterbildung und Gruppendynamik. In: *Meyer, E.* (Hrsg.): Handbuch Gruppenpädagogik – Gruppendynamik, Heidelberg 1977b

Geißler, Kh. A.: Zur Ideologiekritik gruppenpädagogischer Methoden. In: Zeitschrift für Gruppenpädagogik, 3. Jg. Heft 4, 1977c

Geißler, Kh. A./Müller, K. R.: Ökonomische Kompetenz. In: Zeitschrift für Pädagogik 23. Jg. Heft 3, 1977

Geißler, Kh. A.: Vorstudien zur Begründung einer erfahrungsorientierten Seminardidaktik in der beruflichen Erwachsenenbildung. In: *Geißler, Kh. A.:* Studien und Berichte zur Ausbilderqualifizierung, Bayer. Staatsministerium für Arbeit und Sozialordnung (Hrsg.), München 1978

Geißler, Kh. A. (Hrsg.): Gruppendynamik für Lehrer, Reinbek 1979

Geißler, Kh. A.: Berufliche Sozialisation – Strategie funktionaler, sozialer und humaner Kompetenz. In: Verbände der Lehrer an den beruflichen Schulen NW (Hrsg.): Berufliche Sozialisation, Krefeld 1981

Geißler, Kh. A.: Anfangssituationen. Was man tun und lassen sollte, München 1983

Geißler, Kh. A.: Verlorene Hoffnungen – Gewonnene Einsichten. Zum Verhältnis von Politik und Beratung. In: Supervision, Heft 8, 1985

Geißler, Kh. A.: Zeit leben. Vom Hasten und Rasten, Arbeiten und Lernen, Leben und Sterben, 2. Auflage, Weinheim/Basel 1987

Geißler, Kh. A./Ebner, H. G.: Zur Struktur der Interaktion in der Erwachsenenbildung. In: *Schmitz, E./Tietgens, H.* (Hrsg.): Erwachsenenbildung/Weiterbildung, Bd. XI der Europäischen Enzyklopädie Erziehungswissenschaften, Stuttgart 1984

Gendlin, E. T.: Experiencing: a variable in the process of therapeutic change. In: Amer. J. Psychotherapy 15, 233–245, 1961

Genser u. a.: Lernen in der Gruppe: Theorie und Praxis der themenzentrierten interaktionellen Methode, Blickpunkt Hochschuldidaktik, Heft 25, Hamburg 1972

Gerstenberger, E.: Probleme der Beratung mit Angehörigen der Unterschicht. Bayer. Wohlfahrtsdienst 29, Heft 12, 1977

Giere, W.: Gruppendynamik und bürgerliches Individuum. In: Westermanns Pädagogische Beiträge 1973

Goffman, E.: Asyle, Frankfurt 1972 (engl. 1961)

Graf, P./Schwarz, G.: Abbau des Sozialstaates – Bestandsaufnahme, Sozialmagazin 1, 1976

Greenson, R. R.: Technik und Praxis der Psychoanalyse, Stuttgart 1975

Haaf, D.: Methoden der ambulanten Therapie. Erziehungsbeistandschaft (nicht veröffentlichter Vortrag), Tutzing 1976

Habermas, J.: Theorie oder Sozialisation, Stichworte und Literaturhinweise zur Vorlesung im Sommersemester 1968, Manuskript

Habermas, J.: Erkenntnis und Interesse, Frankfurt 1969

Habermas, J.: Vorbereitende Bemerkungen zu einer Theorie der kommunikativen Kompetenz. In: *Habermas, J./Luhmann, N.:* Theorie der Gesellschaft oder Sozialtechnologie, Frankfurt 1971

Hare, A. P.: Handbook of Small Group Research, Glencoe/Ill., Free Press 1962

Hartley, E. L./Hartley, R. E.: Die Grundlagen der Sozialpsychologie, Berlin 1955

Hartmann, H.: Ich-Psychologie und Anpassungsprobleme, Stuttgart 1970

Haug, F.: Erziehung und gesellschaftliche Produktion: Kritik des Rollenspiels, Frankfurt 1977

Hege, M.: Engagierter Dialog, München 1974

Hege, M.: Praxisbezug in der Fachhochschule. In: Gruppenpsychotherapie und Gruppendynamik, Band 12, Heft 1/2, 1977

Henningsen, J.: Zur Kritik der Gruppenpädagogik (1959). In: *Müller, C. W.* (Hrsg.): Gruppenpädagogik, Weinheim 1987

Hiller, G. G.: Konstruktive Didaktik, Düsseldorf 1973

Hollis, F.: Soziale Einzelhilfe als psychosoziale Behandlung, Freiburg 1971

Horn, K. (Hrsg.): Politische und methodologische Aspekte gruppendynamischer Verfahren. In: Das Argument Nr. 50, 1969

Horn, K. (Hrsg.): Gruppendynamik und der subjektive Faktor, Frankfurt 1972

Horney, K.: Der neurotische Mensch in unserer Zeit, München 1974

Hornstein, W.: Beratung in der Erziehung: Aufgaben der Erziehungswissenschaft. In: Zeitschrift für Pädagogik 22. Jg. Heft 5, 1976

Houben, A.: Klinisch-psychologische Beratung, München 1975

Hüppauff, H.: Gruppendynamik als Instrument zur Kompensation psycho-sozialer Defizite der Nachkriegsgesellschaft. In: *Geißler, Kh. A.* (Hrsg.): Gruppendynamik für Lehrer, Reinbek 1979

Humboldt, W. v.: Gesammelte Schriften, Berlin 1903–1936

Joyce, J.: Ulysses (Frankfurter Ausgabe), 2 Bände, Frankfurt 1975

Karberg, W.: Soziale Einzelfallhilfe-Methode als Beeinflussungsinstrument. In: *Otto, H.-U./Schneider, S.* (Hrsg.): Gesellschaftliche Perspektiven der Sozialarbeit, Band 2, Neuwied 1973

Kelber, M.: Was verstehen wir unter Gruppenpädagogik? In: Schwalbacher Blätter, 8. Jg. 1957

Kelber, M.: Gruppenpädagogik. In: Handbuch der Sozialerziehung, Band III, Freiburg 1964

Kelber, M.: Was verstehen wir unter Gruppenpädagogik? (1965) In: *Müller, C. W.* (Hrsg.): Gruppenpädagogik, Weinheim 1987

Klewitz, M./Nickel, H. W. (Hrsg.): Kindertheater und Interaktionspädagogik, Stuttgart 1972

Konopka, G.: Die Geschichte der Gruppenpädagogik (1963). In: *Müller, C. W.* (Hrsg.): Gruppenpädagogik, Weinheim 1987

Konopka, G.: Soziale Gruppenarbeit: Ein helfender Prozeß, Weinheim 1971

Koschorke, M.: Zur Praxis der Unterschichtsberatung. In: Wege zum Menschen, 27. Jg. Heft 8/9, 1975

Kursbuch 29: Das Elend mit der Psyche, Berlin 1972

Kutter, P.: Sozialarbeit und Psychoanalyse, Göttingen 1974

Laing, D. R.: Interpersonelle Wahrnehmung, Frankfurt 1971

Laing, D. R.: Phänomenologie der Erfahrung, Frankfurt 1969

Laing, D. R.: Das Selbst und die Anderen, 2. Auflage, Köln 1973

Lewin, K.: Feldtheorie in den Sozialwissenschaften, Bern 1963

Lippe, R. zur: Bürgerliche Subjektivität. Autonomie als Selbstzerstörung, Frankfurt 1975

Lorenzer, A.: Die Wahrheit der psychoanalytischen Erkenntnis, Frankfurt 1974

Lorenzer, A.: Sprachspiel und Interaktion, Frankfurt 1977

Luhmann, N.: Vertrauen, Stuttgart 1968

Luhmann, N.: Formen des Helfens im Wandel der gesellschaftlichen Bedingungen. In: *Otto, H. O./Schneider, S.* (Hrsg.): Gesellschaftliche Perspektiven der Sozialarbeit, Band 1, Neuwied 1973 a

Luhmann, N.: Macht, Stuttgart 1973 b

Mader, W.: Modell einer handlungstheoretischen Didaktik als Sozialisationstheorie. In: *Mader, W./Weymann, A.:* Erwachsenenbildung, Bad Heilbrunn 1975

Marcuse, H.: Der eindimensionale Mensch, Berlin 1967

Marcuse, H.: Triebstruktur und Gesellschaft, Frankfurt 1968

Marx, K.: Werke, Band 3 (1969) und Band 23 (1972) (MEW), Berlin-Ost

Melzer, G.: Familientherapie und klientenzentrierte Gesprächsführung in der Sozialarbeit, München 1979

Mende, U./Kirsch, H.: Beobachtungen zum Problem der Kindsmißhandlung, DJI-Forschungsbericht 01, München 1968

Mendner, J. H.: Technologische Entwicklung und Arbeitsprozeß, Frankfurt 1975

Meyer, E.: Gruppenunterricht – Grundlegung und Beispiel, Oberursel 1969

Minsel, W. R.: Praxis der Gesprächspsychotherapie, Köln 1974

Minssen, F.: Gruppendynamik und Lehrerverhalten. In: Internationale Zeitschrift für Erziehungswissenschaften, 11. Jg Heft 3, 1965

Moeller, M. L.: Anders helfen, Stuttgart 1981

Mollenhauer, K.: Theorien zum Erziehungsprozeß, München 1972

Moser, T.: Jugendkriminalität und Gesellschaftsstruktur. Zum Verhältnis von soziologischen, psychologischen und psychoanalytischen Theorien des Verbrechens, Frankfurt 1970

Mrozynski, P.: Begleitscriptum Resozialisierung und Rehabilitation, München 1977 (Selbstverlag)

Müller, B.: Ein stromlinienförmiger Profi? In: Sozialmagazin, April 1979

Müller, C. W. (Hrsg.): Gruppenpädagogik. Auswahl aus Schriften und Dokumenten, Weinheim 1987 (Reprint)

Neuberger, O.: Führung in Gruppen, Berlin 1974

Olszowi-Müller, E.: Das Denkmodell der TZI. In: Education Permanente, 10. Jg. Heft 3, 1976

Pavel, F. G.: Die Entwicklung der klientenzentrierten Psychotherapie in den USA von 1942–1973. In: Die klientenzentrierte Gesprächspsychotherapie, München 1975

Pavel, F. G.: Existentialistische Erlebnistherapie contra naturwissenschaftlich orientierte Gesprächspsychotherapie. Eine gut gemeinte Polemik. In: GWG-Informationen 20, 1975

Pearlman, H.: Soziale Einzelhilfe als problemlösender Prozeß, 11. Auflage, Freiburg 1970

Perls, F. S.: Gestalt-Therapie in Aktion, Stuttgart 1975

Peters, D./Peters, H.: Theorielosigkeit und politische Botmäßigkeit. Destruktives und Konstruktives zur deutschen Kriminologie. In: Kriminologisches Journal, 4. Jg. Heft 4, 1972

Peters, H./Cremer-Schäfer, H.: Die sanften Kontrolleure, Stuttgart 1975

Pfeffer, R.: Konzepte psychoanalytisch orientierter Beratung. In: Psyche 34. Jg. Heft 1, 1980

Pfeiffer, W. M.: Skalen zur didaktischen Gesprächsanalyse nach Carkhuff, Grendlin, Tausch. In: GWG Info 29, Juli 1977

Piaget, J.: Urteil und Denkprozeß des Kindes, Düsseldorf 1972

Prim, R.: Feedback. In: *Meyer, E.* (Hrsg.): Handbuch Gruppenpädagogik – Gruppendynamik, Heidelberg 1977

Prior, H. (Hrsg.): Gruppendynamik in der Seminararbeit. In: Blickpunkt Hochschuldidaktik, Heft 11, Hamburg 1970

Prior, H./Oelkers, J.: Sozialpädagogisches Training mit Lehrern, Heidelberg 1975

Prokop, E./Geißler, Kh. A.,: Erwachsenenbildung, Modelle und Methoden, München 1974

Quensel, S.: Wie wird man kriminell? Verlaufsmodell einer fehlgeschlagenen Interaktion zwischen Delinquenten und Sanktionsinstanz. In: Offensive Sozialpädagogik, hrsg. von *H. Giesecke*, Göttingen 1973

Rapaport, D.: Die Struktur der psychoanalytischen Theorie, 3. Auflage, Stuttgart 1973

Rogers, C.R.: Die nicht-direktive Beratung, München 1972 (engl. 1942)

Rogers, C.R.: Die klientbezogene Gesprächspsychotherapie, München 1973 (engl. 1951)

Roberts, R.W./Nee, R.H. (Hrsg.): Konzepte der sozialen Einzelhilfe, Freiburg 1974

Rückriem, G.: Sieben Thesen über organisierte Willkür und willkürliche Organisation. Zur Kritik der Gegenschulbewegung. In: Schule und Erziehung VI. Argument Sonderband 21, Berlin 1978

Rumpf, H.: Scheinklarheiten, Braunschweig 1971

Sack, F.: Definition von Kriminalität als politisches Handeln, der labeling approach. In: Kriminologisches Journal, 4. Jg. Heft 1, 1972

Sader, M.: Prozeßerfassung in Trainingsveranstaltungen. In: Gruppendynamik, 8. Jg. Heft 2, 1977

Schaffer, P.: Equus, New York o. J.

Scharmann, T.: Teamarbeit in der Unternehmung. Theorie und Praxis der Gruppenarbeit, Bern 1972

Schäfer, K.H.: Stichwort: „Pädagogischer Bezug". In: Lexikon der Pädagogik, Freiburg 1971

Schiller, H.: Gruppenpädagogik (Social group work) als Methode der Sozialarbeit, Bad Schwalbach 1963

Schmidbauer, W.: Die hilflosen Helfer, Reinbek 1977

Schmidtchen, S./Katz, S.: Gesprächspsychotherapie bei Jugendlichen. In: *Schmidtchen, S.* (Hrsg.): Handbuch der klientenzentrierten Kindertherapie, Kiel 1976

Schülein, J.A.: Psychotechnik als Politik. Zur Kritik der pragmatischen Kommunikationstheorie, Frankfurt 1976

Schülein, J.A.: Subjektive Krisen im sozialwissenschaftlichen Studium. In: Neue Praxis, Heft 4, 1977

Schutz, W.C.: Freude, Hamburg 1971

Shaftel, F.R./Shaftel, G.: Rollenspiel als soziales Entscheidungstraining, München 1973

Sieland, B.: Zur Kritik an gruppendynamischen Laboratorien. In: Gruppendynamik, 7. Jg. Heft 6, 1976

Spangenberg, K.: Chancen der Gruppenpädagogik, Weinheim 1969

Spitz, R.: Vom Säugling zum Kleinkind, Stuttgart 1972[3]

Stertzenbach, A.: Gruppenpädagogische Arbeit mit alten Menschen. In: Schwalbacher Blätter, 13. Jg. 1962

Tausch, R./Tausch, A.M.: Erziehungspsychologie, Göttingen 1963, 1971[4]

Tausch, R.: Gesprächspsychotherapie, Göttingen 1968

Teegen, F.: Die klientenzentrierte Gesprächspsychotherapie, München 1975

Teegen, F.: Gesprächspsychotherapeutische Elemente in quasitherapeutischen Interaktionssituationen. In: Klientenzentrierte Gesprächspsychotherapie, hrsg. v. d. Gesellschaft für wissenschaftliche Gesprächspsychotherapie, München 1975

Theis, W.: Kritik an der Gruppendynamik. In: *Sader, M./Schäuble, W./Theis, W.* (Hrsg.): Verbesserung von Interaktion durch Gruppendynamik, Münster 1976

Tillmann, K. J.: Unterricht als soziales Erfahrungsfeld, Frankfurt 1976

Vettinger, H.: Gruppenunterricht, Düsseldorf 1977

Vogt, R.: Organisation, Theorie und Technik eines psychoanalytischen Beratungsprojekts zur Ausbildung von Psychologiestudenten. In: Psyche 34. Jg. Heft 1, 1980

Walz, U.: Soziale Reifung in der Schule, Hannover 1960

Watzlawick, P./Beavin, J. H./Jackson, D. D.: Menschliche Kommunikation, Stuttgart 1969

Watzlawick, P./Weakland, J. H./Fisch, R.: Lösungen, 2. Auflage, Stuttgart 1975

Watzlawick, P.: Die Möglichkeit des Andersseins, Bern 1977

Weber, W.: Kritische Anmerkungen zur sozialpädagogischen Gruppenarbeit. In: *Otto, H. U./Schneider, S.* (Hrsg.): Gesellschaftliche Perspektiven der Sozialarbeit, Band II, Neuwied 1973

Weinberger, S.: Klientenzentrierte Gesprächsführung, 3. Auflage, Weinheim 1987

Wellendorf, F.: Sozioanalyse und Beratung pädagogischer Institutionen. In: *Geißler, Kh. A.* (Hrsg.): Gruppendynamik für Lehrer, Reinbek 1979

Weniger, E.: Didaktik als Bildungslehre, Weinheim 1962

Whittaker, J. K.: Social Treatment — Soziale Arbeit mit Einzelnen, Familien und Gruppen, Freiburg 1977

Wieringa, C.: Supervision in ihren unterschiedlichen Entwicklungsphasen. In: *Akademie für Jugendfragen* (Hrsg.): Supervision im Spannungsfeld zwischen Person und Institution, Freiburg 1979

Winkelmann, D.: Die Entstehung von Kriminalität als berufspädagogisches Problem, Diss. rer. pol., Universität München 1977

Sachregister

Beltz Weiterbildung

Karlheinz A. Geißler
Anfangssituationen
Was man tun und besser lassen
sollte.
6. Aufl. 1994. 179 S. Br.
DM 38,–/öS 297,–/sFr 39,20
ISBN 3-407-36303-6

Die spannendste Situation ist
immer der Anfang, oft aber
auch die schwierigste. Dieses
Buch gibt konkrete Hinweise,
wie Anfänge in Kursen und
Seminaren gestaltet werden
können, wie der Einstieg gelingt
und was Kursleiterinnen und
Kursleiter besser vermeiden
sollten.

Karlheinz A. Geißler
Schlußsituationen
Die Suche nach dem guten
Ende.
2. Aufl. 1994. 156 S. Br.
DM 42,–/öS 328,–/sFr 43,20
ISBN 3-407-36304-4

Eine Gruppe trennt sich, die
Teilnehmer nehmen Abschied,
und für die gelernten Inhalte
müssen Übergänge geschaffen
werden. Dieses Buch gibt konkrete Hinweise zur Gestaltung
von Übergängen und Schlußsituationen in Kursen und Seminaren. Es wird aber kein Rezept
vorgelegt. Vielmehr soll angeregt werden, darüber nachzudenken, was man macht,
wenn man zum Schluß kommt.

BELTZ

Preisänderungen vorbehalten

Beltz Verlag · Postfach 10 01 54 · 69441 Weinheim

B_306